十三經古注

王鍔 蘇芃 主編

孟子注

附（宋）孫奭《孟子音義》

（東漢）趙岐 注 謝秉洪 整理

鳳凰出版社

圖書在版編目（CIP）數據

孟子注 /（東漢）趙岐注 ；謝秉洪整理. -- 南京 ：鳳凰出版社，2024.5
（十三經古注 / 王鍔，蘇芃主編）
ISBN 978-7-5506-4172-3

Ⅰ. ①孟… Ⅱ. ①趙… ②謝… Ⅲ. ①《孟子》—注釋 Ⅳ. ①B222.52

中國國家版本館CIP數據核字(2024)第043932號

書名	孟子注
著者	(東漢)趙　岐 注　謝秉洪 整理
責任編輯	郭馨馨　孫　州
裝幀設計	陳貴子
責任監製	程明嬌
出版發行	鳳凰出版社(原江蘇古籍出版社) 發行部電話025-83223462
出版社地址	江蘇省南京市中央路165號,郵編:210009
照排	南京凱建文化發展有限公司
印刷	江蘇鳳凰通達印刷有限公司 江蘇省南京市六合區冶山鎮,郵編:211523
開本	850毫米×1168毫米　1/32
印張	10.5
字數	222千字
版次	2024年5月第1版
印次	2024年5月第1次印刷
標準書號	ISBN 978-7-5506-4172-3
定價	58.00圓

(本書凡印裝錯誤可向承印廠調換,電話:025-57572508)

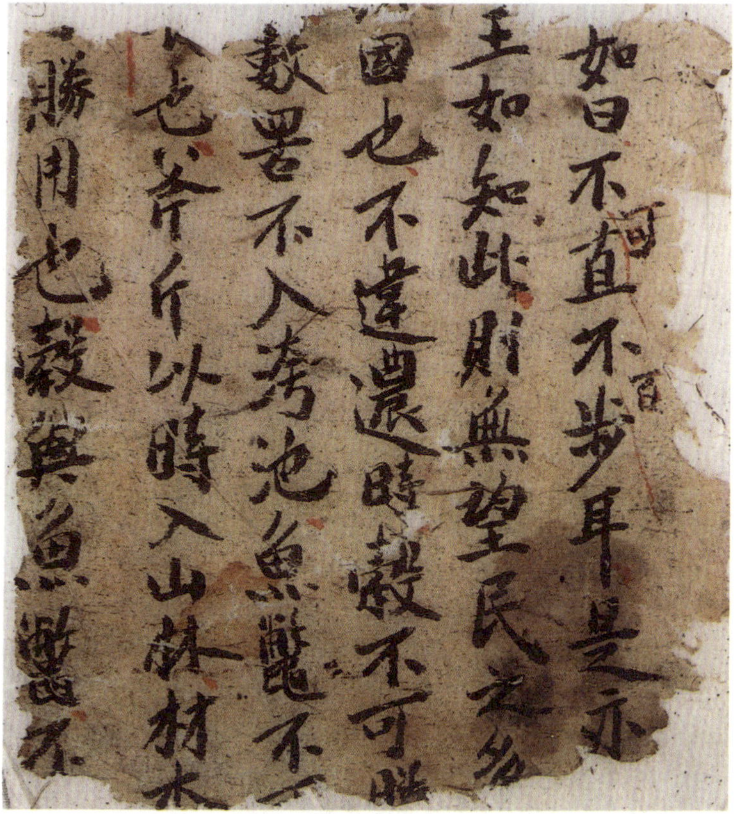

敦煌古寫本孟子
（編號：北大D224）

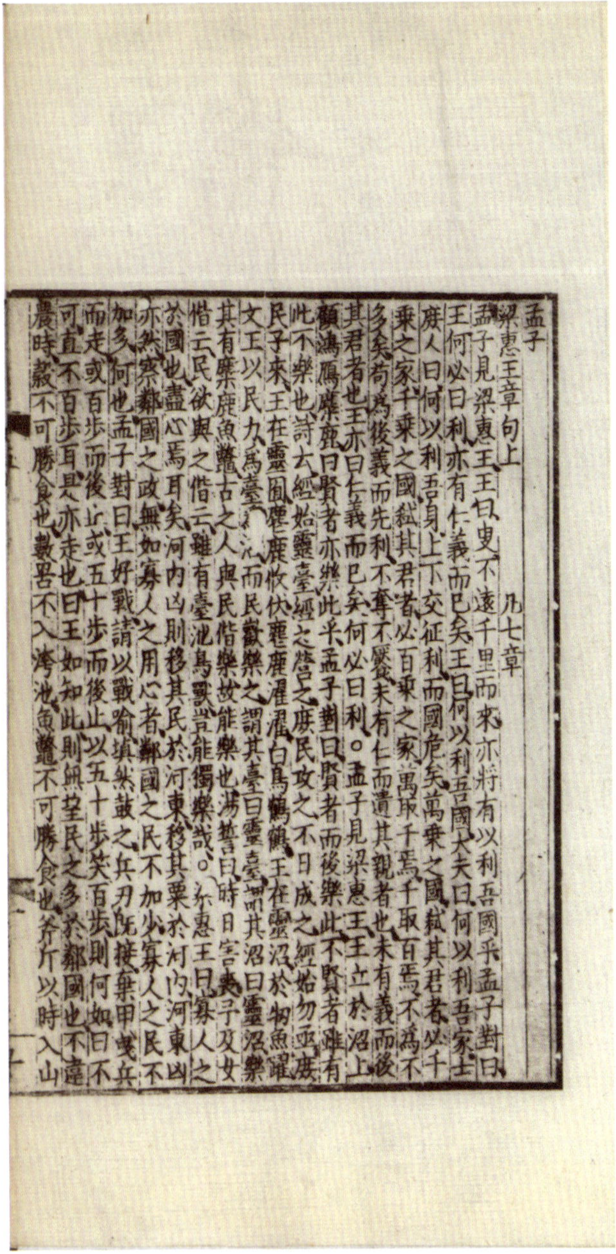
孟子
梁惠王章句上　凡七章
孟子見梁惠王王曰叟不遠千里而來亦將有以利吾國乎孟子對曰
王何必曰利亦有仁義而已矣王曰何以利吾國大夫曰何以利吾家士
庶人曰何以利吾身上下交征利而國危矣萬乘之國弑其君者必千
乘之家千乘之國弑其君者必百乘之家萬取千焉千取百焉不爲不
多矣苟爲後義而先利不奪不饜未有仁而遺其親者也未有義而後
其君者也王亦曰仁義而已矣何必曰利○孟子見梁惠王王立於沼上
顧鴻鴈麋鹿曰賢者亦樂此乎孟子對曰賢者而後樂此不賢者雖有
此不樂也詩云經始靈臺經之營之庶民攻之不日成之經始勿亟庶
民子來王在靈囿麀鹿攸伏麀鹿濯濯白鳥鶴鶴王在靈沼於牣魚躍
文王以民力爲臺爲沼而民歡樂之謂其臺曰靈臺謂其沼曰靈沼樂
其有麋鹿魚鼈古之人與民偕樂故能樂也湯誓曰時日害喪予及女
偕亡民欲與之偕亡雖有臺池鳥獸豈能獨樂哉○梁惠王曰寡人之
於國也盡心焉耳矣河內凶則移其民於河東移其粟於河內河東凶
亦然察鄰國之政無如寡人之用心者鄰國之民不加少寡人之民不
加多何也孟子對曰王好戰請以戰喻塡然鼓之兵刃既接棄甲曳兵
而走或百步而後止或五十步而後止以五十步笑百步則何如曰不
可直不百步耳是亦走也曰王如知此則無望民之多於鄰國也不違
農時穀不可勝食也數罟不入洿池魚鼈不可勝食也斧斤以時入山

武進陶氏涉園影印宋刻遞修本八經（白文本）之孟子

孟子卷第二　趙氏注

梁惠王章句下　至正三十五年六月

莊暴見孟子曰暴見於王王語暴以好樂暴未有以對也曰好樂何如〔莊暴齊臣也不能決知之故無以對而問曰王好樂何如〕孟子曰王之好樂甚則齊國其庶幾乎〔王誠能大好古之樂齊國其庶幾治乎〕他日見於王曰王嘗語莊子以好樂有諸〔孟子問王有是語不〕王變乎色曰寡人非能好先王之樂也直好世俗之

孟子音義序

朝散大夫尚書兵部郎中充龍圖待　制知通進銀臺司兼門下封
駮事兼判國子監上護軍賜紫金魚袋臣孫　奭　辞撰進

夫總羣聖之道者莫大乎六經紹六經之教者莫尚乎孟子自昔仲尼既沒戰國初興至化陵遲異端竝作儀衍肆其詭辯楊墨飾其淫辭遂致王公納其謀以紛亂於上學者循其踵以蔽惑於下猶洚水懷山時盡昏墊繁蕪塞路孰可芟夷惟孟子挺名世之才秉先覺之志拔邪樹正高行厲辭道王化之源以救時弊開聖人之

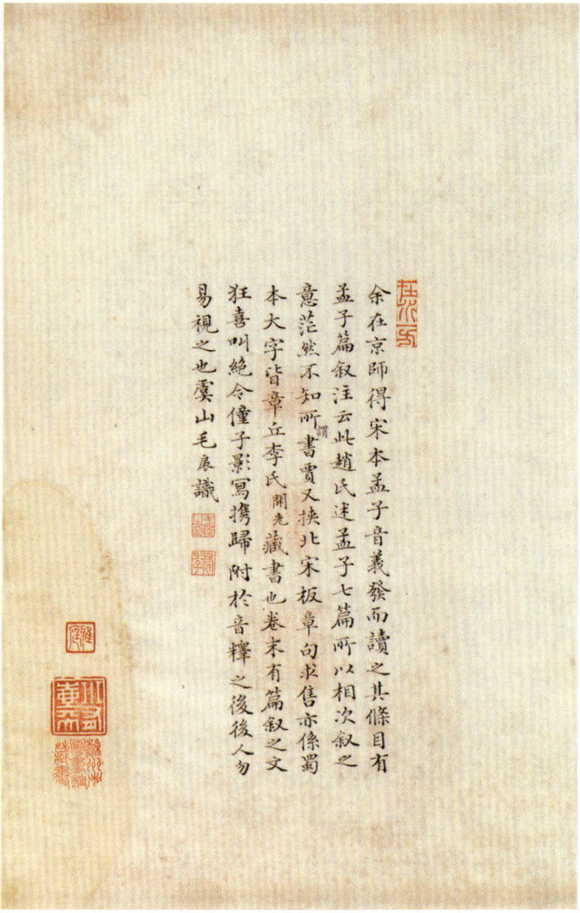

余在京師得宋本孟子音義發而讀之其條目有
孟子篇叙注云此趙氏述孟子七篇所以相次叙之
意茫然不知所謂書賈又挾北宋板章句求售亦係蜀
本大字皆章丘李氏開先藏書也卷末有篇叙之文
狂喜叫絶令僮子影寫攜歸附於音釋之後後人勿
易視之也虞山毛扆識

汲古閣影宋鈔本孟子音義卷末毛扆跋

孟子音義下

離婁章句下　凡三十三章

畎夷始犬切或音犬　書曰太子發上祭於畢下至盟音孟津丁云案古文尚書無此文先儒以爲此文是僞泰誓也　酆音豐　鎬音浩　度音杜量音亮　不比毗志切近也　乘輿音剩注同　溱音臻　洧榮美切　杠張音江方橋也可通徒行人過者　辟人丁張竝音闢亦如字注辟除同　焉得於虔切　舁辟音避　由天丁云由義當作猶猶如也古字通用後皆放此　禮爲于僞切下爲服爲之爲父爲其爲得爲武皆同　田菜丁云菜謂菜地菜之言采也故禮曰大夫有菜以處其子孫　下於下去聲　摶執音博　極之張紀力切又如字　惡而烏故切下惡傷禹惡皆同　風諭音諷　見幾音機微也謂禍福之兆也　陳賈本亦作賈　藉交慈夜切　樂有音洛下其樂而樂同　相覺丁音教云義當

十三經古注序

王鍔

禮記經解引孔子曰：

入其國，其教可知也。其爲人也，温柔敦厚，詩教也；疏通知遠，書教也；廣博易良，樂教也；絜靜精微，易教也；恭儉莊敬，禮教也；屬辭比事，春秋教也。故詩之失，愚；書之失，誣；樂之失，奢；易之失，賊；禮之失，煩；春秋之失，亂。其爲人也，温柔敦厚而不愚，則深於詩者也；疏通知遠而不誣，則深於書者也；廣博易良而不奢，則深於樂者也；絜靜精微而不賊，則深於易者也；恭儉莊敬而不煩，則深於禮者也；屬辭比事而不亂，則深於春秋者也。

宋衛湜禮記集説引葉夢得曰：

教者，上所以勉下，經者，所以助成其教也。詩之規刺嘉美，要使人歸於善而已，仁之事也，故其教則温柔敦厚。書之紀述治亂，要使人考古驗今而已，智之事也，故其教則疏通知遠。樂能和同天人之際，其教也動蕩血脉，流通精神，故廣博易良。易能順性命之理，其教也，吉凶與民同患而退藏於密，故絜靜精微。禮節民心，其教也，使人飾貌，以正其行，故恭儉莊敬。春秋言約而意隱，其教也，使人美不過實，貶不損美，故屬辭比事。蓋詩、書以政教之本而爲序，樂與易以道德之妙而爲序，禮與春秋以治人修身之事而爲序，六者之失，蓋不深窮其理故也。易曰：「唯深也，故能通天下之志。」

孔子之言，葉氏之論，説明「六經」自先秦以來就是教育之基本典籍。

禮記王制曰：「樂正崇四術，立四教，順先王詩、書、禮、樂以造士。春秋教以禮、樂，冬夏教以詩、書。」莊子天下篇記載孔子治詩、書、禮、樂、易、春秋六經，郭店楚簡六德也談到「六經」，次序與天下篇相同，與經解略異。禮記經解、王制、莊子天下篇和六德之記載，證明東周之時，已有「六經」之名。

漢代以來，歷代政府和學者特别重視儒家經典，提升解讀「經」之「傳」「記」地位，與「經」並列。西漢設立「五經」博士，後逐漸拓展爲「七經」「九經」「十二經」「十三經」。後漢書趙典傳注引謝承書曰：「典學孔子『七經』。」漢書藝文志將論語、孝經與「六經」並列，有「七經」之目。唐徐堅初學記有「九經」之説，唐代「明經科」考試，以「九經」爲主，禮記、左傳是大經，詩經、周禮、儀禮是中經，周易、尚書、公羊傳、穀梁傳是小經，孝經、論語是必考經典。陸德明經典釋文包含周易、尚書、詩經、周禮、儀禮、禮記、左傳、公羊傳、穀梁傳、孝經、論語、爾雅等十二部經書，「開成石經」所刻經書與經典釋文一致，附刻五經文字、九經字樣。孟子於北宋神宗時期進入儒家經典行列，與「十二經」並列。宋趙希弁郡齋讀書附志將蜀石經稱爲「石室十三經」，九經三傳沿革例有「俗所謂汴本十三經」之稱，宋周密癸辛雜識記載廖瑩中「欲開手節十三經注疏」，趙希弁、廖瑩中皆南宋理宗時期人，可見南宋理宗時期，「十三經」作爲儒家經典之名稱得到社會認可。

中國學術的核心是經學，「十三經」是經學研究的基礎文獻。西漢已降，注解不斷，最爲有名者莫過於漢、晉人之注和唐、宋人之疏。漢、晉之注有魏王弼和晉韓康伯周易注、僞漢孔安國尚書傳、漢毛亨和鄭玄毛詩傳箋、鄭玄周禮注、儀禮注、禮記注、晉杜預春秋經傳集解、漢何休春秋公羊經傳解詁、晉范甯春秋穀梁傳集解、魏何晏論語集解、晉郭璞爾雅注，唐代又有李隆基孝經注；唐、宋人之疏有唐孔穎達等周易正義、尚書正義、毛詩正義、禮記正義、春秋左傳正義、賈公彦周禮疏、儀禮疏、徐彦春秋公羊疏、楊士勛春秋穀梁疏、宋邢昺論語疏、孝經疏、爾雅疏和題宋孫奭孟子疏，漢、晉、唐、宋注疏成爲注釋「十三經」的代表性成果。

五代以前，「十三經」經注疏文以寫本形式流傳；五代以後，經注疏文多以刻本形式傳播。就刻本而言，主要有經注本和注疏本两大類，是經書文本的主流，白文本亦有刊刻。南宋以前，經書以經注本爲主，王國維先生認爲六朝以來經書舊本多爲經注本，敦煌遺書中經書經注本可證，唐「開成石經」作爲白文本，但卷端題注者姓名，如周禮、儀禮、禮記皆題「鄭氏注」，可知底本是經注本。南宋以來，經書文本以注疏本爲主，經注本爲輔。

據張麗娟女史宋代經書注疏刊刻研究，結合學術界已有研究成果，大致梳理宋、元、明、清經書文本源流。宋代經書白文本有監本、建本、婺本、川本和嚴州本等。今存經書白文本有中國國家圖書館藏宋刻遞修本「八經」，包括周易一卷、尚書一卷、毛詩一卷、周禮一卷、禮記二卷、孝經一卷、論語二卷、孟子一卷，一九二六年陶氏涉園有影印本。國圖藏公羊春秋不分卷、穀梁春秋不分卷，中華再造善本影印。國圖藏春秋經傳三十卷，殘存十一卷，卷十六至十九、二四至三十，一九九九年中國嘉德國際拍賣有限公司春季拍品有該本卷五至十二，計八卷；據劉薔女史天禄琳琅研究，该本目録見於一九九六年嘉德春拍，卷五至八藏北京文物公司，卷九至十見於瀚海二〇〇四秋拍，卷十一至十二今藏中國印刷博物館，卷十三至十五見於嘉德一九九九秋拍，卷十四至十五、二十至二三芷蘭齋經眼。國圖藏京本春秋左傳三十卷，殘存六至七、十二、十六、二九，計五卷。臺北「央圖」藏伊川先生點校附音周易二卷。現存宋刻經書白文本文字與宋刻經注本無大差異，白文本源自經注本。

五代國子監首次以雕版印刷技術校刻儒家經典，依據「開成石經」爲底本，加入注文，是經注刻本之祖。據北宋王溥五代會要記載，後唐長興三年（九三二），國子監依據「開成石經」雕刻「九經」，實際包括王弼周易注、僞孔安國尚書傳、毛亨和鄭玄毛詩傳箋、鄭玄周禮注、儀禮注、禮記注、杜預春秋經傳集解、何休春秋公羊經傳解詁、范甯春秋穀梁傳集解、唐玄宗孝經注、何晏論語集解、郭璞爾雅注，合計十二經。五代監本「九經」是經注本，北宋監本、南宋監本皆據以翻刻。五代監本、北宋監本和南宋監本「九經」經注本，都是中央政府命今國子監刊刻的。

南宋時期，地方政府和書坊大量刊刻經書經注本，經注本出現附釋文本和纂圖互注重言重意本。經注本附釋文的方式不同，或將陸氏釋文整體附於書尾，或將釋文插入經注某節之末，或將釋文打散附在經注之下。纂圖互注重言重意本是在經書文本中增加纂圖、互注、重言、重意等内容，用來方便士子閲讀，應對科舉考試。

宋、元時期刊刻的經書經注本最有名且傳承於今者有撫州本、興國軍本、余仁仲本和蜀刻大字本。撫州本即撫州公使庫刻本，先刻「六經三傳」，南宋咸淳九年（一二七三）黄震補刻論語、孟子和孝經，實際爲「九經三傳」。撫州本經書存世者有四種，國圖藏周易九卷，卷七以下殘缺，配清影宋抄本；禮記二十卷釋文四卷，春秋公羊經傳解詁十二卷釋文一卷；國圖藏春秋經傳集解三十卷，臺北故宫博物院藏卷三至一六、一八、二十至二四，計二十卷；國圖藏卷一至二、一九，計三卷，二者相合，尚缺七卷。

興國軍，北宋太平興國三年（九七八）改永興軍置，隸屬江南西路，治所在今湖北陽新縣。興國軍學本「六經」包括周易、尚書、詩經、周禮、禮記、左傳，與撫州本齊名，今僅存春秋經傳集解三十卷附經傳識異一卷，卷三至四、二十至二一、二六至二八爲抄配，收藏於日本宮内廳書陵部。日本尊經閣文庫有興國軍本春秋左氏音義五卷，静嘉堂文庫藏春秋經傳集解殘本，殘存卷十、一五至二十、二三至三十，計十五卷，國圖藏此本卷二二。

余仁仲本即建安余氏萬卷堂刊刻「九經」本，今存四種。國圖藏禮記注二十卷全本，另藏殘本一部，存卷十至二十；上海圖書館藏兩部，一部缺卷一至三，一部缺卷十至二十。臺北「央圖」藏春秋經傳集解三十卷，存卷八至九、一二至一三、一六、二九，計六卷。國圖和臺北故宫博物院各藏一部春秋公羊經傳解詁十二卷，臺北故宫博物院藏春秋穀梁傳十二卷，殘存卷七至十二，計六卷。

九經三傳沿革例記載蜀地所刻經書經注本有蜀大字舊本、蜀學重刊大字本、中字本、又中字有句讀附音本四種。蜀大字本群經今可見四種，日本静嘉堂文庫藏周禮十二卷，殘存卷九至十。遼寧省圖書館藏禮記注卷一至五，國圖藏禮記注卷六至二十，二者合璧，是一部完整的南宋孝宗時期刊刻的蜀大字本禮記注二十卷。上圖藏春秋經傳集解三十卷，殘存卷九至十。孟子十四卷，續古逸叢書和四部叢刊據以影印，原本不詳藏於何處。二〇〇五年嘉德春季拍賣會第一四三二號藏品是春秋經傳集解卷六，乃蜀刻「中字有句讀附音本」。

九經三傳沿革例記載，南宋廖瑩中世綵堂刊刻「九經」之時，見到的經書經注本有二十種，即唐石刻本（實爲「蜀石經」，王天然九經總例所見石經考，古典文獻研究第二一輯上卷）、晉天福銅版本、京師大字舊本、紹興初監本、監中見行本、蜀大字舊本、蜀學重刊大字本、中字本、又中字有句讀附音本、潭州舊本、撫州舊本、建大字本（俗謂「無比九經」）、俞韶卿家本、又中字凡四本、婺州舊本、興國于氏、建安余仁仲。廖瑩中比勘數十種版本，百餘人校勘，精心雕刻廖氏本「九經」，「板行之初，天下寶之」，可惜今已不存。元代岳浚刊刻九經三傳是以廖瑩中本爲底本翻刻的，岳本包括周易十卷、尚書十三卷、毛詩二十卷、周禮十二卷、禮記二十卷、春秋經傳集解三十卷、孝經一卷、論語十卷、孟子十四卷等「九經」，又增加公羊傳、穀梁傳二經，附刻春秋年表、春秋名號歸一圖，稱爲「九經三傳」，實際包含十一經。今存岳氏荆谿家塾刻本即岳本有六種，國圖藏周易九卷略例一卷，臺北故宫博物院藏周禮十二卷，殘存卷三，僅一卷；國圖藏春秋經傳集解三十卷春秋名號歸一圖二卷年表一卷，卷十九至二十配明刻本，日本靜嘉堂文庫存一殘本十五卷，卷十六至三十，有配補；國圖藏孝經一卷、論語集解十卷、孟子十四卷。清乾隆四十八年（一七八三）命武英殿翻刻岳本五經九十六卷，包括周易十卷、尚書十三卷、毛詩二十卷、禮記二十卷、春秋經傳集解三十卷附春秋名號歸一圖上下卷春秋年表一卷，武英殿本較爲忠實地保存了岳本原貌，可據其得知廖瑩中本之一二。

元代旴郡重刻廖瑩中九經，卷末有「旴郡重刊廖氏善本」八字木記，今僅存臺北故宫博物院藏論語集解十卷、孟子十四卷，一九三二年故宫博物院天禄琳琅叢書、一九八五臺北故宫博物院有影印本。

纂圖互注重言重意本經書，是爲了適應科舉考試和讀書人需求而推出的一種經書讀本，南宋中期以來，在福建建陽書坊刊印流行，書商盈利，在書名上大做文章，諸如標注「纂圖互注」「監本纂圖」「京本」「婺本」和「重言重意」「互注點校」等，大多成套成系統雕版，就行款而言，有九行、十行、十一行、十二行之差，就題名而言，有「纂圖互注」「京本」「婺本」之異，如禮記有國圖藏纂圖互注禮記二十卷和京本點校附音重言重意互注禮記二十卷、上海圖書公司藏監本纂圖重言重意互注禮記二十卷。此類經書優點是方便閲讀，缺陷是校勘不精。

經書經注本之五代監本、两宋監本、撫州本、興國軍本、余仁仲本、蜀大字舊本、中字有句讀附音本、廖本、岳本和纂圖互注本中，五代監本、两宋監本、蜀大字舊本不附陸氏釋文，撫州本、興國軍本將釋文附書尾，余仁仲本、中字有句讀附音本、廖本、岳本和纂圖互注本皆將釋文分散在經注文之下。其中五代監本、两宋監本、撫州本、興國軍本、余仁仲本、廖本、岳本以及部分纂圖互注類經書，都是有組織、有計劃且成套校刻的經注本專科叢書，或刻「六經」，或刻「九經」，或刻「九經三傳」。宋代還有一些零星刊刻的經書經注本，如國圖藏兩部婺州本周禮注十二卷，一全一殘；婺州本禮記注二十卷，殘存五卷，卷一至五，婺州本不附釋文。國圖藏宋刻本周易十卷、宋刻巾箱本毛詩二十卷，上圖藏宋巾箱本春秋經傳集解三十卷、臺北「央圖」藏宋建安王朋甫刻本尚書十三卷，皆附有釋文。

唐、宋人爲經書撰寫的疏或正義，本與經注單行，自爲一書，後世稱之爲「單疏本」，傳世宋刻單疏本，多爲南宋翻刻北宋國子監本，傳世者有國圖藏周易正義十四卷和春秋公羊疏三十卷，殘存七卷，卷一至七；國圖和日本靜嘉堂文庫各藏一部爾雅疏十卷；日本宮内廳書陵部藏尚書正義二十卷、抄本春秋正義三十六卷，日本杏雨書屋藏毛詩正義殘存三三卷，卷八至四十；日本身延山久遠寺藏禮記正義殘存八卷，卷六三至七十；日本京都大學藏抄本周禮疏殘存三一卷，缺卷四至六、九至十一、十五至十七、四一至五十；國圖和北大圖書館各藏一部抄本春秋穀梁疏殘存七卷，卷六至十二；儀禮疏有清汪士鐘覆刻本存世，國圖藏黄丕烈士禮居影宋抄本一部。

經書注疏合刻始於南宋高宗時期，注疏本分爲八行本、十行本两大系統。八行本是两浙東路茶鹽司刻本，版式半葉八行，後世稱之爲「八行本」或「八行注疏本」；兩浙東路茶鹽司治所在紹興，舊稱越州，又稱爲「越州本」或「越刻八行本」。今存八行本有：國圖和日本足利學校各藏一部周易注疏十三卷、尚書正義二十卷；國圖和臺北故宫博物院各藏一部周禮疏五十卷，北大圖書館藏本殘存二十七卷，存卷一至二、十三至十四、二七至四七、四九至五十，日本無窮會天淵文庫藏卷四七至四八殘帙。國圖藏兩部禮記正義七十卷，一部全，一部殘存二十八卷，日本足利學校藏本卷三三至四十爲室町時期補寫；此外有零卷散存者，北大圖書館殘存卷一至二，東京大學東洋文化研究所殘存卷六三，京都大學谷村文庫殘存卷六四，疑爲國圖二十八卷本散出者。國圖藏一部春秋左傳正義三十六卷。論語注疏解經二十卷無全本存世，臺北故宫博物院、重慶市圖書館、上圖藏本均殘存卷十一至十二。臺北故宫博物院藏一部孟子注疏解經十四卷，國圖藏殘本四卷，存卷三至四、十三至十四，北大圖書館藏殘本四卷與國圖相同，南京博物院藏本殘存十卷，存卷一至六、十一至十四。八行本惟有經注疏文，不附釋文。

八行本之後，在福建建陽地區興起一種新的經注疏合刻本，有别於八行本者，諸經附有陸氏釋文，這種經書文本較之以前的經注本、單疏本、八行注疏本而言，不僅將經、注、疏文和釋文完美綴合，且分卷關照内容，對於讀者閲讀更爲便利，一經出現，廣受關注，成爲宋、元以來經書流傳的主要文本。南宋建陽地區坊刻注疏合刻本半葉十行，故稱之爲「十行本」，元代翻刻者稱之爲「元十行本」，元十行本流傳到明代正德、嘉靖時期多有修補，版心多有正德年號，故又稱爲「正德本」。

宋十行本今存三種，日本足利學校藏一部附釋音毛詩注疏二十卷；附釋音春秋左傳注疏二十卷兩部，一部藏日本足利學校，另一部分藏國圖（存卷一至二九）和臺北故宫博物院（存卷三十至六十），附釋音毛詩注疏、附釋音春秋左傳注疏皆是劉叔剛一經堂刻本；國圖藏監本附音春秋穀梁注疏二十卷與劉叔剛本很相似，應該是同一時期建陽書坊刻本。附釋音禮記注疏六十三卷有清代和珅覆刻本，序末保留「建安劉叔剛宅鋟梓」隸書牌記。

元十行本十三經注疏是元代泰定帝（一三二四—一三二八）前後依據宋十行本翻刻的，北京市文物局、國家博物館、軍事科學院和日本静嘉堂文庫各藏一部，都是元刻明修本，其中没有儀禮注疏，用儀禮白文十七卷儀禮旁通圖一卷儀禮圖十七卷代替。國内外圖書館藏有元十行本零種，如浙江圖書館藏兩部附釋音周禮注疏四十二卷，一部全本，一部殘本，殘本存卷十八葉四至卷二十二葉十五，是元刻元印十行本；北大圖書館藏附釋音尚書注疏，是難得的元刻元印十行本；上圖藏附釋音禮記注疏卷二五葉一至十，是原版早期印本；重慶市圖書館藏監本附音春秋公羊注疏是元刻元印本，配補數葉宋十行本，更爲珍貴；江西省樂平市圖書館藏有元刊明修十行本禮記注疏五十卷，殘存卷七至九、十七至六十三。他經皆有類似情況，元十行本元刻元印本、元刻明修十行本零種究竟有多少，尚需要進一步調查。

九經三傳沿革例記載注疏本有越中舊本注疏、建本有音釋注疏、蜀注疏三種，越中舊本注疏即八行本，建本有音釋注疏即劉叔剛等建陽地區書坊刻宋十行本，日本宫内廳書陵部藏論語注疏十卷，可能是「蜀注疏」惟一傳世本，附有陸德明釋文。臺北故宫博物院藏宋魏縣尉宅刻本附釋音尚書注疏二十卷，後四卷配補元刻明修十行本，與元十行本附釋音尚書注疏關係密切。

明永樂刻注疏本今存世有三種，周易兼義九卷釋文一卷略例一卷，臺北故宫博物院和日本静嘉堂文庫各藏一部；尚書注疏二十卷，臺北「央圖」和日本静嘉堂文庫各藏一部；毛詩注疏二十卷，重慶圖書館藏一部，三書字體風格類似，乃據元十行本翻刻。

明、清時期，翻刻過一些經書經注本和注疏本，如明嘉靖徐氏刻周禮注十二卷、儀禮注十七卷、禮記注二十卷，清黄丕烈士禮居翻刻嚴州本儀禮注十七卷，張敦仁翻刻撫州本禮記注二十卷，彙刻儀禮注疏五十卷。

明嘉靖、萬曆、崇禎三朝，李元陽、國子監、毛晉翻刻十三經注疏，學術界稱之爲閩本、監本和毛本。閩本收録儀禮注疏十七卷，是真正意義上的第一部十三經注疏。清朝武英殿據監本翻刻十三經注疏，四庫全書據武英殿本抄録。清嘉慶年間，阮元以家藏元刻明修十行本爲底本校刻十三經注疏四百一十六卷，阮刻本後出轉精，風行兩百多年，中華書局一九八〇年影印本成爲當代讀書人案頭必備之書。

宋代刊刻的經注本多爲「九經」「六經」「九經三傳」，未見彙刻「十三經」者。據廖明飛先生永懷堂十三經古注本儀禮略説考察，明崇禎十二年（一六三九），金蟠和昆山人葛鼒永懷堂依據閩本十三經注疏抽編校刻十三經古注二百九十卷，這是第一部全套「十三經」經注本。永懷堂本問世之後，坊間頗爲流行。清嘉慶年間，浙江湖州陶珠琳重刻十三經古注；同治八年（一八六九），浙江官書局據陶珠琳舊板修補刷印。民國間四部備要依據同治浙江官書局本鉛字排印，二〇一三年齊魯書社據永懷堂原本影印。閩本十三經注疏源自元刻明修十行本，多有訛脱衍倒，永懷堂本十三經古注據閩本删改抽編，未能盡善。

清阮元重刻宋板注疏總目録曰：「竊謂士人讀書，當從經學始，經學當從注疏始。空疏之士，高明之徒，讀注疏不終卷而思卧者，是不能潛心研索，終身不知有聖賢諸儒經傳之學矣。」張之洞書目答問國朝著述諸家姓名略之「經學家」曰：「由小學入經學者，其經學可信；由經學入史學者，其史學可信；由經學、史學入理學者，其理學可信；以經學、史學兼詞章者，其詞章有用，以經學、史學兼經濟者，其經濟成就遠大。」又曰：「右漢學專門經學家。諸家皆篤守漢人家法，實事求是，義據通深者。」書目答問「經濟家」曰：「經濟之道，不必盡由學問，然士人致力，舍書無由，兹舉其博通確實者。士人博極群書，而無用於世，讀書何爲？故以此一家終焉。」「經濟家」所列者有黄宗羲、顧炎武、顧祖禹、秦蕙田、方苞、魏源等人，皆經世致用者。阮元、張之洞之言，説明經學是一切學問的根基，經書經注本、注疏本是讀書人治學之核心典籍。近二十年來經學研究的復興，再次印證了阮元、張之洞之説。隨着古籍善本的影印和電子化，原來難得一見的宋、元、明、清經學文獻善本極易獲得，爲經學研究和經學文獻整理創造了良好的條件。就經學文獻整理而言，十三經注疏已經出版多套整理本，經書經注本也出版整理本，極大地推動了經學研究。然已出整理本對於經學文獻版本研究成果重視不够，標點校勘仍有不足，十分遺憾！

南京師範大學文學院古典文獻學專業成立於一九八三年，是教育部高校古委會直接聯繫的五家本科人才培養基地之一，二〇〇五年入選江蘇省第一批品牌專業，二〇二二年入選國家級一流本科專業。古典文獻學專業成立四十年來，秉承「章黄學派」之風，將讀書治學與人才培養緊密結合，古籍整理與古文獻研究緊密結合，經學研究與中華文化傳承緊密結合，教書育人，鑽研學術，尤其重視經學文獻整理與研究，先後出版錢玄先生三禮辭典和三禮通論、趙生群教授左傳疑義新證和春秋左傳詳注、方向東教授大戴禮記匯校集解、楊新勛教授宋代疑經研究、劉立志教授漢代詩經學史論、蘇芃教授春秋三傳研究初集以及拙著三禮研究論著提要、禮記成書考、禮記版本研究、禮記鄭注彙校等經學著作，出版方向東和余點校五禮通考二十册，方向東點校十三經注疏二十五册，余和井超主編曲禮注疏長編、檀弓注疏長編、王制注疏長編三種十一册，井超整理儀禮石經校勘記、侯婕整理撫本禮記鄭注考異、李佩整理禮記正義校勘記等經學文獻，在學術界産生了一定影響。

鳳凰出版社是與中華書局、上海古籍出版社三足鼎立的古籍出版社，建社以來，一直重視出版經學研究和經學文獻整理著作。數年前，鳳凰出版社吴葆勤總編多次聯繫，意欲出版一套「十三經古注」整理本，邀請余和蘇芃主編，提出以南師大古典文獻專業經學研究團隊爲核心，邀請國内從事經學文獻整理與研究的學者加盟，發揮各自優勢，利用現有條件，在研究比勘可見經學文獻善本基礎上，選擇底本和校本，整理新編一套「十三經古注」。二〇二一年一月二十七日下午，吴葆勤總編和郭馨馨女史光臨寒舍，詳細説明整理「十三經古注」的設想及其緣由，盛情相邀，於情於理，於公於私，卻之不恭，慨然允諾。三年多來，吴、郭二位數次組織整理者聚會，研討經書，考察版本，制訂體例，商定版式，拳拳之心，殷殷之情，令人感佩！時值整理本出版之際，略述經書價值、注疏源流、版本概況、整理現狀以及新編「十三經古注」原委，以就教於大方之家。

二〇二四年四月二十三日於桂香書屋

十三經古注凡例

一、「十三經古注」包括王弼和韓康伯周易注、僞孔安國尚書傳、毛亨和鄭玄毛詩傳箋、鄭玄周禮注、儀禮注、禮記注、杜預春秋經傳集解、何休春秋公羊經傳解詁、范甯春秋穀梁傳集解、何晏論語集解、李隆基孝經注、郭璞爾雅注、趙岐孟子注。

二、每書選取經注本之善本爲底本，儘可能選擇附唐陸德明釋文之宋、元本（不包括孟子）或依據宋、元本之影印者，諸如中華再造善本等。

三、「十三經」版本，大致有白文本、經注本、注疏本三大類，每類之中選擇一至二種善本作爲對校本，再确定若干參校本，校勘整理。

四、施加標點，人名、地名、朝代名等標專名號（——），書名、篇名、樂舞名等標書名號（﹏﹏），引號（「」『』）之使用，一般不超過三層。

五、校勘記之撰寫，凡底本有錯須改正者，撰寫校勘記，説明校改依據。對校本和參校本錯誤，概不出校。

六、吸收前人校勘成果，諸如浦鏜十三經注疏正字、阮元十三經注疏校勘記、孫詒讓十三經注疏校記、山井鼎與物觀七經孟子考文補遺以及相關校勘成果。

七、校勘記以脚注形式於當頁注出。校勘記中，對校本、參校本和參考成果一律使用簡稱，版本順序依據時代先後排列。

八、凡底本之避諱字、俗字，徑改爲規範繁體字，一律不出校勘記，僅在凡例中舉例説明。

九、底本之古字、異體字，各經不一，具體而定。

十、整理前言，叙述本經作者、内容、研究歷史、學術價值及其版本等，務必簡明清晰。

十一、整理凡例，説明底本、對校本、參校本及其簡稱、校勘記撰寫以及參考成果等。

十二、書前編制整理本目録，按照卷次、篇名先後排序。

十三、選擇本經研究序跋、版本提要若干篇附後，呈現前人研究和版本概况。

十四、選取本經研究代表作若干，著録作者、書名、卷數和版本，方便讀者按圖索驥。

十五、搜集底本、對校本等善本書影若干幅，作爲彩插，放置書首。

目録

卷七　離婁章句上　凡二十八章 ……………………………………… 一〇四

卷八　離婁章句下　凡三十三章 …… 一二二

卷十三　盡心章句上　凡四十七章……二〇五

整理前言

一、孟子生平事迹

孟子名軻，戰國中期鄒國(故城在今山東鄒城市)人。西漢司馬遷編撰史記時曾作孟子荀卿列傳，簡略地記述了孟子的籍貫、受業、游歷和著述等方面的情況。司馬遷之後，又有班固、趙岐、王肅等諸家之説。今天人們研究和瞭解孟子的最可靠的第一手資料就是孟子一書，其中記載了孟子主要的言語和活動，闡述了孟子的基本思想觀點，有不少内容涉及其生平事迹，可以相互印證。下面依據孟子一書做簡單介紹。

人們通常都認爲「孟子姓孟名軻，字子輿」，其實這種説法明顯有問題。孟子一書中「軻」字凡三見，至於其字爲何，孟子一書則未載。

關於孟子的里居，歷來有兩種説法：一爲「鄒國」，一爲「魯國陬邑」。從孟子一書來看，「鄒」字凡十見，且多與孟子居鄒有關。孟子青少年時代和晚年著述、講學都在鄒國，中年游歷諸國期間亦曾多次返鄒，可見他一生中的大部分時間皆在鄒國，爲鄒人而非魯人。孟子的家世，孟子一書及史記均未載。趙岐孟子題辭云：「或曰：孟子，魯公族孟孫之後，故孟子仕於齊，喪母而歸葬於魯也。」據此，則孟子是春秋時期魯國公室宗親孟孫氏的後人。

關於孟子的生卒年，歷來衆説紛紜，學者們通常認爲孟子生於周烈王四年（前三七二），卒於周赧王二十六年（前二八九），壽八十四歲的説法比較合理。且學術界一般認爲孔子生於周靈王二十一年（前五五一），卒於周敬王四十一年（前四七九），享年七十三歲。照此推算，孟子的生年上距孔子的卒年一〇七年，這與孟子所説「由孔子而來至於今，百有餘歲」（盡心下一四·三八）大致吻合。

相傳孟子早年喪父，孟母將其撫養成人。在列女傳、韓詩外傳等書中記載了不少關於孟母教子的傳説，其中「三遷」「斷織」等膾炙人口的故事，兩千多年來一直爲人們所傳誦，成爲後世教育子女的典範。

孟子青年時代在魯國求學，他繼承並發展了孔子思想，成爲一代大儒。司馬遷認爲孟子師事子思的門人，其説法爲大多數後人認可。而且子思和孟子的思想是一脉相承的，屬於同一體系，史稱「思孟學派」。

在先秦諸子中，孟子游歷的諸侯國不算很多，他主要是在齊、宋、鄒、魯、滕、魏等國從事政治活動。孟子在四十歲以前，主要是在鄒、魯一帶活動。大約四十四歲（前三二九）時首次至齊，正當齊威王（前三五六—前三二〇年在位）之世。之後去了宋國，不久又回到了鄒國和魯國。滕文公繼位，欲行仁政，孟子便去了滕國。但滕國畢竟只是個方圓不到五十里的小國，孟子很難實施自己的「仁政」抱負，於是在梁惠王後元十五年（前三二〇）來到了魏國。第二年梁襄王繼位，孟子對他印象很壞，便離開魏國再次來到齊國，並擔任了齊宣王的客卿。齊宣王終究不能採納孟子的主張，孟子因此辭職回到了家鄉。孟子晚年不再出游，授徒講學，著書立説，「與萬章之徒序詩、書，述仲尼之意，作孟子七篇」。

二、孟子的成書

關於孟子的作者，歷來有孟軻自著、弟子輯成、師生合著三種説法，諸説各有依據，但似乎第三種説法較能爲人接受。

關於孟子的篇章，西漢司馬遷作孟子荀卿列傳，只説「作孟子七篇」；而到了東漢，應劭在風俗通義窮通篇中卻説「作中、外書十一篇」，班固的漢書藝文志也著録「孟子十一篇」。趙岐作孟子章句的時候，對此十一篇進行了甄别，他在孟子題辭中稱：「又有外書四篇，性善、辯文、説孝經、爲正（「正」一作「政」），其文不能弘深，不與内篇相似，似非孟子本真，後世依放而託之者也。」趙岐認爲外書係後世假託，棄而不注，遂使外書逐漸亡佚了。故孟子一書實存七篇，依次爲梁惠王、公孫丑、滕文公、離婁、萬章、告子、盡心。趙岐作章句時，把七篇各分为上、下，遂成十四卷的形式，流傳至今。

三、孟子的學説思想與影響

性善論是孟子全部學説思想的基礎，更是其倫理道德和仁政學説的理論依據。值得注意的是，孟子所説的人性善，實質是指人具有爲善的可能性。孟子認爲，一個人如果不願意向善，那就是「自暴」「自棄」「自賊」。爲了使人的「善性」能够保存和擴展，孟子提出了一整套修身養性的功夫，如：「盡心」「存心養性」「寡欲」「求放心」「反求諸己」「養氣」等，這其中既蘊含了他的認識論，也包含了他的道德哲學。

在孟子的仁政思想中，突出了「民」的地位。孟子認爲實行仁政有一些具體的措施與途徑：（一）在經濟方面，首先要「制民之産」，以「恒産」來求得百姓的「恒心」。其次，要使農以時，保護農耕，促進生産力發展。與此同時，還要「取於民有制」，「薄税斂」以減輕百姓的負擔。再次，要重視商業活動。（二）在軍事方面，反對兼併戰爭，主張仁義之戰。（三）在教育方面，要普及學校教育，使民「明人倫」。（四）在組織方面，要尊賢使能，使俊傑在位。（五）在文化娛樂方面，要與民同樂。此外，孟子的學説思想中還有不少關於理想人格培養的内容，如「人皆可以爲堯舜」「富貴不能淫，貧賤不能移，威武不能屈」「生亦我所欲也，義亦我所欲也，二者不可得兼，舍生而取義者也」等傳頌千古的名言，對後人積極進取、培養崇高的理想人格厥功甚偉。

「孟氏之儒」在戰國後期是一個相當活躍和頗具影響的學派，以致後來在秦始皇焚書坑儒之時慘遭「徒黨盡矣」的厄運。西漢孝文帝時，孟子與論語、孝經、爾雅等同置傳記博士，孟子一度被立於學官，直至漢武帝時取消資格。

到了東漢，人們對孟子一書比較重視，出現了多種研究孟子的專著，諸經通義也常常引孟子以説明事理。

從魏晉南北朝到隋唐，孟子的影響日漸式微，連配享孔廟的資格都没有。唐代韓愈在原道中提出儒家「道統」説，將孟子列爲先秦儒家中唯一繼承孔子「道統」的人物，從此出現了一個孟子的「升格運動」。中唐以後，人們開始普遍地把孔子和孟子的名字連在一起，合稱「孔孟」，「孔孟之道」的説法也開始流行起來。

到了北宋神宗熙寧四年（一〇七一），孟子一書首次被列爲科舉考試科目之一，之後孟子一書升格爲儒家經典；元豐六年（一〇八三），神宗下詔封孟子爲「鄒國公」，這是孟子死後第一次獲得的正式封號，其後配享孔廟，享受人間的四時致祭。南宋朱熹將孟子與論語、大學、中庸合爲「四書」予以「集注」，對孟子地位的提高影響極大。元朝至順元年（一三三〇），孟子被元文宗加封爲「鄒國亞聖公」。「亞聖」這個名目自東漢趙岐提出之後，直到元代才成爲正式封號，從此人們便習慣稱孟子爲「亞聖」，地位僅次於「至聖」孔子。

經過歷史的長期選擇，從漢到唐，從唐到宋，人們終於選擇了孟子。隨着孟子地位的提高，孟學終於與孔學融爲一體，成爲儒學和中國傳統文化的主流。儒家由孔子創立，得孟子而發揚光大。孟子作爲孔子的主要繼承人，他的思想是「孔孟之道」的一個重要組成部分，不但對中國歷史上的政治、經濟、文化的形成和發展發揮了巨大的作用，而且對今後乃至世界文化的發展也將產生深刻的影響。

四、歷代重要孟子注本選介

歷代孟子研究著作不勝枚舉，限於篇幅，不能一一介紹，只能從現存的著作中選擇幾種較爲常見且重要的代表性著作加以簡單介紹，其餘則存而不論。

（一）趙岐孟子章句

趙岐的孟子章句是漢代孟子研究之碩果僅存者，全書七篇，各分上、下，凡十四卷，共計二百六十一章，是完璧流傳至今最早的一部孟子注本，因此，它是研究漢代「孟子學」的唯一可靠的資料，具有很高的史料價值。

趙岐（一〇八—二〇一），字邠卿，原名嘉，字臺卿，東漢末年京兆長陵（今陝西咸陽）人。後漢書卷六四有傳。趙岐的注釋比較平直，較少附會，在訓詁方面保存了不少古義；尤其是他爲各章所作的章指，對後人理解孟子幫助不小。

據宋會要輯稿、玉海等記載可知，孟子章句之初次校刻是在北宋真宗大中祥符五年（一〇一二），由孫奭主持校勘，從當年十月開始，至次年四月完成，並送國子監鏤板，直至七年（一〇一四）正月刻成。但是這個版本並没有流傳下來。據古代書目文獻記載，孟子章句之宋刻本，較具代表性的有南宋孝宗時蜀刻大字本、廖瑩中世綵堂刻本、福建書坊刻音注本，可惜這三種版本也均已不存，今人只能依靠翻刻本、影印本想見其面目。蜀刻大字本有續古逸叢書本及四部叢刊、師顧堂叢書影印本等，廖瑩中世綵堂刻本則有宜興相臺岳氏荆溪家塾本與盱郡刊本兩種元代翻刻本，坊刻音注本則有日本室町時代翻刻本。

（二）孫奭孟子音義

孟子音義二卷，北宋孫奭撰。孫奭（九六二—一〇三三），字宗古，博州博平（今山東茌平）人。宋史卷四三一儒林傳有傳。據史載，宋真宗大中祥符五年（一〇一二）孫奭等奉詔校定孟子，又撰寫孟子音義二卷。該書依仿經典釋文之體例，以東漢趙岐孟子注本爲據，對唐陸善經、張鎰、丁公著三家孟子注，尤其是張氏、丁氏二家注正訛補缺，以注音爲主，兼有釋義、校勘。孟子音義保存了唐宋之際趙注本的部分文字樣貌，對於校勘趙注本有着不可替代的版本價值。同時，此書保存了唐代有關孟子著作的部分資料，是研究孟子古注和中古時期音韻系統的重要書籍。

據史料記載，孟子音義最早刊行於北宋大中祥符七年（一〇一四），由國子監刊行，雖宋本無存，但尚存明末毛扆汲古閣影宋鈔本，乃目前所見之最早版本，今藏蘇州圖書館，爲三經音義合裝本，國家圖書館出版社二〇一九年出版的蘇州圖書館古籍珍本叢刊據以影印。該本與蜀刻大字本孟子避諱下限相同，很可能是孝宗朝同時刊刻。

孟子音義現存版本中，除了上述汲古閣毛鈔本外，尚有清宮天禄琳琅藏影宋抄本、乾隆間四庫全書本、朱邦衡手校抄本等；刻本則有康熙間通志堂經解本、乾隆間孔繼涵微波榭叢書本、韓岱雲刻本、盧文弨龍城書院刻本、嘉慶間黄丕烈士禮居影刻錢曾述古堂影宋鈔本、道光間許瀚校刻甘泉汪氏藏影宋本、咸豐間粵雅堂叢書本等。

（三）孟子注疏

孟子注疏簡稱孟子疏，又名孟子正義，是北宋見於著録的第一部孟子注本，也是最早立於學官的孟子注本。此書舊題北宋孫奭撰，據前人考證，約成書於南宋初年，是假託孫奭之名的僞作。儘管此書是一部質量不高的僞書，書中又有不少釋義錯誤，但大體上還是較爲平正通達和清楚明白的，且早在南宋時就已立於學官，作爲配套的經注之疏影響很大，在孟子學史上具有不可忽視的意義。

研究表明，諸經單疏版本，目前可考者只有九種，而孟子疏不在這九種單疏之內。今天我們所能見到的最早的孟子疏，是與注文合刻的越刊八行本孟子注疏。南宋紹熙三年（一一九二），黄唐接任兩浙東路茶鹽司，繼前任續刻群經，遂有孟子注疏八行本傳世。其後又有建陽坊刻十行本，傳世者多爲宋刻元修本與元刻明修本，著名的南監本即屬於十行本系統。明嘉靖間，福建李元陽據南監本重刻，改作九行本，世稱「李元陽本」，亦稱「閩本」或「嘉靖本」；萬曆間又據閩本重刻，稱「北監本」或「萬曆本」；崇禎間，汲古閣毛氏據北監本重刻，稱「毛本」或「崇禎本」。由上可知，閩本、北監本、毛本一脉相承，以閩本爲祖；而清代武英殿本（簡稱「殿本」）祖述北監本，亦可以算是閩本旁系。其中，李元陽本作爲九行本的祖本，校勘精善，是十行本後、殿本之前的最佳本；毛本是清代最爲通行的版本，後來又有許多據毛本的翻刻本，已是混亂不堪，不能稱爲善本；殿本雖然稱善，可惜流傳不廣。殿本之後，能够稱爲善本的，當屬阮元於嘉慶二十年（一八一五）主持校刻的重刊宋本十三經注疏附校勘記，簡稱「阮刻本」。阮刻本所據底本善、校勘精，問世後取代毛本通行於世，後來歷經重訂和翻刻，自成一個系統，流傳至今。

（四）朱熹孟子集注

孟子集注是宋人注釋孟子的代表作。朱熹（一一三〇——一二〇〇），字元晦，一字仲晦，號晦庵，晚號晦翁，别號紫陽先生、考亭先生等，祖籍徽州婺源（今江西婺源縣），生於南劍州尤溪（今福建尤溪縣），南宋理學家，程朱理學集大成者。宋史卷一八八道學三有傳。孟子集注是朱熹四書章句集注的一部分，係其精心結撰、反復修改、歷時幾十年而成的著作，堪稱朱熹一生之學的精粹；而僅孟子集注一書就選擇、採納諸家説解多達二十種左右，所以該書也是闡釋宋代理學思想的經典之作，受到後人的追捧，對後世産生了極爲深遠的影響。孟子集注的説解較爲精當，尤其對孟子中許多抽象的哲學命題能够掌握其中的精髓，用十分簡潔的文字把含義抽象複雜的内容解釋得清清楚楚，這是前代注家所無法比擬的。當然，朱熹的注也有一些不足之處，如在名物考證與詞義訓詁等方面顯得較爲膚淺，但總的來看，朱熹的注釋還是比較嚴謹的，在數量衆多的孟子注本中仍是佼佼者，具有相當高的參考價值。

由於孟子集注是封建社會後期科舉考試的必讀教材，所以流傳至今的刻本甚多，尤其是明清兩代的刻本，更是汗牛充棟，不勝枚舉。四書章句集注最早於南宋紹熙元年（一一九〇）在漳州刊行，之後又有嘉定十年（一二一七）當塗郡齋刻嘉熙四年淳祐八年、十二年遞修本等。目前較爲常見的版本有中華書局一九五七年出版的四書集注本與一九八三年出版的新編諸子集成本、岳麓書社一九八五年出版的四書集注本等。

（五）焦循孟子正義

焦循孟子正義是清人「十三經新疏」的代表作之一。焦循（一七六三—一八二〇），字理堂（一作里堂），江蘇甘泉（今揚州江都）人。清代著名學者。嘉慶六年（一八〇一）舉人，後棄科舉，託足疾在家十餘年，博聞强記，於經、史、曆、算、聲韻、訓詁之學均有研究，尤精於易學。焦循自幼喜好孟子，早就有志重撰一部孟子正義。但由於秉承家學，潛心易經研究，一生大半精力萃於易學，直至嘉慶二十一年（一八一六）始編孟子長編三十卷，再編爲孟子正義三十卷，於二十四年（一八一九）成書，翌年即去世。孟子正義是爲趙岐孟子章句所作的疏，它以趙注爲基礎，廣搜清代學者考訂注釋孟子的成果凡六十餘家，再加上自己所作的注釋彙編而成。該書一反唐人「疏不破注」之成例，在疏中多所發明，無論典章名物的訓詁，還是思想義理的解說，都有不少超越前人的創說。該書徵引詳博，考證精審，説理透徹，是孟子研究的集大成著作。不過，由於焦循對宋明理學存有偏見，因此在孟子正義一書中對宋明理學家解説孟子的觀點一概不收，可以説是該書的一個缺憾。

孟子正義凡三十卷，清稿前十二卷爲焦循病中手録，後十八卷爲其子焦廷琥、其弟焦徵在他死後謄録，傳寫誤字未能在刊前校正。此書流傳版本較多，但據前人研究表明，傳世刊本主要有兩個系統：一爲道光五年家刻單行本，後來的家刻焦氏叢書本及光緒二年衡陽魏綸先校印的焦氏遺書本，名稱雖異，實是同一版本；二是皇清經解的兩種翻刻本，即道光本與咸豐補刊本。目前最爲常見的是中華書局一九五四年出版的諸子集成本與一九八三年後陸續出版的十三經清人注疏叢書本。此外，沈文倬先生以咸豐十年補刊本爲底本整理的點校本，堪稱善本，通行的版本則有中華書局一九八七年出版的新編諸子集成本及二〇一七年出版的中華國學文庫單行本等。

（六）楊伯峻孟子譯注

楊伯峻先生所著孟子譯注是現當代最爲通行的孟子新注本。楊伯峻（一九〇九—一九九二），原名楊德崇，湖南長沙人。少承家學，由祖父親自授讀古書，打下了扎實的基礎。後隨叔父、著名語言學家楊樹達先生學習，一九三一年又拜在國學大師黄侃先生門下，在左傳學、古代漢語語法、虚詞研究等方面造詣精深。一生著述頗豐，其中以論語譯注一書影響最大，曾在香港、臺灣多次翻印，並被日本的兩所大學用作教材。孟子譯注是論語譯注的姊妹篇，該書譯文明白流暢，注釋包括字音詞義、語法規律、修辭方式、歷史知識、地理沿革、名物制度和風俗習慣等，還對某些問題做了簡要的考證，在廣泛吸收古今學者成果的基礎上，頗多個人新見。書末附有孟子詞典，與「譯注」相輔相成，成爲古漢語教學與研究領域中不可多得的一大財富。

孟子譯注（全二册）由中華書局初版於一九六〇年一月，收入中國古典名著譯注叢書，該書一經問世，便受到海内外研究者和廣大讀者的追捧，成爲最爲通行的譯注本，至二〇〇〇年九月即已重印十二次，印數達到二十二萬左右。進入二十一世紀，該書又多次重印，並曾修訂收入岳麓書社出版的國學基本叢書。二〇一六年六月中華書局隆重推出典藏版一册，頗便於閲讀與檢索。

孟子趙注係「十三經古注」整理系列之一，此次整理，孟子經文與注文以影宋蜀刻大字本爲底本，孫奭《音義》則以清許瀚校刻本爲底本分散録入。全書按整理統一要求施加標點，文字校勘力求吸收最新成果。限於學力，其中取捨或有不妥，不可避免會有錯誤與漏校，敬請讀者批評指正。

謝秉洪

二〇二三年九月四日

整理凡例

一　本書是「十三經古注」整理本系列之一，自然遵照叢書整理體例執行。唐陸德明所作經典釋文未收孟子，今以宋孫奭所作孟子音義（簡稱「音義」）替代，參照經典釋文格式予以處理。惟孟子音義多有截取二字以上爲單字注音者，此次録入時，凡不影響文意理解者，徑作單字處理，散入孟子經注。

一　本書孟子經文及漢趙岐注以二〇一八年廣西師範大學出版社師顧堂叢書影宋蜀刻本（據民國涵芬樓續古逸叢書本影印）孟子趙注爲底本，以一九八〇年中華書局影印清阮元十三經注疏本（簡稱「阮刻本」）爲對校本，參校其他經注本及清焦循孟子正義（簡稱「焦循正義」）等。

一　孫奭孟子音義宋刻原本早佚，今存明清影宋鈔本三種及通行本多種，各本互有長短，此次整理以清道光二十三年（一八四三）日照許瀚校刻本（簡稱「許本」）爲底本，以毛氏汲古閣影宋鈔本（簡稱「汲古閣本」）和通志堂經解本（簡稱「通志堂本」）爲對校本，參校其他各本。

一　孟子趙注凡二百六十一章，原書各章本無定名，前人所稱多異，今詳編新目，於各章章名統一取其文意完足之首句爲之，並加上每篇章次序號，以便翻檢。

一　此次整理爲原書施加標點，人名、地名、朝代名標專名號（—），書名、篇名、樂舞名等標書名號（﹏）；引號（「」『』）之使用，一般不超過三層。

一　此次整理校勘，原則上儘可能全面吸收前人校勘成果，諸如浦鏜十三經注疏正誤（簡稱「浦鏜正誤」）、阮元十三經注疏校勘記（簡稱「阮元校勘記」）、孫詒讓十三經注疏校記、周廣業孟子四考（簡稱「周廣業四考」）、山井鼎與物觀七經孟子考文補遺（簡稱「考文」）以及相關標點本、論著等校勘成果。凡全引或節引原文者，加引號括其首尾；意引者則不加引號。

一　師顧堂叢書本孟子趙注附有近人孟森所撰宋槧大字本孟子校記（簡稱「孟森校記」）和本書編輯之一、華東師範大學王耐剛所撰後記（簡稱「王耐剛後記」），對瞭解影宋蜀刻本的版本流傳與文字校勘多所裨益，其中有助於校勘取捨者，校勘記亦一併採擇。

一　宋元舊刻用字不一，如修脩、嘗甞、畝畞、徭傜、奸姦、賓賔、他佗等之類時或錯見，又扌與木、艹與竹等偏旁部首常相混用，皆並無深意，今均統一改爲規範繁體字。

一　凡底本文字可通者，原則上均不出校；凡底本之避諱字、俗字，徑改爲規範繁體字，一律不出校；凡底本有誤須改正者，則撰寫校勘記，説明校改依據，不作煩瑣考證。對校本和參校本等錯誤，概不出校。

一　凡孟子音義底本用字與經注有出入者，各依其底本所是，不作統一處理，亦不煩出校。

一　校勘記以腳注形式於當頁注出。校勘記中對校本、參校本和參考成果一律使用簡稱，版本順序依據時代先後排列。

孟子題辭

孟子題辭○張鎰云：即序也。趙生尚異，故不謂之序，而謂之「題辭」也。　趙氏○丁公著云：

案本傳，名岐，字邠卿，京兆長陵人也。初名嘉，生於御史臺，因字臺卿，後避難，故改名岐。少明經，有才藝。公府屢辟，爲京兆尹延篤功曹。先是，岐常貶議中常侍唐玹，兄玹爲京兆尹，岐遂避難四方，無所不歷。及諸唐滅，乃出仕，歷并州刺史、議郎，後以老病就拜太常。九十餘，建安六年卒。

孟子題辭者，所以題號孟子之書本末指義文辭之表也。孟，姓也。子者，男子之通稱也。○通稱，丁云：稱，去聲。下有此字，以意讀之。此書，孟子之所作也，故總謂之孟子。其篇目，則各自有名。孟子，鄒人也，名軻，字則未聞也。鄒本春秋邾子之國，○邾，陟輸切。至孟子時改曰鄒矣。國近魯，後爲魯所并。○并，必正切，下同。又言邾爲楚所并，非魯也，今鄒縣是也。或曰：孟子，魯公族孟孫之後。故孟子仕於齊，喪母而歸葬於魯也。三桓子孫既以衰微，分適他國。孟子生有淑質，夙喪其父，幼被慈母三遷之教，長師孔子之孫子思，○長，張丈切。治儒術之道，通五經，尤長於詩、書。周衰之末，戰國縱横，○縱，音蹤。用兵争彊以相侵奪，當世取士，務先權謀以爲上賢。先王大道陵遲墮廢，○墮，許規切。異端竝起，若楊朱、墨翟放蕩之言以干時惑衆者非一。○墨翟，音狄。後「墨翟」皆放此。孟子閔悼堯、舜、湯、文、周、孔之業將遂湮微，正塗壅底，○壅底，張云：「音邸，言否塞不通也。」仁義荒怠，佞僞馳騁，紅紫亂朱。於是則慕仲尼周流憂世，遂以儒道游於諸侯，思濟斯民。然由不肯枉尺直尋，時君咸謂之迂闊於事，○迂，音紆，又音于。終莫能聽納其説。孟子亦自知遭蒼姬之訖録，值炎劉之未奮，○值，丁作「直」，音值。進不得佐興唐、虞雍熙之和，退不能信三代之餘風，○信，音伸。耻没世而無聞焉，是故垂憲言以詒後人。○詒，丁云：「音義與貽同。」仲尼有云：「我欲託之空言，不如載之行事之深切著明也。」於是退而論集所與高第弟子公孫丑、萬章之徒難疑答問，○難，乃旦切。又自撰其法度之言，著書七篇，二百六十一章，三萬四千六百八十五字，包羅天地，揆叙萬類，仁義道德，性命禍福，粲然靡所不載。帝王公侯遵之，則可以致隆平、頌清廟；卿、大夫、士蹈之，則可以尊君父、立忠信；守志厲操者儀之，則可以崇高節、抗浮雲。有風人之託物、二雅之正言，可謂直而不倨、曲而不屈，命世亞聖之大才者也。孔子自衛反魯，然後樂正，雅、頌各得其所，乃删詩定書、繫周易、作春秋。○繫，本亦作「系」，同，胡計切。孟子退自齊、梁，述堯、舜之道而著作焉，此大賢擬聖而作者也。七十子之疇，會集夫子所言以爲論語。論語者，五經之錧鎋，○錧鎋，丁云：「上音管，方言作『輨』，車釭也；下音黠，車轄也。」六藝之喉衿也。○衿，音今。孟子之書，則而象之。衛靈公問陳於孔子，○陳，直刃切。孔子答以俎豆；梁惠王問利國，孟子對以仁義。宋桓魋欲害孔子，孔子稱「天生德於予」；魯臧倉毁鬲孟子，○鬲，丁音隔，蓋譖毁之使情隔耳。又音歷。孟子曰「臧氏之子焉能使予不遇哉！」○焉，於虔切。旨意合同，若此者衆。又有外書四篇，性善、辯文、説孝經、爲正，其文不能弘深，不與内篇相似，似非孟子本真，後世依放而託之者也。○放，方往切。孟子既没之後，大道遂絀，○絀，音黜。逮至亡秦，焚滅經術，坑戮儒生，孟子徒黨盡矣。其書號爲諸子，故篇籍得不泯絶。漢興，除秦虐禁，開延道德，孝文皇帝欲廣游學之路，論語、孝經、孟子、爾雅皆置博士，後罷傳記博士，○傳，直戀切。下「經傳」同。獨立五經而已。訖今諸經通義得引孟子以明事，謂之博文。孟子長於譬喻，辭不迫切而意已獨至，其言曰：「説詩者不以文害辭，不以辭害志，以意逆志，爲得之矣。」斯言殆欲使後人深求其意以解其文，不但施於説詩也。今諸解者往往摭取而説之，其説又多乖異不同。孟子以來五百餘載，傳之者亦已衆多。余生西京，世尋丕祚，有自來矣。少蒙義方，訓涉典文。知命之際，嬰戚于天，遘屯離蹇，詭姓遁身，經營八紘之内，十有餘年，心勦形瘵，○勦，丁子小切，絶也。瘵，側界切，病也。何勤如焉！嘗息肩弛擔於濟、岱之間，○弛擔，音豕，下都濫切。或有温故知新、雅德君子，矜我劬瘁，睠我皓首，○睠，音眷。訪論稽古，慰以大道。余困吝之中，精神遐漂，○漂，撫昭切。靡所濟集，聊欲係志於翰墨，得以亂思遺老也。○亂思，張云：亂，治也。思，去聲。惟六籍之學，先覺之士釋而辯之者，既已詳矣。儒家惟有孟子閎遠微妙，緼奧難見，○緼奧，於粉切，淵奧也。宜在條理之科。於是乃述己所聞，證以經傳，爲之章句，具載本文，章別其指，○別，彼列切。分爲上、下，凡十四卷。究而言之，不敢以當達者；施於新學，可以寤疑辯惑。愚亦未能審於是非，後之明者見其違闕，儻改而正諸，不亦宜乎！

孟子卷第一　趙氏注

梁惠王章句上

梁惠王者，魏惠王也。魏，國名。惠，謚也。王，號也。時天下有七王，皆僭號者也，猶春秋之時吴、楚之君稱王也。魏惠王居於大梁，故號曰梁王。聖人及大賢有道德者，王、公、侯、伯及卿大夫咸願以爲師。孔子時，諸侯問疑質禮，若弟子之問師也。魯、衛之君皆尊事焉，故論語或以弟子名篇，而有衛靈公、季氏之篇。孟子亦以大儒爲諸侯所師，是以梁惠王、滕文公題篇，與公孫丑等爲一例也。○丁云：案史記，梁惠王，魏武侯之子，名罃。罃音鸎。**凡七章**〔一〕

〔一〕 **孟子見梁惠王。**孟子適梁，魏惠王禮請孟子見之。**王曰：「叟！不遠千里而來，亦將有以利吾國乎？」**曰，辭也。叟，長老之稱也，猶父也。孟子去齊，老而之魏，故王尊禮之，曰：父不遠千里之

〔一〕 底本各卷篇題下原無「凡幾章」統計字樣，而阮刻本及焦循正義等有，孫奭音義亦有，今據補。

路而來至此，亦將有可以爲寡人興利除害也？○爲，于僞切。下「爲王」「爲其」「曰爲」「抑爲」「爲是」「故爲」皆同。**孟子對曰：「王！何必曰利？亦有仁義而已矣。**孟子知王欲以富國彊兵爲利，故曰：王何必以利爲名乎？亦惟有仁義之道者可以爲名。以利爲名，則有不利之患矣。因爲王陳之。**王曰：『何以利吾國？』大夫曰：『何以利吾家？』士庶人曰：『何以利吾身？』上下交征利而國危矣。**征，取也。從王至庶人，故言上下交爭，各欲利其身，必至於篡弑，則國危亡矣。論語曰：「放於利而行，多怨。」故不欲使王以利爲名也。又言交爲俱也。○放，方往切。**萬乘之國，弑其君者，必千乘之家；**萬乘，兵車萬乘，謂天子也。千乘，兵車千乘，謂諸侯也。夷羿之弑夏后，是以千乘取萬乘也。○羿，音詣。羿，夷姓。**千乘之國，弑其君者，必百乘之家。**天子建國，諸侯立家。百乘之家，謂大國之卿食菜邑有兵車百乘之賦者也。若齊崔、衛甯、晉六卿等，是以其終亦皆弑其君，此以百乘取千乘也。上千乘當言國，而言家者，諸侯以國爲家，亦以避萬乘稱國，故稱家。君臣上下之辭。**萬取千焉，千取百焉，不爲不多矣。**周制：君十卿禄。君食萬鍾，臣食千鍾，亦多矣，不爲不多矣。**苟爲後義而先利，不奪不饜。**苟，誠也。誠令大臣皆後仁義而先自利，則不篡奪君位，不足自饜飽其欲。○饜，一鹽切，又於豔切。**未有仁而遺其親者也，未有義而後其君者也。**仁者親親，義者尊尊。人無行仁而遺棄其親、行義而忽後其君者。**王亦曰仁義而已矣，何必曰利？」**孟子復申此者，重嗟歎其禍。○復，扶又切，下章注同。重，直用切，下「中重」「重言」皆同。章指言：治國之道，明當以仁義爲名，然後上下和親，君臣集穆。天經地義，不易之道，故以建篇立始也。○集穆，張云：「當爲『輯穆』。」

一·二 **孟子見梁惠王。王立於沼上，顧鴻雁麋鹿，曰：「賢者亦樂此乎？」**沼，池也。王好廣苑囿、大池沼，與孟子游觀，顧視禽獸之衆多，心以爲娛樂，夸咤孟子曰：「賢者亦樂此乎？」○樂，音洛，盡此卷皆同。好，呼報切，下「好戰」同。咤，丁丑嫁切，云：「誇也。玉篇作『詫』。」**孟子對曰：「賢者而後樂此，不賢者雖有此，不樂也。**惟有賢者然後乃得樂此耳。謂修堯舜之道，國家安寧，故得有此以爲樂也。不賢之人，亡國破家，雖有此，當爲人所奪，故不得以爲樂也。**詩云：『經始靈臺，經之營之，庶民攻之，不日成之。**詩大雅靈臺之篇也。言文王始經營規度此臺，衆民竝來治作之，不與期日，自來成之也。○度，大各切，下「忖度」同。**經始勿亟，庶民子來。**言文王不督促使之。亟，疾也。衆民自來趣之，若子來爲父使也。○亟，音棘。督，音篤，丁作𥸷，子六切。趣，丁音趨，亦如字。**王在靈囿，麀鹿攸伏，麀鹿濯濯，白鳥鶴鶴。**麀鹿，牸鹿也。言文王在此囿中，麀鹿懷任，安其所而伏不驚動也。獸肥飽則濯濯，鳥肥飽則鶴鶴而澤好。○麀，音憂。鶴鶴，張云：「詩本作『翯翯』，户角切，古字假借，今依詩本音。」**王在靈沼，於牣魚躍。』**文王在池沼，魚乃跳躍喜樂，言其德及鳥獸魚鼈也。

○於牣，於如字；下音刃，丁本作「仞」。**文王以民力爲臺爲沼，而民歡樂之，謂其臺曰『靈臺』，謂其沼曰『靈沼』，樂其有麋鹿魚鼈。**孟子爲王誦此詩，因曰文王雖以民力築臺鑿池，民由歡樂之，謂其臺、沼若神靈之所爲，欲使其多禽獸以養文王者也。○歡樂，本亦作「勸樂」。**古之人與民偕樂，故能樂也。**偕，俱也。言古賢之君，與民共同其所樂，故能樂之。**湯誓曰：『時日害喪，予及女皆亡。』**湯誓，尚書篇名也。時，是也。時乙卯日也。害，大也。言桀爲無道，百姓皆欲與湯共伐之。湯臨士衆而誓之，言是日桀當大喪亡，我與汝俱往亡之。○害喪，如字。張音曷。書作「曷喪」。女，音汝。**民欲與之皆亡，雖有臺池鳥獸，豈能獨樂哉？」**孟子説詩、書之義以感喻王，言民皆欲與湯共亡桀，雖有臺池禽獸，何能復獨樂之哉！復申明上言「不賢者雖有此不樂也」。章指言：聖王之德，與民共樂，恩及鳥獸，則忻戴其上，大平化興。無道之君，衆怨神怒，則國滅祀絶，不得保守其所樂也。○大，丁音泰。下有此字，以意求之。

一·三

梁惠王曰：「寡人之於國也，盡心焉耳矣。王侯自稱孤寡，言寡人於治國之政，盡心欲利百姓。焉耳者，懇至之辭。**河内凶，則移其民於河東，移其粟於河内。河東凶亦然。**言凶年以此救民也。魏舊在河東，後爲强國，兼得河内也。**察鄰國之政，無如寡人之用心者。**言鄰國之君用心憂民無如己也。**鄰國之民不加少，寡人之民不加多，何也？」**王自怪爲政有此惠，而民人不增多於鄰國者，何也？孟子對曰：「王好戰，請以戰喻。因王好戰，故以戰事喻解王意。填然鼓之，兵刃既接，棄甲曳兵而走。或百步而後止，或五十步而後止。以五十步笑百步，則何如？」填，鼓音也。兵以鼓進，以金退。孟子問王曰：今有戰者，兵刃已交，其負者棄甲曳兵而走，五十步而止，足以笑百步止者不？○填，音田。不，方久切，後皆放此。曰：「不可，直不百步耳，是亦走也。」王曰：不足以相笑也。是人俱走，直争不百步耳〔一〕。○直，如字，丁音值。曰：「王如知此，則無望民之多於鄰國也。孟子曰：王如知此不足以相笑，王之政猶此也。王雖有移民轉穀之善政，其好戰殘民，與鄰國同，而獨望民之多，何異於以五十步笑百步者乎？不違農時，穀不可勝食也。從此已下，爲王陳王道也。使民得三時務農，不違奪其要時，則五穀饒穰，不可勝食。○勝，音升，下同。數罟不入洿池，魚鼈不可勝食也；數罟，密網也。密細之網，所以捕小魚鼈者也，故禁之不得用。魚不滿尺，不得食。○數罟，七欲切，丁、張音朔；下音古，網也〔二〕。洿，音烏。斧斤以時入山林，材木不可勝用也。時，謂草木零落之時，使林木茂暢，故有餘。穀與魚鼈不可勝食，材木

〔一〕直争不百步耳：「争」原作「事」，而阮刻本作「争」，於義爲長，今據改。
〔二〕此「網也」二字乃釋「罟」字，音義各本皆置於「七欲切」後，顯誤，今據文意移至「下音古」後。

不可勝用，是使民養生喪死無憾也。憾，恨也。民所用者足，故無恨。○喪死，丁如字。養生喪死無憾，王道之始也。王道先得民心，民心無恨，故言王道之始。五畝之宅，樹之以桑，五十者可以衣帛矣。廬井、邑居各二畝半以爲宅，冬入保城二畝半，故爲五畝也。樹桑牆下，古者，年五十乃衣帛矣。○衣，於既切，注及下文「衣帛」同。雞豚狗彘之畜，無失其時，七十者可以食肉矣。言孕字不失時也。七十不食肉，不飽。百畝之田，勿奪其時，數口之家可以無飢矣。一夫一婦，耕耨百畝。百畝之田，不可以徭役奪其時功，則家給人足。農夫上、中、下所食多少各有差，故總言數口之家也。○數，丁色主切。謹庠序之教，申之以孝悌之義，頒白者不負戴於道路矣。庠序者，教化之宫也。殷曰序，周曰庠。謹修教化，申重孝悌之義。頒者，斑也。頭半白斑斑者也。壯者代老，心各安之，故斑白者不負戴也。七十者衣帛食肉，黎民不飢不寒，然而不王者，未之有也。言百姓老稚温飽，禮義修行，積之可以致王也。孟子欲以風王何不行此，可以王天下，有率土之民，何但望民多於鄰國？○王，丁云去聲，下文以意讀之。風，音諷。狗彘食人食而不知檢，塗有餓莩而不知發；言人君但養犬彘，使食人食，不知以法度檢斂也。塗，道也。餓死者曰莩。詩曰：「莩有梅。」莩，零落也。道路之旁有餓死者，不知發倉廩以用振救之也。○餓莩，平表切，義同「殍」字，丁、張眦小切。莩有梅，眦小切，又平表切。丁云：「韓詩也。詩作『摽』，與『莩』同。」人死，則曰：『非我

也，歲也。』是何異於刺人而殺之，曰：『非我也，兵也。』人死，謂餓疫死者也。王政使然，而曰非我殺之，歲殺之也；此何以異於用兵殺人，而曰非我也，兵自殺之也。○刺，七亦切，又七四切。**王無罪歲，斯天下之民至焉。」**戒王無歸罪於歲，責己而改行，則天下之民皆可致也。○行，下孟切，下「德行」同。章指言：王化之本，在於使民養生喪死之用備足，然後導之以禮義，責己矜窮，則斯民集矣。

一·四

梁惠王曰：「寡人願安承教。」願安意承受孟子之教令。**孟子對曰：「殺人以梃與刃，有以異乎？」**梃，杖也。○梃，丁徒頂切，從木。**曰：「無以異也。」**王曰：杖、刃殺人，無以異也。**「以刃與政，有以異乎？」**孟子欲以次喻王。**曰：「無以異也。」**王復曰：政殺人無以異也。**曰：「庖有肥肉，廄有肥馬，民有飢色，野有餓莩，此率獸而食人也。**孟子言人君如此，爲率禽獸以食人也。**獸相食，且人惡之；爲民父母，行政不免於率獸而食人，惡在其爲民父母也？**虎狼食禽獸，人猶尚惡視之。牧民爲政，乃率禽獸食人，安在其爲民父母之道也？○惡之，烏路切，注及下「夫惡」同。惡在，音烏，惡猶安也，下「惡乎定」「惡知」皆同。**仲尼曰：『始作俑者，其無後乎！』爲其象人而用之也。如之何其使斯民飢而死也？」**俑，偶人也，用之送死。仲尼重人類，謂秦穆公時以三良殉葬，本由有作俑者也。夫惡其始造，故曰：此人其無後嗣乎？如之何其使此民飢而死邪？孟子陳此以教王愛民。○俑，音勇。夫，音扶。此字既多，可以意求，疑者别出。邪，以嗟切，後不音者，皆放此。章指言：王者爲政之道，生民爲首。以政殺人，人君之咎猶以白刃，疾之甚也。

一·五

梁惠王曰：「晉國，天下莫强焉，叟之所知也。韓、魏、趙本晉六卿，當此時，號三晉，故惠王言晉國天下强也。及寡人之身，東敗於齊，長子死焉；○長，張丈切。下「長上」「長者」皆同。西喪地於秦七百里；南辱於楚。寡人耻之，願比死者壹洒之，如之何則可？」王念有此三耻，求策謀於孟子。○洒，丁音洗，謂洗雪其耻也。孟子對曰：「地方百里而可以王。言古聖人以百里之地以致王天下，謂文王也。王如施仁政於民，省刑罰，薄税斂，深耕易耨；壯者以暇日修其孝悌忠信，入以事其父兄，出以事其長上，可使制梃以撻秦、楚之堅甲利兵矣。易耨，芸苗令簡易也。制，作也。王如行此政，可使國人作杖以捶敵國堅甲利兵，何患耻之不雪也！○省，所梗切。斂，丁力劍切。易耨，以豉切；下奴豆切，字亦作「蓐」，音同。彼奪其民時，使不得耕耨以養其父母。父母凍餓，兄弟妻子離散。彼陷溺其民，王往而征之，夫誰與王敵？彼，謂齊、秦、楚也。彼困其民，願王往征之也。彼失民心，民不爲用，夫誰與共禦王之師爲王之敵乎？○養，餘亮切。故曰：『仁者無敵。』王請勿疑！」鄰國暴虐，已修仁政，則無敵矣。王請行之，勿有疑也。章指言：以百里行仁，天下歸之。以政傷民，民樂其亡。以梃服强，仁與不仁也。

一·六 孟子見梁襄王，出，語人曰：「望之不似人君，襄，謚也，魏之嗣王也。望之無儼然之威儀也。○語，魚據切。下「語人」同。就之而不見所畏焉。就與之言，無人君操秉之威，知其不足畏。卒然問曰：『天下惡乎定？』卒暴問事，不由其次也。問天下安所定？言誰能定之。○卒，七没切。吾對曰：『定於一。』孟子謂仁政爲一也。『孰能一之？』言孰能一之者。對曰：『不嗜殺人者能一之。』嗜猶甘也。言令諸侯有不甘樂殺人者則能一之。『孰能與之？』王言誰能與不嗜殺人者乎？對曰：『天下莫不與也。孟子曰：時人皆苦虐政，如有行仁，天下莫不與之。王知夫苗乎？七、八月之間旱，則苗槁矣。天油然作雲，沛然下雨，則苗浡然興之矣。其如是，孰能禦之？以苗生喻人象也。周七、八月，夏之五、六月。油然，興雲之貌。沛然下雨，以潤槁苗，則浡然已盛，孰能止之？○槁，音考。沛，字亦作「霈」，普蓋切。浡，音勃。今夫天下之人牧，未有不嗜殺人者也。如有不嗜殺人者，則天下之民皆引領而望之矣。誠如是也，民歸之，由水之就下，沛然誰能禦之？』」今天下牧民之君，誠能行此仁政，民皆延頸望欲歸之，如水就下，沛然而來，誰能止之。○由水，由與「猶」同，古字通用。章指言：定天下者，一道而已，不貪殺人，人則歸之。是故文王視民如傷，此之謂也。

一·七

齊宣王問曰：「齊桓、晉文之事可得聞乎？」宣，謚也。宣王問孟子，欲庶幾齊桓公小白、晉文公重耳。孟子冀得行道，故仕於齊，不用而去，乃適於梁。建篇先梁者，欲以仁義首篇，因言魏事，章次相從，然後道齊也。**孟子對曰：「仲尼之徒無道桓、文之事者，是以後世無傳焉，臣未之聞也。**孔子之門徒，頌述宓戲以來至文、武、周公之法制耳，雖及五霸，心賤薄之，是以儒家後世無欲傳道之者，故曰臣未之聞也。○宓，音伏。戲，音羲。**無以，則王乎？」**既不論三皇、五帝，殊無所問，則尚當問王道耳，不欲使王問霸事也。**曰：「德何如，則可以王矣？」**王曰：德行當何如而可得以王乎？**曰：「保民而王，莫之能禦也。」**保，安也。禦，止也。言安民則惠，黎民懷之，若此以王，無能止也。**曰：「若寡人者，可以保民乎哉？」**王自恐德不足以安民，故問之。**曰：「可。」**孟子以爲如王之性，可以安民也。**曰：「何由知吾可也？」**王問孟子何以知吾可以安民。**曰：「臣聞之胡齕曰，王坐於堂上，有牽牛而過堂下者，王見之，曰：『牛何之？』對曰：『將以釁鍾。』王曰：『舍之！吾不忍其觳觫，若無罪而就死地。』對曰：『然則廢釁鍾與？』曰：『何可廢也？以羊易之！』不識有諸？」**胡齕，王左右近臣也。觳觫，牛當到死地處恐貌。新鑄鍾，殺牲以血塗其釁郄，因以祭之，曰釁。周禮大祝曰：「墮釁，逆牲逆尸，令鍾鼓。」天府：「上春，釁寶鍾及寶器。」孟子曰：臣受胡齕言，王嘗有此仁，不知誠有之否？○齕，恨没切。釁，許覲切。舍，音捨。觳觫，丁「斛」「速」二音，恐貌。與，音餘，下「何與」「心與」「聞與」「甚與」「口與」「體與」「目與」「前與」皆同。郄，音隙。大祝，音泰。墮，許規切。曰：「有之。」王曰有之。曰：「是心足以王矣。百姓皆以王爲愛也。臣固知王之不忍也。」愛，嗇也。孟子曰：王推是仁心，足以至於王道。然百姓皆謂王嗇愛其財，臣知王見牛恐懼不欲趨死，不忍，故易之也。王曰：「然，誠有百姓者。齊國雖褊小，吾何愛一牛？即不忍其觳觫，若無罪而就死地，故以羊易之也。」王曰：亦誠有百姓所言者矣。吾國雖小，豈愛惜一牛之財費哉！即見其牛哀之，釁鍾又不可廢，故易之以羊耳。曰：「王無異於百姓之以王爲愛也。以小易大，彼惡知之？王若隱其無罪而就死地，則牛羊何擇焉？」異，怪也。隱，痛也。孟子言無怪百姓之謂王愛財也，見王以小易大故也。王如痛其無罪，羊亦無罪，何爲獨釋牛而取羊？王笑曰：「是誠何心哉？我非愛其財而易之以羊也。宜乎百姓之謂我愛也。」王自笑心不然，而不能自免爲百姓所非，乃責己之以小易大，故曰宜乎其罪我也。曰：「無傷也，是乃仁術也，見牛未見羊也。君子之於禽獸也，見其生，不忍見其死；聞其聲，不忍食其肉。是以君子遠庖厨也。」孟子解王自責之心，曰無傷於仁，是乃王爲仁之道也。時未見羊，羊之爲牲次於牛，故用之耳。是以君子遠庖厨，不欲見其生、食其肉也。○遠，于萬切。王説，曰：「詩云：『他人有心，予忖度之。』夫子之謂也。夫我乃行之，反而求之，不得吾心。夫子言之，於我心有戚戚焉。此心之所以合於王者，何也？」詩小雅巧言之篇也。王喜悦，因稱是詩以嗟嘆孟子忖度知己心，戚戚然心有動也。寡人雖有是心，何能足以王也？○説，音悦。曰：「有復於王者曰：『吾力足以舉百鈞，而不足以舉一羽；明足以察秋豪之末，而不見輿薪。』則王許之乎？」復，白也。許，信也。人有白王如此，王信之乎？百鈞，三千斤也。曰：「否。」王曰：我不信也。「今恩足以及禽獸，而功不至於百姓者，獨何與？然則一羽之不舉，爲不用力焉；輿薪之不見，爲不用明焉；百姓之不見保，爲不用恩焉。故王之不王，不爲也，非不能也。」孟子言王恩及禽獸，而不安百姓，若不用力、不用明者也。不爲耳，非不能也。曰：「不爲者與不能者之形何以異？」王問其狀何以異也。曰：「挾大山以超北海，語人曰：『我不能。』是誠不能也。爲長者折枝，語人曰：『我不能。』是不爲也，非不能也。故王之不王，非挾大山以超北海之類也；王之不王，是折枝之類也。孟子爲王陳爲與不爲之形若是，王則不折枝之類也。折枝，按摩折手節解罷枝也。少者耻見役，故不爲耳，非不能也。大山、北海皆近齊，故以爲喻也。○挾，音協。以超，超或作「趨」。折枝，之舌切。趙云：「折枝，按摩折手節解罷枝也。」陸善經云：「折枝，折草樹枝。」罷，音疲。少，詩妙切。**老吾老，以及人之老；幼吾幼，以及人之幼，天下可運於掌。**老猶敬也，幼猶愛也，敬我之老，亦敬人之老；愛我之幼，亦愛人之幼。推此心以惠民，天下可轉之掌上，言易也。**詩云：『刑于寡妻，至于兄弟，以御于家邦。』言舉斯心加諸彼而已。**詩大雅思齊之篇也。刑，正也。寡，少也。言文王正己適妻，則八妾從，以及兄弟。御，享也。享天下國家之福，但舉己心加於人耳。○御，如字。鄭箋詩云：「御，治也。」齊，音齋。適，丁亦切。**故推恩足以保四海，不推恩無以保妻子。古之人所以大過人者，無他焉，善推其所爲而已矣。**大過人者，大有爲之君也。善推其心所好惡以安四海也。○好惡，皆去聲。**今恩足以及禽獸，而功不至於百姓者，獨何與？**復申此，言非王不能，不爲之耳。**權，然後知輕重；度，然後知長短。物皆然，心爲甚。王請度之！」**權，銓衡也，可以稱輕重也。度，丈尺也，可以量長短也。凡物皆當稱度乃可知，心當行之乃爲仁。心比於物，尤當爲之甚者也。欲使王度心如度物也。○度，待各切。注「稱度」「度心」「度物」皆同，餘並音渡。**「抑王興甲兵，危士臣，構怨於諸侯，然後快於心與？」**抑，辭也。孟子問王抑亦如是乃快邪？**王曰：「否！吾何快於是？將以求吾所大欲也。」**王言不然，我不快是也，將欲以求我心所大欲者耳。**曰：「王之所大**

欲，可得聞與？」孟子雖心知王意，而故問者，欲令王自道，緣以陳之。王笑而不言。王意大而不敢正言。曰：「爲肥甘不足於口與？輕煖不足於體與？抑爲采色不足視於目與？聲音不足聽於耳與？便嬖不足使令於前與？王之諸臣，皆足以供之，而王豈爲是哉？」孟子復問此五者，欲以致王所欲也，故發異端以問也。○便嬖，婢縣切，下音臂。曰：「否！吾不爲是也。」王言我不爲是也。曰：「然則王之所大欲可知已，欲辟土地，朝秦、楚，莅中國而撫四夷也。莅，臨也。言王意欲庶幾王者，莅臨中國而安四夷者也。○辟，音闢。以若所爲，求若所欲，猶緣木而求魚也。」若，順也。順嚮者所爲，謂構兵諸侯之事，求順今之所欲莅中國之願，其不可得，如緣喬木而求生魚也。王曰：「若是，其甚與？」王謂比之緣木求魚爲大甚。曰：「殆有甚焉。緣木求魚，雖不得魚，無後災；以若所爲，求若所欲，盡心力而爲之，後必有災。」孟子言盡心戰鬬，必有殘民破國之災，故曰殆有甚於緣木求魚者也。曰：「可得聞與？」王欲知其害也。曰：「鄒人與楚人戰，則王以爲孰勝？」言鄒小楚大也。曰：「楚人勝。」王曰楚人勝也。曰：「然則小固不可以敵大，寡固不可以敵衆，弱固不可以敵彊。海内之地方千里者九，齊集有其一。以一服八，何以異於鄒敵楚哉？固，辭也。言小、弱固不如彊、大。集會齊地，可方千里，譬一州耳。今欲以一州服八州，猶鄒欲敵楚。蓋亦反其本矣。王欲服之之道，蓋當反王道之本。今王發政施仁，使天下仕者皆欲立於王之朝，耕者皆欲耕於王之野，商賈皆欲藏於王之市，行旅皆欲出於王之塗，天下之欲疾其君者皆欲赴愬於王。其若是，孰能禦之？」反本道，行仁政，若此則天下歸之，誰能止之者。○賈，音古。愬，音訴。王曰：「吾惛，不能進於是矣。願夫子輔吾志，明以教我。我雖不敏，請嘗試之。」王言我情思惛亂，不能進行此仁政，不知所當施行也。欲使孟子明言其道，以教訓之。我雖不敏，願嘗使少行之也。○惛，音昏。曰：「無恒產而有恒心者，惟士爲能。若民，則無恒產，因無恒心。孟子爲王陳其法也。恒，常也。產，生也。恒產，則民常可以生之業也。恒心，人常有所善心也。惟有學士之心者，雖窮不失道，不求苟得耳。凡民迫於飢寒，則不能守其常善之心。苟無恒心，放辟邪侈，無不爲已。及陷於罪，然後從而刑之，是罔民也。民誠無恒心，放溢辟邪，侈於姦利，犯罪觸刑，無所不爲，乃就刑之，是由張羅罔以罔民者也。○辟，音僻。侈，張尺氏切，丁作「移」。已，音以，絶句。罔民，張如字，丁作「司民」。下音同。焉有仁人在位，罔民而可爲也？安有仁人爲君，罔陷其民，是政何可爲也？○焉，於虔切。是故明君制民之產，必使仰足以事父母，俯足以畜妻子，樂歲終身飽，凶年免於死亡；然後驅而之善，故民之從之也輕。言衣食足，知榮辱，故民從之，教化輕易也。○畜，許六切。**今也制民之産，仰不足以事父母，俯不足以畜妻子；樂歲終身苦，凶年不免於死亡。此惟救死而恐不贍，奚暇治禮義哉！**言今民困窮，救死恐凍餓而不給，何暇修禮行義也！**王欲行之，則盍反其本矣：五畝之宅，樹之以桑，五十者可以衣帛矣。雞豚狗彘之畜，無失其時，七十者可以食肉矣。百畝之田，勿奪其時，八口之家可以無飢矣。謹庠序之教，申之以孝悌之義，頒白者不負戴於道路矣。老者衣帛食肉，黎民不飢不寒，然而不王者，未之有也。」**其説與上同。八口之家，次上農夫也。孟子所以重言此者，此乃王政之本、常生之道，故爲齊、梁之君各具陳之。當章究義，不嫌其重也。○當，丁浪切。章指言：典籍攸載，帝王道純，桓、文之事，譎正相紛，撥亂反正，聖意弗珍。故曰後世無傳、未聞。仁不施人，猶不成德，釁鍾易牲，民不被澤，王請嘗試，欲踐其路，答以反本，惟是爲要。此蓋孟子不屈道之言也。○譎，音決。

孟子卷第二　趙氏注

梁惠王章句下　凡十六章

二·一 莊暴見孟子，曰：「暴見於王，王語暴以好樂，暴未有以對也。」曰：「好樂何如？」莊暴，齊臣也。不能決知之，故無以對。而問曰：王好樂何如？○暴見，賢偏切，下「他日見」及後注「虹見」皆同。王語，丁音御，下「嘗語」同。好樂，呼報切，此卷内皆同，惟下注「美好」如字。孟子曰：「王之好樂甚，則齊國其庶幾乎？」王誠能大好古之樂，齊國其庶幾治乎？他日，見於王，曰：「王嘗語莊子以好樂，有諸？」孟子問王有是語不。王變乎色，曰：「寡人非能好先王之樂也，直好世俗之樂耳。」變乎色，愠恚莊子道其好樂也。王言我不能好先聖王之樂也，直好世俗之樂，謂鄭聲也。○愠，於問切。恚，一睡切。曰：「王之好樂甚，則齊其庶幾乎。今之樂猶古之樂也。」甚，大也。謂大要與民同樂，古今何異也。○與民同樂，音洛。曰：「可得聞與？」王問古今同樂之意，寧可得聞邪？○與，音餘。下「病與」「慎與」「鼎與」皆同。**曰：「獨樂樂，與人樂樂，孰樂？」**孟子復問王獨自作樂樂邪？與人共聽樂樂也？○獨樂樂，丁上音岳，下音洛，下文及注「樂樂」皆同。孰樂，音洛，此章内「孰樂」「樂邪」「樂也」「同樂」「樂其事」皆同，餘並音岳。**曰：「不若與人。」**王曰：獨聽樂不如與衆共聽之樂也。**曰：「與少樂樂，與衆樂樂，孰樂？」**孟子復問王與少人共聽樂樂邪？與衆人共聽樂樂也？**曰：「不若與衆。」**王言不若與衆人共聽樂樂也。**「臣請爲王言樂。**孟子欲爲王陳獨樂與衆人樂之狀。○爲，于僞切，下同。**今王鼓樂於此，百姓聞王鍾鼓之聲、管籥之音，舉疾首蹙頞而相告曰：『吾王之好鼓樂，夫何使我至於此極也？父子不相見，兄弟妻子離散。』**鼓樂者，樂以鼓爲節也。管，笙。籥，簫。或曰籥若笛短而有三孔。《詩》云「左手執籥」，以節衆也。疾首，頭痛也。蹙頞，愁貌。言王擊鼓作樂，發賦徭役皆出於民，而德不加之，故使百姓愁。○舉疾首蹙頞，丁云：「舉猶皆也，屬下句。」蹙，子六切。頞，音遏。**今王田獵於此，百姓聞王車馬之音，見羽旄之美，舉疾首蹙頞而相告曰：『吾王之好田獵，夫何使我至於此極也？父子不相見，兄弟妻子離散。』此無他，不與民同樂也。**田獵無節，以非時取牲也。羽旄之美，但飾羽旄，使之美好也。發民驅獸，供給役使，不得休息，故民窮極而離散奔走也。**今王鼓樂於此，百**

姓聞王鍾鼓之聲、管籥之音，舉欣欣然有喜色而相告曰：『吾王庶幾無疾病與，何以能鼓樂也？』百姓欲令王康强而鼓樂也。今無賦斂於民，而有惠益，故欣欣然而喜也。今王田獵於此，百姓聞王車馬之音，見羽旄之美，舉欣欣然有喜色而相告曰：『吾王庶幾無疾病與，何以能田獵也？』此無他，與民同樂也。王以農隙而田，不妨民時，有愍民之心。因田獵而加撫恤之，是以民悦也。○隙，綺戟切。今王與百姓同樂，則王矣。」孟子言王何故不大好樂，效古賢君與民同樂，則可以王天下也。何惡莊子之言王好樂也。○惡，烏路切。下「讒惡」同。章指言：人君田獵以時，鍾鼓有節，發政行仁，民樂其事，則王道之階在於此矣。故曰「天時不如地利，地利不如人和」矣。

二·二

齊宣王問曰：「文王之囿方七十里，有諸？」王言聞文王苑囿方七十里，寧有之？孟子對曰：「於傳有之。」於傳文有是言。○傳，直戀切，下同。曰：「若是，其大乎？」王怪其大。曰：「民猶以爲小也。」言文王之民尚以爲小也。曰：「寡人之囿方四十里，民猶以爲大，何也？」王以爲文王在岐、豐之時，雖爲西伯，王地尚狹，而囿以大矣。今我地方千里而囿小之，民以爲寡人囿大，何故也？曰：「文王之囿方七十里，芻蕘者往焉，雉兔者往焉，與民同之。民以爲小，不亦宜乎？芻蕘者，取芻薪之賤人也。雉兔，獵人取雉兔者。言文王聽民往取禽獸，刈其芻薪，民苦其小，是其宜也。○蕘，音饒。刈，音乂。**臣始至於境，問國之大禁，然後敢入。**言王之政嚴刑重也。**臣聞郊關之内有囿方四十里，殺其麋鹿者如殺人之罪，**郊關，齊四境之郊皆有關。**則是方四十里爲阱於國中。民以爲大，不亦宜乎？」**設陷阱者不過丈尺之間耳。今王陷阱乃方四十里，民苦其大，不亦宜乎？○阱，才性切。章指言：譏王廣囿專利，嚴刑陷民也。

二·三　**齊宣王問曰：「交鄰國有道乎？」**問與鄰國交接之道。**孟子對曰：「有。**欲爲王陳古聖賢之比。**惟仁者爲能以大事小，是故湯事葛，文王事混夷。**葛伯放而不祀，湯先助之祀。詩云：「混夷兑矣，惟其喙矣。」謂文王也。是則聖人行仁政，能以大事小者也。○混夷，丁音昆。昆夷，犬戎別名。喙，許穢切，困也。**惟智者爲能以小事大，故大王事獯鬻，句踐事吴。**獯鬻，北狄彊者，今匈奴也。大王去邠，避獯鬻。越王句踐退於會稽，身自官事吴王夫差。是則智者用智，是故以小事大而全其國也。○大王，音泰，後「大師」「大王」皆放此。獯鬻，丁云：「上音熏，下音育。夏曰獯鬻，商曰鬼方，周曰獫狁，秦、漢曰匈奴，魏曰突厥。」句踐，古侯切。會，音繪。夫差，音扶。**以大事小者，樂天者也；以小事大者，畏天者也。樂天者保天下，畏天者保其國。詩云：『畏天之威，于時保之。』」**聖人樂行天道，如天無不蓋也，故保天下，湯、文是也。智者量時畏天，故保其國，大王、句踐是也。詩周頌我將之篇，言成王尚畏天之威，於是時故能安其大平之道也。○樂天，音洛。此卷内惟下文「相説之樂」及注「樂師」「樂章」

「樂詩」「樂正」皆音岳，餘並皆音洛。王曰：「大哉言矣！寡人有疾，寡人好勇。」王謂孟子之言大，不合於其意。答之云寡人有疾，疾於好勇，不能行聖賢之所履也。對曰：「王請無好小勇。夫撫劍疾視，曰：『彼惡敢當我哉！』此匹夫之勇，敵一人者也。疾視，惡視也。撫劍瞋目曰：人安敢當我哉！此一夫之勇，足以當一人之敵者也。○彼惡，音烏。瞋，尺真切。王請大之！詩云：『王赫斯怒，爰整其旅，以遏徂莒，以篤周祜，以對于天下。』此文王之勇也。文王一怒而安天下之民。詩大雅皇矣之篇也。言文王赫然斯怒，於是整其師旅，以遏止往伐莒者，以篤周家之福，以揚名於天下。文王一怒而安民，願王慕其大勇，無論匹夫之小勇。書曰：『天降下民，作之君，作之師，惟曰其助上帝寵之。四方有罪無罪惟我在，天下曷敢有越厥志？』書，尚書逸篇也。言天生下民，爲作君，爲作師，以助天光寵之也。四方善惡皆在己，所謂在予一人，天下何敢有越其志者也。○丁曰：「注云尚書逸篇也。案今尚書太誓有此文，但三五字詳略不同耳。此注云逸書者，古文太誓自孔安國注，遭巫蠱事，亦遂寢，藏於私家，故先儒鄭康成、馬季長、杜元凱等皆以爲逸書，故此注亦云逸書，不見古文也。」一人衡行於天下，武王恥之。此武王之勇也。衡，横也。武王恥天下一人有横行不順天道者，故伐紂也。○衡，丁音横，云：「詳注意，即依字。」而武王亦一怒而安天下之民。今王亦一怒而安天下之民，民惟恐王之不好勇也。」孟子言武王好勇，亦則文王一怒而安天下之民也。今王好勇，亦則武王一怒而安天下之民。民恐王之不好勇耳，王何爲欲小勇而自謂有疾也。章指言：聖人樂天，賢者知時，仁必有勇，勇以討亂而不爲暴，則百姓安之。

二·四 **齊宣王見孟子於雪宮。王曰：「賢者亦有此樂乎？」**雪宮，離宮之名也。宮中有苑囿臺池之飾、禽獸之饒，王自多有此樂，故問曰：賢者亦能有此樂乎？**孟子對曰：「有人不得，則非其上矣。不得而非其上者，非也；爲民上而不與民同樂者，亦非也。**有人不得，人有不得志者也。不責己仁義不自修，而責上之不用己，此非君子之道。人君適情從欲，獨樂其身，而不與民同樂，亦非在上不驕之義也。○從，丁音縱，本亦作「縱」。**樂民之樂者，民亦樂其樂；憂民之憂者，民亦憂其憂。**言民之所樂，君與之同，故民亦樂使其君有樂也。民之所憂者，君助憂之，故民亦能憂君之憂，爲之赴難也。○爲之赴難，爲、難二字並去聲。**樂以天下，憂以天下，然而不王者，未之有也。**言古賢君樂則以己之樂與天下同之，憂則以天下之憂與己共之，如是未有不王者。孟子以是答王者，言雖有此樂，未能與人共之。**昔者齊景公問於晏子曰：『吾欲觀於轉附、朝儛，遵海而南，放于琅邪，吾何修而可以比於先王觀也？』**孟子言往者齊景公嘗問其相晏子若此也。轉附、朝儛，皆山名也；又言，朝，水名也。遵，循也。放，至也。循海而南，至於琅邪。琅邪，齊東南境上邑也。當何修治，可以比先王之觀游乎？先王，先聖之王也。○儛，音舞。放，方往反。琅，音郎。邪，以嗟切。觀，丁音貫，亦如字。相，息亮切，下「相土」同。**晏子對曰：『善哉問也！天子適諸侯曰巡狩。巡狩者，巡所守也。諸侯朝於天子曰述職。述職者，述所職也。無非事者。春省耕而補不足，秋省斂而助不給。**言天子、諸侯出，必因王事，有所補助於民，無非事而空行者也。春省耕，問耒耜之不足。秋省斂，助其力不足也。○省，息井切，下同。**夏諺曰：「吾王不游，吾何以休？吾王不豫，吾何以助？一游一豫，爲諸侯度。」**晏子道夏禹之世民之諺語也。言王者巡狩觀民，其行從容，若游若豫。豫亦游也。春秋傳曰：「魯季氏有嘉樹，晉范宣子豫焉。」吾王不游，我何以得見勞苦蒙休息也。吾王不豫，我何以得見振贍助不足也。王者一游一豫，行恩布德，應法而出，可以爲諸侯之法度也。○從，七容切。**今也不然：師行而糧食，飢者弗食，勞者弗息。睊睊胥讒，民乃作慝。**今也者，晏子言今時天下之民，人君興師行軍，皆遠轉糧食而食之，有飢不得飽食者，勞者致重，亦不得休息；在位者又睊睊側目相視，更相讒惡，民由是化之而作慝惡也。○睊睊，字亦作「諝」。張古縣切，云：「側目視貌。」言睊睊然怒目相嫉而相讒也。」慝，吐得切。**方命虐民，飲食若流。**方猶放也。放棄不用先王之命〔一〕，但爲虐民之政，恣意飲食，若水流之**流。流連荒亡，爲諸侯憂。**

〔一〕先王之命：「先王」原作「先生」，阮元校勘記及周廣業四考皆謂「生」字誤，是，今據改。

無窮極也。謂沈湎于酒，熊蹯不熟，怒而殺人之類也。流連荒亡，皆驕君之溢行也。言王道虧，諸侯行霸，由當相匡正，故爲諸侯憂也。○湎，彌兖切。蹯，音煩。行，下孟切，下「之行」同。**從流下而忘反謂之流，從流上而忘反謂之連，從獸無厭謂之荒，樂酒無厭謂之亡。先王無流連之樂，荒亡之行。惟君所行也。』**言驕君放游，無所不爲。或浮水而下，樂而忘反謂之流，若齊桓與蔡姬乘舟於囿之類也。連者，引也。使人徒引舟船上行，而忘反以爲樂，故謂之連。書曰「罔水行舟」，丹朱慢游，無水而行舟，豈不引舟於水而上行乎？此其類也。從獸無厭，若羿之好田獵，無有厭極，以亡其身，故謂之荒亂也。樂酒無厭，若殷紂以酒喪國也，故謂之亡。言聖人之行無此四者，惟君所欲行也。晏子之意，不欲使景公空游於琅邪而無益於民也。○厭，丁一兼切。**景公說，大戒於國，出舍於郊。於是始興發補不足。**景公說晏子之言也。戒，備也。大修戒備於國。出舍於郊，示憂民困。始興惠政，發倉廩以振貧下不足者也。○說，音悦。下「相說」「臣說」皆同。**召大師曰：『爲我作君臣相說之樂！』蓋徵招、角招是也。**大師，樂師也。徵招、角招，其所作樂章名也。○招，張音韶。下同。**其詩曰：『畜君何尤？』畜君者，好君也。』**其詩，樂詩也。言臣說君，謂之好君。何尤者，無過也。孟子所以道晏子、景公之事者，欲以感喻宣王，非其矜夸雪宫而欲以若賢者。○畜，許六切。下注「子畜」同。章指言：與天下同憂者，不爲慢游之樂，不循四溢之行。是以文王不敢盤于游田也。

齊宣王問曰：「人皆謂我毁明堂，毁諸？已乎？」謂泰山下明堂，本周天子東巡狩朝諸侯之處也，齊侵地而得有之。人勸宣王，諸侯不用明堂，可毁壞，故疑而問於孟子當毁之乎。已，止也。孟子對曰：「夫明堂者，王者之堂也。王欲行王政，則勿毁之矣。」言王能行王道者，則可無毁也。王曰：「王政可得聞與？」王言王政當何施，其法寧可得聞。對曰：「昔者文王之治岐也，耕者九一，仕者世禄，關市譏而不征，澤梁無禁，罪人不孥。言往者文王爲西伯時，始行王政，使岐民修井田，八家耕八百畝，其百畝者以爲公田及廬井，故曰九一也。紂時税重，文王復行古法也。仕者世禄，賢者子孫必有土地。關以譏難非常，不征税也。陂池魚梁不設禁，與民共之也。孥，妻子也。詩云：「樂爾妻孥。」罪人不孥，惡惡止其身，不及妻子也。○孥，音奴。難，乃旦切，下「狄難」「之難」「赴難」「其難」「免難」皆同。惡惡，烏路切；下如字。老而無妻曰鰥，老而無夫曰寡，老而無子曰獨，幼而無父曰孤。此四者，天下之窮民而無告者。文王發政施仁，必先斯四者。言此四者皆天下之窮民，文王常恤鰥寡、存孤獨也。詩云：『哿矣富人，哀此煢獨。』」詩小雅正月之篇。哿，可也。言居今之世可矣，富人但憐愍此煢獨羸弱者耳。文王行政如此也。○哿，工可切。煢，音瓊。王曰：「善哉言乎！」善此王政之言。曰：「王如善之，則何爲不行？」孟子言王如善此王政，則何爲不行也。王曰：「寡人有疾，寡人好貨。」王言我有疾，疾於好貨，故不能行。對曰：「昔者公劉好貨，詩云：『乃積乃倉，乃裹餱糧，于橐于囊，思戢用光。弓矢斯張，干戈戚揚，爰方啓行。』故居者有積倉，行者有裹囊也，然後可以爰方啓行。王如好貨，與百姓同之，於王何有？」詩大雅公劉之篇也。乃積穀於倉，乃裹盛乾食之糧於橐囊也。思安民，故用有寵光也。戚，斧；揚，鉞也。又以武備之，四方啓道路。孟子言公劉好貨若此，王若則之，於王何有不可也。○餱，音侯。橐，音託。戢，詩作「輯」，同，音集。行，如字，道也。盛，音成。王曰：「寡人有疾，寡人好色。」王言我有病，病好色，不能行也。對曰：「昔者大王好色，愛厥妃。詩云：『古公亶甫，來朝走馬，率西水滸，至于岐下，爰及姜女，聿來胥宇。』當是詩也，内無怨女，外無曠夫。王如好色，與百姓同之，於王何有？」詩大雅緜之篇也。亶甫，大王名也，號稱古公。來朝走馬，遠避狄難，去惡疾也。率，循也。滸，水涯也。循西方水滸，來至岐山下也。姜女，大王妃也。於是與姜女俱來相土居也[一]。言大王亦好色，非但與姜女俱行而已也，普使一國男女無有怨曠。王如則之，與百姓同欲，皆使無過時之思，則於王之政何有不可乎！○滸，音虎。章指言：夫子恂恂然善誘人，

[一] 於是：原作「於其」，而阮刻本作「於是」。孟森校記謂「於是」二字正貼合經文「爰及姜女」之「爰」字，作「其」當誤。所説有理，今據改。

誘人以進於善也。齊王好貨好色，孟子推以公劉、大王，所謂「責難於君謂之恭」者也。○恂，音荀。

二·六 **孟子謂齊宣王曰：「王之臣有託其妻子於其友而之楚游者，**假此言以爲喻。**比其反也，則凍餒其妻子，則如之何？」**言無友道，當如之何？○比，丁必二切，及也。**王曰：「棄之。」**言當棄之，絶友道也。**曰：「士師不能治士，則如之何？」**士師，獄官吏也。不能治獄，當如之何？**王曰：「已之。」**已之者，去之也。**曰：「四境之内不治，則如之何？」**境内之事，王所當理，不勝其任，當如之何？孟子以此動王心，令戒懼也。**王顧左右而言他。**王慙而左右顧視，道他事，無以答此言也。章指言：君臣上下，各勤其任，無墮其職，乃安其身也。○墮，許規切，亦音惰。下「不墮」同。

二·七 **孟子見齊宣王，曰：「所謂故國者，非謂有喬木之謂也，有世臣之謂也。**故者，舊也。喬，高也。人所謂是舊國也者，非但見其有高大樹木也，當有累世修德之臣，常能輔其君以道，乃爲舊國，可法則也。**王無親臣矣，**今王無可親任之臣。**昔者所進，今日不知其亡也。」**言王取臣不詳審，往日之所知，今日爲惡當誅亡，王無以知也。**王曰：「吾何以識其不才而舍之？」**王言我當何以先知其不才而舍之不用也。○舍，音捨。下「舍女」同。**曰：「國君進賢，如不得已，將使卑踰尊，疏踰戚，可不慎與？**言國君欲進用人，當留意考擇，如使忽然不精心意，如不得已而取備官，則將使尊卑親疏相踰，豈可不重慎之？**左右皆曰賢，未可也；諸大夫皆曰賢，未可也；國人皆曰**

賢，然後察之；見賢焉，然後用之。謂選大臣，防比周之譽，核鄉原之徒，論曰：「衆好之，必察焉。」○比，毗志切。核，音覈。左右皆曰不可，勿聽；諸大夫皆曰不可，勿聽；國人皆曰不可，然後察之；見不可焉，然後去之。衆惡之，必察焉。惡直醜正，寔繁有徒，防其朋黨，以毀忠正。○惡直，如字，又烏路切。左右皆曰可殺，勿聽；諸大夫皆曰可殺，勿聽；國人皆曰可殺，然後察之；見可殺焉，然後殺之。故曰，國人殺之也。言當慎行大辟之罪，五聽三宥。古者刑人於市，與衆棄之。○辟，婢亦切。如此，然後可以爲民父母。」行此三慎之聽，乃可以子畜百姓也。章指言：人君進賢退惡，翔而後集，有世賢臣，稱曰舊國，則四方瞻仰之，以爲則矣。

二·八 齊宣王問曰：「湯放桀，武王伐紂，有諸？」有之否乎？孟子對曰：「於傳有之。」於傳文有之矣。曰：「臣弒其君，可乎？」王問臣何以得弒其君，豈可行乎？曰：「賊仁者謂之『賊』，賊義者謂之『殘』。殘賊之人謂之『一夫』。聞誅一夫紂矣，未聞弒君也。」言殘賊仁義之道者，雖位在王公，將必降爲匹夫，故謂之「一夫」也。但聞武王誅一夫紂耳，不聞弒其君也。書云「獨夫紂」，此之謂也。章指言：孟子云紂以崇惡失其尊名，不得以君臣論之，欲以深寤齊王，垂戒于後也。

二·九 孟子謂齊宣王曰：「爲巨室，則必使工師求大木。工師得大木，則王喜，以爲能勝其任也。匠人斲而小之，則王怒，以爲不勝其任矣。巨室，大宮也。爾雅曰：「宮謂之室。」工師，主工匠之吏。匠人，工匠之人也。將以此喻之也。夫人幼而學之，壯而欲行之，王曰：『姑舍女所學而從我。』則何如？姑，且也。謂人少學先王之正法，壯大而仕，欲施行其道，而王止之曰：且舍置汝所學，而從我之教命，此何如也？○女，音汝。少，詩妙切。今有璞玉於此，雖萬鎰，必使玉人彫琢之。至於治國家，則曰：『姑舍女所學而從我。』則何以異於教玉人彫琢玉哉？」二十兩爲鎰。彫琢，治飾玉也，詩云：「彫琢其章。」雖有萬鎰在此，言衆多也，必須玉人能治之耳。至於治國家而令從我，是爲教玉人治玉也。教人治玉，不得其道，則玉不得美好。教人治國，不以其道，則何由能治者乎？○鎰，音溢。章指言：任賢使能，不違其學，則功成而不墮。屈人之是，從己之非，則人不成道，玉不成圭，善惡之致，可不察哉！

二·一〇 齊人伐燕，勝之。宣王問曰：「或謂寡人勿取，或謂寡人取之。以萬乘之國伐萬乘之國，五旬而舉之，人力不至於此。不取，必有天殃。取之，何如？」萬乘，非諸侯之號，時燕國皆侵地廣大，僭號稱王，故曰萬乘。五旬，五十日也。書曰：「歲三百有六旬。」言五旬未久而取之，非人力，乃天也。天與不取，懼有殃咎，取之，何如？孟子對曰：「取之而燕民悦，則取之。古之人有行之者，武王是也。武王伐紂而殷民喜悦，簞厥玄黄而來迎之，是以取之也。取之而燕民不悦，則勿取。古之人有行之者，文王是也。文王以三仁尚在，樂師未奔，取之懼殷民不悦，故未取之。以萬乘之國伐萬乘之國，簞食壺漿以迎王師，豈有他哉？避水火也。如水益深，如火益熱，亦運而已矣。」燕人所以持簞食壺漿來迎王師者，欲避水火難耳。如其所患益甚，則亦運行奔走而去矣。今王誠能使燕民免於水火，亦若武王伐紂，殷民喜悦之時，則可取之。○簞食，音丹，下音嗣。後「簞食」皆放此。章指言：征伐之道，當順民心，民心悦則天意得，天意得然後乃可以取人之國也。

二·一一

齊人伐燕，取之。諸侯將謀救燕。宣王曰：「諸侯多謀伐寡人者，何以待之？」宣王貪燕而取之。諸侯不義其事，將謀伐齊救燕，宣王懼而問之。孟子對曰：「臣聞七十里爲政於天下者，湯是也。未聞以千里畏人者也。成湯修德，以七十里而得天下。今齊地方千里，何畏懼哉！書曰：『湯一征，自葛始。』天下信之，東面而征，西夷怨；南面而征，北狄怨，曰：『奚爲後我？』民望之，若大旱之望雲霓也。歸市者不止，耕者不變，誅其君而弔其民，若時雨降。民大悦。書曰：『徯我后，后來其蘇。』此二篇皆尚書逸篇之文也，言湯初征自葛始，誅其君，恤其民，天下信湯之德。面者，嚮也。東嚮征，西夷怨者，去王城四千里，夷服之國也，故謂之四夷。言遠國思望聖化之甚也，故曰何爲後我。霓，虹也。雨則虹見，故大旱而思見之。徯，待也。后，君也。待我君來，則我蘇息也。○霓，五稽切。徯，胡禮切。今燕虐其民，王往而征之，民以爲將拯己於水火之中也，簞食壺漿以迎王師。若殺其父兄，係累其子弟，毁其宗廟，遷其重器，如之何其可也？拯，濟也。係累，猶縛結也。燕民所以悦喜迎王師者，謂濟救於水火之中耳，今又殘之若此，安可哉！○係累，張音繫，下力追切。天下固畏齊之彊也，今又倍地而不行仁政，是動天下之兵也。言天下諸侯素畏齊彊，今復并燕一倍之地，以是行暴，則多所危，是動天下之兵共謀齊也。○并，音併。下「并得」同。王速出令，反其旄倪，止其重器，謀於燕衆，置君而後去之，則猶可及止也。」速，疾也。旄，老旄也。倪，弱小緊倪者也〔一〕。孟子勸王急出令，先還其老小，止勿徙其寶重之器，與燕民謀置所欲立君而去之歸齊，天下之兵，猶可及其未發而止之也。○旄倪，丁云：「上音髦，下音齯，老也。詳注意，倪謂緊倪小兒也。」緊，烏兮切。章指言：伐惡養善，無貪其富，以小王大，夫將何懼也。○夫，丁音扶，屬下句。

二·三

鄒與魯鬨。穆公問曰：「吾有司死者三十三人，而民莫之死也。誅之，則不可勝誅；不誅，則疾視其長上之死而不救，如之何則可也？」鬨，鬭聲也，猶構兵而鬭也。長上，軍率也。鄒穆公忿其民不赴難而問其罰當謂何也。○鬨，張胡弄切，云：「鬭声從門下者，下降切，義與巷同。」

〔一〕緊倪：原作「倪倪」，阮刻本同。阮元校勘記謂孔本、韓本等作「緊倪」；又孟森校記謂音義出「緊」字，與孔、韓本合，所説有理，今據改。

此字从門，丁豆切，與門不同。」丁又胡降切。劉熙曰：「鬨，構也，構兵以鬭也。」説文云：「鬭也。」長，張丈切，下「其長」「長者」皆同。率，所類切。忿，敷吻切。**孟子對曰：「凶年饑歲，君之民老弱轉乎溝壑，壯者散而之四方者，幾千人矣；而君之倉廩實、府庫充，有司莫以告，是上慢而殘下也。**言往者遭凶年之阨，民困如是。有司諸臣無告白於君有以振救之，是上驕慢以殘賊其下也。○阨，音厄。**曾子曰：『戒之戒之！出乎爾者，反乎爾者也。』**曾子有言，上所出善惡之命，下終反之，不可不戒也。**夫民今而後得反之也。君無尤焉！**尤，過也。孟子言百姓乃今得反報諸臣不哀矜耳，君無過責之也。**君行仁政，斯民親其上、死其長矣。」**君行仁恩，憂民窮困，則民化而親其上，死其長矣。章指言：上恤其下，下赴其難，惡出於己，害及其身，如影響自然也。

二·一三 **滕文公問曰：「滕，小國也，間於齊、楚。事齊乎？事楚乎？」**文公言我居齊、楚之間，非其所事，不能自保也。**孟子對曰：「是謀非吾所能及也。無已，則有一焉：鑿斯池也，築斯城也，與民守之，效死而民弗去，則是可爲也。」**孟子以二大國之君皆不由禮，我不能知誰可事者也。不得已，有一謀焉，惟施德義以養民，與之堅守城池，至死使民不畔去，則可爲也。○已，音以。章指言：事無禮之國，不若得民心，與之守死善道也。

二·一四 **滕文公問曰：「齊人將築薛，吾甚恐，如之何則可？」**齊人并得薛，築其城以偪於滕，故文公恐也。○偪，音逼。孟子對曰：「昔者大王居邠，狄人侵之，去之岐山之下居焉。非擇而取之，不得已也。大王非好岐山之下擇而居之迫不得已，困於彊暴，故避之。苟爲善，後世子孫必有王者矣。誠能爲善，雖失其地，後世乃可有王者若周家也。君子創業垂統，爲可繼也。若夫成功，則天也。君如彼何哉？强爲善而已矣。」君子造業垂統，貴令後世可繼續而行耳，又何能必有成功，成功乃天助之也。君豈如彼齊何乎？但當自强爲善法，以遺後世也。○遺，去聲。章指言：君子之道正己任天，强暴之來，非己所招，謂窮則獨善其身者也。

二·一五

滕文公問曰：「滕，小國也，竭力以事大國，則不得免焉。如之何則可？」問免難全國於孟子。孟子對曰：「昔者大王居邠，狄人侵之。事之以皮幣，不得免焉；事之以犬馬，不得免焉；事之以珠玉，不得免焉。皮，狐貉之裘。幣，繒帛之貨也。○貉，音鶴。乃屬其耆老而告之曰：『狄人之所欲者，吾土地也。吾聞之也：君子不以其所以養人者害人。二三子何患乎無君？我將去之。』去邠，踰梁山，邑于岐山之下居焉。屬，會也。土地生五穀，所以養人也。會長老告之如此，而去之。○屬，丁音燭，會聚也。邠人曰：『仁人也，不可失也。』從之者如歸市。言樂隨大王，如歸趨於市，若將有得也。或曰：『世守也，非身之所能爲也。效死勿去。』君請擇於斯二者。」或曰：土地乃先人之之所受也，世世守之，非己身所能專爲，至死不可去也。欲令文公擇此二者，惟所行也。章指言：大王去邠，權也；效死而守業，義也。義權不竝，故曰擇而處之也。

二·一六 魯平公將出，嬖人臧倉者請曰：「他日君出，則必命有司所之。今乘輿已駕矣，有司未知所之，敢請。」平，謚也。嬖人，愛幸小人也。公曰：「將見孟子。」平公敬孟子有德，不敢請召，將往就見之。曰：「何哉，君所爲輕身以先於匹夫者？以爲賢乎？禮義由賢者出，而孟子之後喪踰前喪。君無見焉！」匹夫，一夫也。臧倉言君何爲輕千乘而先匹夫乎？以爲孟子賢故也，賢者當行禮義，而孟子前喪父約，後喪母奢，君無見也。公曰：「諾。」諾，止不出。樂正子入見，曰：「君奚爲不見孟軻也？」樂正，姓。子，通稱，孟子弟子也，爲魯臣，問公何爲不便見孟軻。曰：「或告寡人曰：『孟子之後喪踰前喪。』是以不往見也。」公言以此故也。曰：「何哉，君所謂踰者？前以士，後以大夫；前以三鼎，而後以五鼎與？」樂正子曰：君所謂踰者，前者以士禮，後者以大夫禮。士祭三鼎，大夫祭五鼎故也。○與，音餘。曰：「否，謂棺槨衣衾之美也。」公曰：不謂鼎數也，以其棺椁衣衾之美惡也。○否，方久切。本亦作「不」，音同。後不出者皆放此。曰：「非所謂踰也，貧富不同也。」樂正子曰：此非薄父厚母，令母喪踰父也。喪父時爲士，喪母時爲大夫。大夫禄重於士，故使然，貧富不同也。

樂正子見孟子，曰：「克告於君，君爲來見也。嬖人有臧倉者沮君，君是以不果來也。」克，樂正子名也。果，能也。曰：克告君以孟子之賢，君將欲來，臧倉者沮君，故君不能來也。○沮，慈吕切。本亦作「阻」，各隨字讀之。**曰：「行，或使之；止，或尼之。行止，非人所能也。吾之不遇魯侯，天也。臧氏之子焉能使予不遇哉！」**尼，止也。孟子之意，以爲魯侯欲行，天使之矣，及其欲止，天令嬖人止之耳。行止天意，非人所能爲也。如使吾見魯侯，冀得行道，天欲使濟斯民也，故曰吾之不遭遇魯侯，乃天所爲也。臧倉小子，何能使我不遇哉！○尼，女乙切，郭璞注爾雅引孟子作此字。丁本作「㞐」，云「居」字。焉，於虔切。章指言：

讒邪構賢，賢者歸天，不尤人也。

孟子卷第三　趙氏注

公孫丑章句上

公孫丑者，公孫，姓；丑，名。孟子弟子也。丑有政事之才，問管、晏之功，猶論語子路問政，故以題篇。

凡九章

三·一 **公孫丑問曰：「夫子當路於齊，管仲、晏子之功，可復許乎？」**夫子，謂孟子。許，猶興也。如使夫子得當仕路於齊而可以行道，管夷吾、晏嬰之功，寧可復興乎？○復，扶又切，下同。**孟子曰：「子誠齊人也，知管仲、晏子而已矣。**誠，實也。子實齊人也，但知二子而已，豈復知王者之佐乎？**或問乎曾西曰：『吾子與子路孰賢？』曾西蹵然曰：『吾先子之所畏也。』**曾西，曾子之孫。蹵然，猶蹵踖也。先子，曾子也。子路在四友，故曾子畏敬之，曾西不敢比。○蹵，子六切，「蹴」同。踖，子亦切。**曰：『然則吾子與管仲孰賢？』曾西艴然不悅，曰：『爾何曾比予於管仲！**艴然，愠怒色也。何曾，猶何乃也。○艴，丁音勃，張音拂。何曾，丁音憎，則也，乃也。愠，於問切。

管仲得君如彼其專也，行乎國政如彼其久也，功烈如彼其卑也。爾何曾比予於是？』」曾西答或人，言管仲得遇桓公，使之專國政如彼，行政於國其久如彼，功烈卑陋如彼，謂不帥齊桓公行王道而行霸道，故言卑也。重言何曾比我，耻見比之甚也。○帥，音率。重，直用切。

曰：「管仲，曾西之所不爲也，而子爲我願之乎？」孟子心狹曾西，曾西尚不欲爲管仲，而子爲我願之乎？非丑之言小也。○爲我，于僞切。注及後章「非爲」皆同。

曰：「管仲以其君霸，晏子以其君顯。管仲、晏子猶不足爲與？」丑曰：管仲輔桓公以霸道，晏子相景公以顯名，二子如此，尚不可爲邪？○與，音餘。下「法與」「聞與」「同與」皆同。

曰：「以齊王，由反手也。」孟子言以齊國之大而行王道，其易若反手耳，故譏管、晏不勉其君以王業也。○以齊王，張于況切，云：「此字既多，可以義詳。」由反手，丁云：義當作「猶」，猶如也，古字借用耳。下文「由弓人」「由矢人」義同。

曰：「若是，則弟子之惑滋甚。且以文王之德，百年而後崩，猶未洽於天下；武王、周公繼之，然後大行。今言王若易然，則文王不足法與？」丑曰：如是言，則弟子惑益甚也。文王尚不能及身而王，何謂王易然也？若是，則文王不足以爲法邪？○易，以豉切。

曰：「文王何可當也！由湯至於武丁，賢聖之君六七作，天下歸殷久矣，久則難變也。武丁朝諸侯，有天下，猶運之掌也。武丁，高宗也。孟子言文王之時難爲功，故言何可當也。從湯以下，賢聖之君六七興，謂大甲、大戊、盤庚等也。運之掌，言易也。○朝，音潮。**紂之去武丁未久也，其故家遺俗、流風善政，猶有存者；又有微子、微仲、王子比干、箕子、膠鬲，皆賢人也。相與輔相之，故久而後失之也。尺地莫非其有也，一民莫非其臣也，然而文王猶方百里起，是以難也。**紂得高宗餘化，又多良臣，故久乃亡也。微仲、膠鬲，皆良臣也，但不在三仁中耳。文王當此時，故難也。○膠鬲，丁隔、歷二音。輔相，息亮切。丁本作「押」，音甲。廣雅云：「輔也。」義與「夾」同。**齊人有言曰：『雖有智慧，不如乘勢；雖有鎡基，不如待時。』今時則易然也。**齊人諺言也。乘勢，居富貴之勢。鎡基，田器，耒耜之屬。待時，三農時也。今時易以行王化者也。○鎡基，鎡或作「兹」，音同。**夏后、殷、周之盛，地未有過千里者也，而齊有其地矣；雞鳴狗吠相聞，而達乎四境，而齊有其民矣。地不改辟矣，民不改聚矣，行仁政而王，莫之能禦也。**三代之盛，封畿千里耳。今齊地土、民人已足矣，不更辟土聚民也。雞鳴狗吠相聞，言民室屋相望而衆多也。以此行仁而王，誰能止之也。○辟，音闢。**且王者之不作，未有疏於此時者也；民之憔悴於虐政，未有甚於此時者也。飢者易爲食，渴者易爲飲。孔子曰：『德之流行，速於置郵而傳命。』**言王政不興久矣，民患虐政甚矣。若飢者食易爲美，渴者飲易爲甘。德之流行，疾於置郵傳書命也。○郵，丁音尤，今之驛也。**當今之時，萬乘之國行仁政，民之悦之，猶解倒懸也。故事半古之人，功必倍之，惟此時爲然。」**倒懸，喻困苦也。當今所施恩惠之事，半於古人，而功倍之矣。言今行之易也。章指言：德流之速，過於置郵，君子得時，大行其道，是以吕望覲文王而陳王圖。管、晏雖勤，猶爲曾西所羞也。

三·二

公孫丑問曰：「夫子加齊之卿相，得行道焉，雖由此霸王，不異矣。如此，則動心否乎？」加，猶居也。丑問孟子，如使夫子得居齊卿相之位，行其道德，雖用此臣位，而輔君行之，亦不異於古霸王之君矣。如是，寧動心畏難、自恐不能行否邪？丑以此爲大道不易，人當畏懼之，不敢欲行也。○難，乃旦切。**孟子曰：「否，我四十不動心。」**孟子言：禮，四十强而仕。我志氣已定，不妄動心，有所畏也。○楊子曰：「請問孟軻之勇？」曰：「勇於義而果於德，不以貧富、貴賤、死生動其心，於勇也其庶乎！」**曰：「若是，則夫子過孟賁遠矣。」**丑曰：若此，夫子志意堅勇過孟賁。賁，勇士也。孟子勇於德。○賁，音奔。**曰：「是不難，告子先我不動心。」**孟子言是不難也，告子之勇，未四十而不動心矣。**曰：「不動心有道乎？」**丑問：不動心之道云何。**曰：「有。**孟子欲爲言之。**北宫黝之養勇也：不膚橈，不目逃，思以一豪挫於人，若撻之於市朝，不受於褐寬博，亦不受於萬乘之君；視刺萬乘之君，若刺褐夫；無嚴諸侯，惡聲至，必反之。**北宫，姓；黝，名也。人刺其肌膚，不爲橈却；刺其目，目不轉精逃避之矣。人拔一毛，若見捶撻於市朝之中矣。褐寬博，獨夫被褐者。嚴，尊也。無有尊嚴諸侯可敬者也，以惡聲加己，己必惡聲報之。言所養育勇氣如是。○黝，伊糾切。橈，丁奴效切。**孟施舍之所養勇也，曰：『視不勝猶勝也；量敵而後進，慮勝而後會，是畏三軍者也。舍豈能爲必勝哉？能無懼而已矣。』**孟，姓；舍，名也；施，發音也。施舍自言其名，則但曰舍。豈能爲必勝哉？要不恐懼而已也。以爲量敵少而進，慮勝者足勝乃會。若此，畏三軍之衆者耳，非勇者也。**孟施舍似曾子，北宮黝似子夏。夫二子之勇，未知其孰賢，然而孟施舍守約也。**孟子以爲曾子長於孝。孝，百行之本。子夏知道雖衆，不如曾子孝之大也。故以舍譬曾子，黝譬子夏，以施舍要之，以不懼爲約要也。○行，下孟切。下「之行」「德行」「隨行」皆同。要之，音邀。後「以要」同。**昔者曾子謂子襄曰：『子好勇乎？吾嘗聞大勇於夫子矣：自反而不縮，雖褐寬博，吾不惴焉；自反而縮，雖千萬人，吾往矣。』孟施舍之守氣，又不如曾子之守約也。」**子襄，曾子弟子也。夫子，謂孔子也。縮，義也。惴，懼也。詩云：「惴惴其栗。」曾子謂子襄，言孔子告我大勇之道，人加惡於己，己内自省，有不義不直之心，雖敵人被褐寬博一夫，不當輕驚懼之也。自省有義，雖敵家千萬人，我直往突之，言義之强也。施舍雖守勇氣，不如曾子守義之爲約也。○好，呼報切，下「好殘」「所好」皆同。吾不惴焉，之睡切，丁本作「遄」，云：「音揣，恐懼也。」**曰：「敢問夫子之不動心與告子之不動心，可得聞與？」**丑曰：不動心之勇，其意豈可得聞與？

「告子曰：『不得於言，勿求於心；不得於心，勿求於氣。』不得於心，勿求於氣，可；不得於言，勿求於心，不可。不得者，不得人之善心善言也。求者，取也。告子爲人，勇而無慮，不原其情，人有不善之言加於己，不復取其心有善也，直怒之矣。孟子以爲不可也。告子知人之有惡心，雖以善辭氣來加己，亦直怒之矣。孟子以爲是則可，言人當以心爲正也。告子非純賢，其不動心之事，一可用，一不可用也。夫志，氣之帥也；氣，體之充也。志，心所念慮也。氣，所以充滿形體爲喜怒也。志帥氣而行之，度其可否也。○帥，所類切，或音率，注同。本亦作「師」。度，大各切。夫志至焉，氣次焉；志爲至要之本，氣爲其次。故曰：『持其志，無暴其氣。』」暴，亂也。言志所嚮，氣隨之當正。持其志，無亂其氣，妄以喜怒加人也。「既曰『志至焉，氣次焉』，又曰『持其志，無暴其氣』者，何也？」丑問暴亂其氣云何。曰：「志壹則動氣，氣壹則動志也。今夫蹶者趨者，是氣也，而反動其心。」孟子言壹者，志氣閉而爲壹也。志閉塞則氣不行，氣閉塞則志不通。蹶者相動，今夫行而蹶者，氣閉不能自持，故志氣顛倒。顛倒之間，無不動心而恐矣，則志氣之相動也。○蹶，音厥，又居衛切。顛，字或作「傎」，音同。「敢問夫子惡乎長？」丑問孟子才志所長何等？○惡，音烏，下「曰惡」同。曰：「我知言，我善養吾浩然之氣。」孟子云：我聞人言，能知其情所趨，我能自養育我之所有浩然之大氣也。○趨，音趣，下同。「敢問何謂『浩然之氣』？」丑問浩然之氣狀如何？曰：「難言也。其爲

氣也，至大至剛，以直養而無害，則塞于天地之間。言此至大至剛，正直之氣也。然而貫洞纖微，洽於神明，故言之難也。養之以義，不以邪事干害之，則可使滋蔓，塞滿天地之間，布施德教，無窮極也。**其爲氣也，配義與道；無是，餒也。**重説是氣。言此氣與道義相配偶俱行。義謂仁義，可以立德之本也。道謂陰陽，大道無形而生有形，舒之彌六合，卷之不盈握，包落天地，稟授群生者也。言能養此道氣而行義理，常以充滿五藏。若其無此，則腹腸飢虚，若人之餒餓也。○餒，奴罪切。陸云：「言以道義配之，則能充塞，無是餒也。」**是集義所生者，非義襲而取之也。**集，雜也。密聲取敵曰襲。言此浩然之氣，與義雜生，從内而出。人生受氣所自有者。**行有不慊於心，則餒矣。**慊，快也。自省所行，仁義不備，干害浩氣，則心腹飢餒矣。○慊，口簟切。**我故曰，告子未嘗知義，以其外之也。**孟子曰：仁義皆出於内，而告子嘗以爲仁内義外，故言其未嘗知義也。**必有事焉，而勿正，心勿忘，勿助長也。**言人行仁義之事，必有福在其中，而勿正，但以爲福。故爲仁義也，但心勿忘其爲福，而亦勿汲汲助長其福也。汲汲則似宋人也。○長，張丈切。注及下「不長」「苗長」「長天下」皆同。**無若宋人然：宋人有閔其苗之不長而揠之者，芒芒然歸，謂其人曰：『今日病矣！予助苗長矣！』其子趨而往視之，苗則槁矣。**揠，挺拔之，欲亟長也。病，罷也。芒芒，罷倦之貌。其人，家人也。其子，揠苗者之子也。趨，走也。槁，乾枯也。以喻人之情，邀福者必有害，若欲急長苗而反使之枯死也。○揠，烏八切，拔也。芒芒，丁音忙。亟，音棘，疾也。罷，音皮。天下之不助苗長者寡矣。

以爲無益而舍之者，不耘苗者也；助之長者，揠苗者也。非徒無益，而又害之。」天下人行善，皆欲速得其福，恬然者少也。以爲福禄在天，求之無益，舍置仁義，不求爲善，是由農夫任天，不復耘治其苗也。其邀福欲急得之者，由此揠苗之人也，非徒無益於苗，乃反害之。言告子外義，常恐其行義欲急得其福，故爲丑言人之行，當内治善，不當急欲求其福。○舍，丁、張並音捨。下「舍是」「舍己」皆同。

「何謂知言？」丑問知言之意謂何？曰：「詖辭知其所蔽，淫辭知其所陷，邪辭知其所離，遁辭知其所窮。孟子曰：人有險詖之言，引事以褒人，若賓孟言雄雞自斷其尾之事，能知其欲以譽子朝、蔽子猛也。有淫美不信之辭，若麗姬勸晉獻公與申生政，能知其欲以陷害之也。有邪辟不正之辭，若豎牛勸仲壬賜環之事，能知其欲行譖毁，以離之於叔孫也。有隱遁之辭，若秦客之廋辭於朝，能知其欲以窮晉諸大夫也。若此四者之類，我聞能知其所趨者也。○詖，彼寄切。斷，丁音短。譽，音餘，亦音豫，下「譽之」同。麗，吕支切。辟，音僻。廋，音捜。生於其心，害於其政；發於其政，害於其事。聖人復起，必從吾言矣。」生於其心，譬若人君有好殘賊嚴酷心，必妨害仁政不得行之也。發於其政者，若出令欲以非時田獵、築作宫室，必妨害民之農事，使百姓有飢寒之患也。吾見其端，欲防而止之。如使聖人復興，必從我言也。「宰我、子貢善爲説辭，冉牛、閔子、顔淵善言德行。孔子兼之，曰：『我於辭命，則不能也。』言人各有能，我於辭言命教，則不能如二子。○說，張音稅，丁又依字。然則夫子既聖矣乎？」丑見孟子但言不能辭命，不言不能德行，謂孟子欲自比孔子，故曰夫子既已聖矣乎？曰：「惡！是何言也？昔者子貢問於孔子曰：『夫子聖矣乎？』孔子曰：『聖則吾不能，我學不厭而教不倦也。』子貢曰：『學不厭，智也；教不倦，仁也。仁且智，夫子既聖矣。』夫聖，孔子不居。是何言也？」惡者，不安事之歎辭也。孟子答丑，言往者子貢、孔子相答如此，孔子尚不敢安居於聖，我何敢自謂爲聖，故再言「是何言也」。○夫，音扶，屬下句。昔者竊聞之：子夏、子游、子張皆有聖人之一體，冉牛、閔子、顏淵則具體而微。」體者，四肢股肱也。孟子言昔日竊聞師言也，丑方問欲知孟子之德，故謙辭言竊聞也。一體者，得一肢也。具體者，四肢皆具。微，小也，比聖人之體微小耳。體以喻德也。「敢問所安？」丑問孟子所安比也。曰：「姑舍是。」姑，且也。孟子曰：且置是，我不願比也。曰：「伯夷、伊尹何如？」丑曰：伯夷之行何如，孟子心可願比伯夷不？曰：「不同道。言伯夷之行，不與孔子、伊尹同道也。〔一〕非其君

〔一〕「曰不同道」四字經文及「言伯夷之行不與孔子伊尹同道也」十四字注文，底本原無，而阮刻本等有。孟森校記謂「既無經文，自並注無之」，王耐剛後記則謂此係誤脫，乃此本瑕疵之一。今據阮刻本補。

不事，非其民不使；治則進，亂則退，伯夷也。非其君，非己所好之君也。非其民，不以正道而得民，伯夷不願使之，故謂非其民也。何事非君，何使非民；治亦進，亂亦進，伊尹也。伊尹曰：事非其君者，何傷也？使非其民者，何傷也？要欲爲天理物，冀得行道而已矣〔一〕。可以仕則仕，可以止則止，可以久則久，可以速則速，孔子也。止，處也。久，留也。速，疾去也。皆古聖人也。吾未能有行焉；乃所願，則學孔子也。」此皆古之聖人，我未能有所行。若此乃言我心之所庶幾，則願欲學孔子，所履進退無常，量時爲宜也。「伯夷、伊尹於孔子，若是班乎？」班，齊等之貌也。丑嫌伯夷、伊尹與孔子相比，問此三人之德班然而等乎？曰：「否。自有生民以來，未有孔子也。」孟子曰：不等也。從有生民以來，非純聖人，則未有與孔子齊德也。「然則有同與？」丑曰：然則此三人有同者邪？曰：「有。得百里之地而君之，皆能以朝諸侯，有天下；行一不義、殺一不辜，而得天下，皆不爲也。是則同。」孟子曰：此二人君國，皆能使鄰國諸侯尊敬其德而朝之，不以其義得之，皆不爲也，是則孔子同之矣。曰：「敢問其所以異。」丑問孔子與二人異

〔一〕冀得行道而已矣：「冀」原作「其」，孟森校記謂當誤。按阮刻本作「冀」，今據改。

謂何。**曰：「宰我、子貢、有若，智足以知聖人，汙不至阿其所好。**孟子曰：宰我等三人之智，足以識聖人。汙，下也。言三人雖小汙不平，亦不至於其所好以非其事，阿私所愛而空譽之，其言有可用者。欲爲丑陳三子之道孔子也。○汙，丁音蛙，不平貌。**宰我曰：『以予觀於夫子，賢於堯、舜遠矣。』**予，宰我名也。以爲孔子賢於堯、舜，以孔子但爲聖，不王天下，而能制作素王之道，故美之。如使當堯、舜之處，賢之遠矣。**子貢曰：『見其禮而知其政，聞其樂而知其德。由百世之後，等百世之王，莫之能違也。自生民以來，未有夫子也。』**見其制作之禮，知其政之可以致大平也。聽聞其雅、頌之樂，而知其德之可與文、武同也。春秋外傳曰「五聲昭德」，言五音之樂聲可以明德也。從孔子後百世，上推等其德於前百世之聖王，無能違離孔子道者。自從生民以來，未能備若孔子也。**有若曰：『豈惟民哉？麒麟之於走獸，鳳凰之於飛鳥，泰山之於丘垤，河海之於行潦，類也。聖人之於民，亦類也。出於其類，拔乎其萃，自生民以來，未有盛於孔子也。』」**垤，蟻封也。行潦，道旁流潦也。萃，聚也。有若以爲萬類之中，各有殊異。至於人類卓絶，未有盛美過於孔子者也。若三子之言孔子，則所以異於伯夷、伊尹也。夫聖人之道，同符合契，前聖後聖，其揆一也，不得相踰。云生民以來無有者，此三人皆孔子弟子，緣孔子聖德高美，而盛稱之也。孟子知其言大過，故貶謂之汙下，但不以無爲有耳。因事則褒，辭在其中矣，亦以明師徒之義，得相褒揚也。○垤，大結切。潦，音老。大過，音泰，後章注「大宰」及章末「大隘」「其大」皆同。章指言：義以行勇，則不動心，養氣順道，無效宋人，聖人量時，賢者道偏。是以孟子究言情理，而歸之學孔子也。

三·三 **孟子曰：「以力假仁者霸，霸必有大國；以德行仁者王，王不待大。湯以七十里，文王以百里。**言霸者以大國之力，假仁義之道，然後能霸，若齊桓、晉文等是也。以己之德，行仁政於民，小國則可以致王，若湯、文王是也。**以力服人者，非心服也，力不贍也；以德服人者，中心悅而誠服也，如七十子之服孔子也。**贍，足也。以己力不足而往服就於人，非心服也。以己德不如彼而往服從之，誠心服者也。如顏淵、子貢等之服於仲尼，心服者也。**詩云：『自西自東，自南自北，無思不服。』此之謂也。」**詩大雅文王有聲之篇。言從四方來者，無思不服武王之德，此亦心服之謂也。章指言：王者任德，霸者兼力，力服心服，優劣不同。故曰：遠人不服，修文德以懷之。

三·四 **孟子曰：「仁則榮，不仁則辱；今惡辱而居不仁，是猶惡濕而居下也。**行仁政則國昌而民安，得其榮樂。行不仁則國破民殘，蒙其恥辱。惡辱而不行仁，譬若惡濕而居埤下近水泉之地也。○惡，烏路切，章內文注及後章「非惡」皆同。榮樂，音洛，下文「般樂」「樂爲」「樂聞」「樂取」皆同。埤，音卑。**如惡之，莫如貴德而尊士，賢者在位，能者在職；**諸侯如惡辱之來，則當貴德以治身，尊士以敬人，使賢者居位，官得其人，能者居職，人任其事也。**國家閒暇，及是時，明其政刑。雖大國，必**

畏之矣。及無鄰國之虞，以是閒暇之時，明修其政教，審其刑罰，雖天下大國，必來畏服。○閒，音閑。詩云：『迨天之未陰雨，徹彼桑土，綢繆牖户。今此下民，或敢侮予？』孔子曰：『爲此詩者，其知道乎！能治其國家，誰敢侮之？』詩，邠國鴟鴞之篇。迨，及。徹，取也。桑土，桑根也。言此鴟鴞小鳥，尚知及天未陰雨而取桑根之皮，以纏綿牖户。人君能治其國家，誰敢侮之？刺邠君曾不如此鳥。孔子善之，故謂此詩知道也。○徹，直列反。桑土，丁音杜。綢繆，音稠，下武彪切。鴟，處脂切。鴞，于嬌切。今國家閒暇，及是時，般樂怠敖，是自求禍也。禍福無不自己求之者。般，大也。孟子傷今時之君，國家適有閒暇，且以大作樂，怠惰敖游，不修政刑，是以見侵而不能距，皆自求禍者也。○般，音盤。敖，五勞切，又五到切。詩云：『永言配命，自求多福。』詩大雅文王之篇。永，長；言，我也。長我周家之命，配當善道，皆內自求責，故有多福也。大甲曰：『天作孽，猶可違；自作孽，不可活。』此之謂也。」殷王大甲，言天之妖孽，尚可違避，譬若高宗雊雉、宋景守心之變，皆可以德消去也。自己作孽者，若帝乙慢神震死，是爲不可活也。○孽，魚列切。不可活，如字。丁云：「尚書作『逭』，音换。」下離婁篇同。雊，古候切。章指言：國必修政，君必行仁，禍福由己，不專在天，言當防患於未亂也。

三·五 孟子曰：「尊賢使能，俊傑在位，則天下之士皆悦，而願立於其朝矣；俊，美才出衆者也。

萬人者稱傑。**市，廛而不征，法而不廛，則天下之商皆悦，而願藏於其市矣；**廛，市宅也。古者無征，衰世征之。王制曰：「市，廛而不税。」周禮載師曰：「國宅無征。」法而不廛者，當以什一之法征其地耳，不當征其廛宅也。○廛，直連切。藏，或作臧，音藏。**關，譏而不征，則天下之旅皆悦，而願出於其路矣；**言古之設關，但譏禁異言、識異服耳，不征税出入者也，故王制曰「古者，關，譏而不征」。周禮大宰曰：「九賦，七曰關市之征。」司關曰：「國凶札，則無關門之征，猶譏。」王制謂文王以前也，文王治岐，關譏而不征。周禮有征者，謂周公以來。孟子欲令復古去征，使天下行旅悦之也。**耕者，助而不税，則天下之農皆悦，而願耕於其野矣；**助者，井田什一，助佐公家治公田，不横税賦，若履畝之類。○横，去聲。**廛，無夫里之布，則天下之民皆悦，而願爲之民矣。**里，居也。布，錢也。夫，一夫也。周禮載師曰：「宅不毛者有里布，田不耕者出屋粟。凡民無職事者，出夫家之征。」孟子欲使寬獨夫去里布，則人皆樂爲之民矣。氓，民也。○氓，或作萌，或作甿，皆音盲。**信能行此五者，則鄰國之民仰之若父母矣。率其子弟，攻其父母，自有生民以來未有能濟者也。**今諸侯誠能行此五事，四鄰之民仰望而愛之如父母矣。鄰國之君，欲將其民來伐之，譬若率勉人子弟，使自攻其父母，生民以來，何能以此濟成其所欲者也？**如此，則無敵於天下。無敵於天下者，天吏也。然而不王者，未之有也。**」言諸侯所行能如此者，何敵之有？是爲天吏，天吏者，天使也。爲政當爲天所使，誅伐無道，故謂之「天吏」也。章指言：修古之道，鄰國之民以爲父母。行今之政，自己之民不得而子。是故衆夫擾擾，非所常有，命曰天吏，明天所使也。

三·六

孟子曰：「人皆有不忍人之心。言人人皆有不忍加惡於人之心也。先王有不忍人之心，斯有不忍人之政矣。以不忍人之心，行不忍人之政，治天下可運之掌上。先聖王推不忍害人之心，以行不忍傷民之政，以是治天下，易於轉丸於掌上也。所以謂人皆有不忍人之心者，今人乍見孺子將入於井，皆有怵惕惻隱之心。非所以内交於孺子之父母也，非所以要譽於鄉黨朋友也，非惡其聲而然也。乍，暫也。孺子，未有知小子也。所以言人皆有是心，凡人暫見小小孺子將入井，賢愚皆有驚駭之情，情發於中，非爲其人也，非惡有不仁之聲名，故怵惕也。○怵，音黜。内，張音納，本亦作「納」。由是觀之，無惻隱之心，非人也；無羞惡之心，非人也；無辭讓之心，非人也；無是非之心，非人也。言無此四者，當若禽獸，非人心耳。爲人則有之矣。凡人但不能演用爲行耳。○羞惡，丁烏故切，又如字。爲行，下孟切。惻隱之心，仁之端也；羞惡之心，義之端也；辭讓之心，禮之端也；是非之心，智之端也。端者，首也。人皆有仁義禮智之首，可引用之。人之有是四端也，猶其有四體也。有是四端而自謂不能者，自賊者也；自謂不能爲善，自賊害其性，使不爲善也。謂其君不能者，賊其君者也。謂君不能爲善，而不匡正者，賊其君使陷惡也。**凡有四端於我者，知皆擴而充之矣，若火之始然，泉之始達。苟能充之，足以保四海；苟不充之，不足以事父母。」**擴，廓也。凡有端在於我者，知皆廓而充大之，若水火之始微小，廣大之則無所不至。以喻人之四端也，人誠能充大之，可保安四海之民；誠不充大之，內不足以事父母。言無仁義禮智，何以事父母也。○擴，丁音郭，張大也。字亦作「彍」，音霍。章指言：人之行當內求諸己，以演大四端，充廣其道，上以匡君，下以榮身也。

三·七

孟子曰：「矢人豈不仁於函人哉？矢人惟恐不傷人，函人惟恐傷人。巫、匠亦然。故術不可不慎也。矢，箭也。函，鎧也。周禮曰：「函人爲甲。」作箭之人，其性非獨不仁於作鎧之人也，術使之然。巫欲祝活人。匠，梓匠，作棺欲其蚤售，利在於人死也。故治術當慎，修其善者也。○函，音含。鎧，苦愛切，又苦亥切。祝，丁亦音呪。蚤售，音早授。**孔子曰：『里仁爲美。擇不處仁，焉得智？』**里，居也。仁，最其美者也。夫簡擇不處仁，爲不智。**夫仁，天之尊爵也，人之安宅也。莫之禦而不仁，是不智也。**爲仁則可以長天下，故曰天所以假人尊爵也。居之則安，無止之者，而人不能知入是仁道者，何得爲智乎？**不仁、不智，無禮、無義，人役也。**若此，爲人所役者也。**人役而恥爲役，由弓人而恥爲弓、矢人而恥爲矢也。**治其事而恥其業者，惑也。**如恥之，莫如爲仁。**如其恥爲人役而爲仁，仁則不爲役也。**仁者如射：射者，正己而後發；發而不中，不**

怨勝己者，反求諸己而已矣。」以射喻人爲仁，不得其報，當反責己仁恩之未至。○中，張仲切。

章指言：各治其術，術有善惡，禍福之來，隨行而作。耻爲人役，不若居仁，治術之忌，勿爲矢人也。

三·八 孟子曰：「子路，人告之以有過，則喜。禹聞善言，則拜。子路樂聞其過，過而能改也。尚書曰：「禹拜讜言。」○讜，音黨，直言也。書作「昌」。大舜有大焉，善與人同，舍己從人，樂取於人以爲善。大舜，虞也。孔子稱曰「巍巍」，故言大舜有大焉。能舍己從人，故爲大也。於子路與禹同者也。自耕稼、陶、漁以至爲帝，無非取於人者。取諸人以爲善，是與人爲善者也。故君子莫大乎與人爲善。」舜從耕於歷山及其陶、漁，皆取人之善謀而從之，故曰莫大乎與人爲善。章指言：大聖之君，由采善於人。故曰「計及下者無遺策，舉及衆者無廢功」也。

三·九 孟子曰：「伯夷，非其君，不事；非其友，不友。不立於惡人之朝，不與惡人言；立於惡人之朝，與惡人言，如以朝衣朝冠坐於塗炭。推惡惡之心，思與鄉人立，其冠不正，望望然去之，若將浼焉。伯夷，孤竹君之長子，讓國而隱居者也。塗，泥。炭，墨也。浼，汙也。思，念也。與鄉人立，見其冠不正；望望，代之慙愧之貌也；去之，恐其汙己也。○推惡，此章惟此字烏路切，餘如字。浼，張莫罪切，丁亡但切。説文曰：「汙也。」方言曰：「東齊之間謂汙曰浼。」汙也，烏故切，下文同。是故諸侯雖有善其辭命而至者，不受也。不受也者，是亦不屑就已。屑，絜也。

詩云：「不我屑已。」伯夷不絜諸侯之行，故不忍就見也。殷之末世，諸侯多不義，故不就之，後乃歸西伯也。○已，音以。注同。**柳下惠不羞汙君，不卑小官；進不隱賢，必以其道；遺佚而不怨，阨窮而不憫。故曰：『爾爲爾，我爲我，雖袒裼裸裎於我側，爾焉能浼我哉？』**柳下惠，魯公族大夫也，姓展，名禽，字季，柳下是其號也。進不隱己之賢才，必欲行其道也。憫，懣也。云善己而已，惡人何能汙我也。○佚，音義與「逸」同，或作迭，或作失，皆音逸。阨，音厄，本亦作「厄」。袒裼裸裎，袒音但；裼音錫；裸，郎果切；裎，音程。並露也。裎，亦作「程」。焉，於虔切。懣，音滿，又摸本切。本亦作「滿」。**故由由然與之偕而不自失焉，援而止之而止。援而止之而止者，是亦不屑去已。」**由由，浩然之貌。不憚與惡人同朝竝立。偕，俱也。與之儷行於朝何傷？但不失己之正心而已耳。援而止之，謂三絀不懟去也。是柳下惠不以去爲絜也。○援而止之，或作「正之」。憚，徒案切。儷，音麗。絀，音黜。**孟子曰：「伯夷隘，柳下惠不恭。隘與不恭，君子不由也。」**伯夷隘，懼人之汙來及己，故無所含容，言其大隘狹也。柳下惠輕忽時人，禽獸畜之，無欲彈正之心，言其大不恭敬也。聖人之道，不取於此，故曰「君子不由也」。先言二人之行，孟子乃平之。○隘，或作陒，或作阨，並烏懈切。彈，音壇。章指言：伯夷、柳下惠古之大賢，猶有所闕。介者必偏，中和爲貴，純聖能終，君子所由，堯、舜是尊。○介，丁云：「字多作『分』，誤也。」

孟子卷第四　趙氏注

公孫丑章句下　凡十四章

四·一 孟子曰：「天時不如地利，地利不如人和。三里之城，七里之郭，環而攻之而不勝。夫環而攻之，必有得天時者矣；然而不勝者，是天時不如地利也。天時，謂時日、支干、五行、王相、孤虛之屬也。地利，險阻、城池之固也。人和，得民心之所和樂也。環城圍之，必有得天時之善處者，然而城有不下，是不如地利。○王相，二字並去聲。和樂，音洛，下「樂道」「樂義」皆同。下，丁去聲，後注「下士」同。城非不高也，池非不深也，兵革非不堅利也，米粟非不多也，委而去之，是地利不如人和也。有堅強如此，而破之走者，不得民心，民不爲守。衛懿公之民曰：「君其使鶴戰。」若是之類也。故曰：域民不以封疆之界，固國不以山谿之險，威天下不以兵革之利。域民，居民也。不以封疆之界禁之，使民懷德也。不依險阻之固，恃仁惠也。不馮兵革之威，仗道德也。

○馮，皮冰切。**得道者多助，失道者寡助。寡助之至，親戚畔之；多助之至，天下順之。以天下之所順，攻親戚之所畔，故君子有不戰，戰必勝矣。」**得道之君，何嚮不平。君子之道，貴不戰耳。如其當戰，戰則勝矣。○寡助之至，「至」或作「主」。畔，張云：「與『叛』同。」章指言：民和爲貴，貴於天地，故曰得乎丘民爲天子也。

四·二 **孟子將朝王，王使人來曰：「寡人如就見者也，有寒疾，不可以風。朝，將視朝，不識可使寡人得見乎？」**孟子雖仕於齊，處師賓之位，以道見敬，或稱以病，未嘗趨朝而拜也。王欲見之，先朝使人往謂孟子云：寡人如就見者，若言就孟子之館相見也。有惡寒之病，不可見風，儻可來朝，欲力疾臨視朝，因得見孟子也。不知可使寡人得相見否？○惡，烏路切。**對曰：「不幸而有疾，不能造朝。」**孟子不悦王之欲使朝，故稱有疾。○造，七到切，下同。**明日，出弔於東郭氏。公孫丑曰：「昔者辭以病，今日弔，或者不可乎？」**東郭氏，齊大夫家也。昔者，昨日也。丑以爲不可。**曰：「昔者疾，今日愈，如之何不弔？」**孟子言我昨日病，今日愈，我何爲不可以弔？**王使人問疾，醫來。**王以孟子實病，遣人將醫來，且問疾也。**孟仲子對曰：「昔者有王命，有采薪之憂，不能造朝。今病小愈，趨造於朝，我不識能至否乎？」**孟仲子，孟子之從昆弟，學於孟子者也。權辭以對如此。憂，病也。曲禮云：「有負薪之憂。」○從，才用切。**使數人要於路，曰：「請必無歸，**

不得已而之景丑氏宿焉。」仲子使數人要告孟子，君命宜敬，當必造朝也。○數人要，丁上色主切，下音邀。不得已而之景丑氏宿焉。孟子迫於仲子之言，不得已，而心不欲至朝，因之其所知齊大夫景丑之家而宿焉，具以語景子。景子曰：「内則父子，外則君臣，人之大倫也。父子主恩，君臣主敬。丑見王之敬子也，未見所以敬王也。」景丑責孟子不敬，何義也？曰：「惡！是何言也！齊人無以仁義與王言者，豈以仁義爲不美也？其心曰『是何足與言仁義也』云爾，則不敬莫大乎是。曰惡者，深嗟歎。云景子之責我何言乎？今人皆謂王無知〔一〕，不足與言仁義。云爾，絶語之辭也。人之不敬，無大於是者也。○惡，音烏。注及下「惡得」「曰惡」「惡知」皆同。我非堯、舜之道不敢以陳於王前，故齊人莫如我敬王也。」孟子言我每見王，常陳堯、舜之道以勸勉王。齊人豈有如我敬王者邪？景子曰：「否，非此之謂也。禮曰：『父召，無諾。』『君命召，不俟駕。』固將朝也，聞王命而遂不果，宜與夫禮若不相似然。」景子曰：非謂不陳堯、舜之道，謂爲臣固自當朝也。今有王命而不果行。果，能也。禮「父召，無諾」，而不至也。君命召，輦車就牧，不坐待駕。而夫子若是，事宜與夫禮若不相似然乎？愚竊惑焉。○宜與，丁音餘。下「是與」「死與」「言與」「伐與」

〔一〕今人皆謂王無知：「皆」原作「言」，阮元校勘記謂作「言」誤，今據阮刻本改。

「殺與」「之與」「過與」皆同。此「宜與」亦如字。曰：「豈謂是與？曾子曰：『晉、楚之富，不可及也。彼以其富，我以吾仁；彼以其爵，我以吾義。吾何慊乎哉？』夫豈不義而曾子言之？是或一道也。孟子答景丑云：我豈謂是君臣召呼之閒乎？謂王不禮賢下士，故道曾子之言，自以不慊晉、楚之君。慊，少也。曾子豈嘗言不義之事邪？是或者自得道之一義，欲以喻王猶晉、楚，我猶曾子，我臣輕於王乎？○慊，口簟切。天下有達尊三：爵一，齒一，德一。朝廷莫如爵，鄉黨莫如齒，輔世長民莫如德。惡得有其一以慢其二哉？三者，天下之所通尊也。孟子謂賢者、長者有德有齒，人君無德，但有爵耳，故云何得以一慢二乎？○長民，張丈切。注及下「長者」同。故將大有爲之君，必有所不召之臣；欲有謀焉，則就之。其尊德樂道，不如是，不足與有爲也。言古之大聖大賢有所興爲之君，必就大賢臣而謀事，不敢召也。王者師臣，霸者友臣也。故湯之於伊尹，學焉而後臣之，故不勞而王；桓公之於管仲，學焉而後臣之，故不勞而霸。言師臣者王。桓公能師臣，而管仲不勉之於王，故孟子於上章陳其義，譏其功烈之卑也。今天下地醜德齊，莫能相尚，無他，好臣其所教，而不好臣其所受教。醜，類也。言今天下人君，土地相類，德教齊等，不能相絶者，無他，但好臣其所教敕役使之才可驕者耳，不能好臣大賢可從受教者。○好，呼報切，下同。**湯之於伊尹，桓公之於管仲，則不敢召。管仲且猶不可召，而況不爲管仲者乎？」**孟子自謂不爲管仲，故非齊王之召己，己是以不往也。章指言：人君以尊德樂義爲賢，君子以守道不回爲志。

四·三 **陳臻問曰：「前日於齊，王餽兼金一百而不受；於宋，餽七十鎰而受；於薛，餽五十鎰而受。前日之不受是，則今日之受非也；今日之受是，則前日之不受非也。夫子必居一於此矣。」**陳臻，孟子弟子。兼金，好金也，其價兼倍於常者，故謂之兼金。一百，百鎰也。古者以一鎰爲一金。鎰，二十兩。○餽，音饋，後皆放此。**孟子曰：「皆是也。當在宋也，予將有遠行，行者必以贐。辭曰：『餽贐。』予何爲不受？**贐，送行者贈賄之禮也，時人謂之贐。○贐，囚刃切。**當在薛也，予有戒心。辭曰：『聞戒，故爲兵餽之。』予何爲不受？**戒，有戒備不虞之心也。時有惡人欲害孟子，孟子戒備。薛君曰聞有戒，此金可鬻以作兵備，故餽之。我何爲不受也？○爲兵，于僞切。下「必爲之」「爲王」「爲其」「所以爲」「爲我」「爲孟」「下爲」「子爲」皆同。鬻，本或作「育」，音同。**若於齊，則未有處也。無處而餽之，是貨之也。焉有君子而可以貨取乎？」**我在齊時無事，於義未有所處也。義無所處而餽之，是以貨財取我，欲使我懷惠也。安有君子而以貨財見取乎？○處，昌呂切，下同。焉，於虔切。章指言：取與之道，必得其禮，於其可也，雖少不辭，義之無處，兼金不顧。

四·四 孟子之平陸，謂其大夫曰：「子之持戟之士，一日而三失伍，則去之否乎？」平陸，齊下邑也。大夫，治邑大夫也。持戟，戰士也。一日三失其行伍，則去之否乎？去之，殺之也。戎昭果毅。○去，起吕切。行，胡郎切。曰：「不待三。」大夫曰：一失之則行罰，不及待三失伍也。「然則子之失伍也亦多矣。凶年饑歲，子之民，老羸轉於溝壑，壯者散而之四方者，幾千人矣。」轉，轉尸於溝壑也。此則子之失伍也。○幾，丁蟣、祈二音。曰：「此非距心之所得爲也。」距心，大夫名。曰：此乃齊王之大政，不肯賑窮，非我所得專爲也。○賑，丁音振。曰：「今有受人之牛羊而爲之牧之者，則必爲之求牧與芻矣。求牧與芻而不得，則反諸其人乎？抑亦立而視其死與？」牧，牧地。以此喻距心不得自專，何不致爲臣而去乎？何爲立視民之死也？曰：「此則距心之罪也。」距心自知以不去位爲罪也。他日，見於王，曰：「王之爲都者，臣知五人焉。知其罪者，惟孔距心。」爲王誦之。王曰：「此則寡人之罪也。」孔，姓也。爲都，治都也。邑有先君之宗廟曰都。誦，言也。爲王言所與孔距心語者也。王知本之在己，故受其罪。章指言：人臣以道事君，否則奉身以退。詩云：「彼君子兮，不素餐兮。」言不尸其禄也。○餐，七丹切。

四·五 孟子謂蚳鼃曰：「子之辭靈丘而請士師，似也，爲其可以言也。今既數月矣，未可以言與？」蚳鼃，齊大夫。靈丘，齊下邑。士師，治獄官也。周禮士師曰：「以五戒先後刑罰，毋使罪麗於民。」孟子見蚳鼃辭外邑大夫，請爲士師，知其欲近王，似諫正刑罰之不中者。數月而不言，故曰「未可以言與？」以感責之也。○蚳，音遲。鼃，丁烏花切，張烏媧切。先後，丁云並去聲。毋，音無。中，張仲切。**蚳鼃諫於王而不用，致爲臣而去。**三諫不用，致仕而去。**齊人曰：「所以爲蚳鼃則善矣；所以自爲，則吾不知也。」**齊人論者譏孟子爲蚳鼃謀〔一〕，使之諫而去，則善矣。不知自諫又不去，故曰我不見其自爲謀者。**公都子以告。**公都子，孟子弟子。以齊人語告孟子也。**曰：「吾聞之也：有官守者，不得其職則去；有言責者，不得其言則去。我無官守，我無言責也，則吾進退，豈不綽綽然有餘裕哉？」**官守，居官守職者。言責，獻言之責，諫諍之官也。孟子言人臣居官不得守其職、諫正君不見納者，皆當致仕而去〔二〕。今我居師賓之位，進退自由，豈不綽綽然舒緩有餘裕乎！綽、裕，皆寬也。章指言：執職者劣，藉道者優，是以臧武仲雨行而不息，段干木偃寢而式閭。○藉，本亦作「籍」。

〔一〕謀：原作「諫」。阮元校勘記稱：「監、毛本『謀』誤『諫』。」此底本誤同，今據阮刻本改。

〔二〕孟子言人臣居官不得守其職諫正君不見納者皆當致仕而去：此句原作「孟子言人去」五字，文意欠明，蓋有脱文，孟森校記謂「宋本之荒唐往往如此」，所言甚是。今據阮刻本補入「臣居官不得守其職諫正君不見納者皆當致仕而」二十字。

四·六 孟子爲卿於齊，出弔於滕，王使蓋大夫王驩爲輔行。王驩朝暮見，反齊、滕之路，未嘗與之言行事也。孟子嘗爲齊卿，出弔滕君。蓋，齊下邑也。王以治蓋之大夫王驩爲輔行。輔，副使也。王驩，齊之諂人，有寵於王，後爲右師。孟子不悦其爲人，雖與同使而行，未嘗與之言行事，不願與之相比也。○蓋，古盍切。驩，音歡。同使，所吏切。比，毗志切，亦如字。公孫丑曰：「齊卿之位，不爲小矣；齊、滕之路，不爲近矣，反之而未嘗與言行事，何也？」丑怪孟子不與驩議行事也。曰：「夫既或治之，予何言哉？」既，已也。或，有也。孟子曰：夫人既自謂有治行事，我將復何言哉？言其專知自善，不知諮於人也。○夫，音扶。注「夫人」同。章指言：道不合者不相與言。王驩之操，與孟子殊。君子處時，危行言遜，故不尤之，但不與言。至於公行之喪，以禮爲解也。○行，下孟切。

四·七 孟子自齊葬於魯，反於齊，止於嬴。充虞請曰：「前日不知虞之不肖，使虞敦匠，事嚴，虞不敢請。今願竊有請也：木若以美然。」孟子事於齊，喪母，歸葬於魯。嬴，齊南邑。充虞，孟子弟子。敦匠，厚作棺也。事嚴，喪事急。木若以泰美然也。曰：「古者棺槨無度，中古棺七寸，槨稱之。自天子達於庶人，非直爲觀美也，然後盡於人心。孟子言古者棺槨薄厚無尺寸之度。中古，謂周公制禮以來，棺厚七寸，槨薄於棺，厚薄相稱相得也。從天子至於庶人，厚薄皆然，但重累之數，牆翣之飾有異，非直爲人觀視之美好也。厚者難腐朽，然後能盡於人心所不忍也。謂一世之後〔一〕，孝子更去辟世，是爲人盡心也。過是以往，變化自其理也。○稱，尺證切。翣，山洽切。辟，音避。**不得，不可以爲悦；無財，不可以爲悦。得之爲有財，古之人皆用之，吾何爲獨不然？**悦者，孝子之欲厚送親，得之則悦也。王制所禁，不得用之，不可以悦心也。無財以供，則度而用之。禮：喪事不外求，不可稱貸而爲悦也。禮得用之，財足備之，古人皆用之，我何爲獨不然？然，如是也。○度，大各切。稱，丁如字。**且比化者無使土親膚，於人心獨無恔乎？**恔，快也。棺椁敦厚，比親體之變化，且無令土親肌膚，於人子之心，獨不快然無所恨也。○比，丁音庇，及也。恔，音效。方言云：「快也。」丁音皎。説文云：「憭也。」**吾聞之：君子不以天下儉其親。**」我聞君子之道，不以天下人所得用之物儉約於其親，言事親竭其力者也。章指言：孝必盡心，匪禮之踰。論語曰：「生，事之以禮；死，葬之以禮，可謂孝矣。」

四·八

沈同以其私問曰：「燕可伐與？」孟子曰：「可。子噲不得與人燕，子之不得受燕於子噲。沈同，齊大臣。自以其私情問，非王命也，故曰私。子噲，燕王也。子之，燕相也。孟子曰可者，以子

〔一〕一世之後：「後」原作「厚」，當誤，今據阮刻本改。

噲不以天子之命而擅以國與子之，子之亦不受天子之命而私受國於子噲，故曰其罪可伐。○沈同，張音審。或作「沉」，誤。子噲，苦壞切，燕易王子。**有仕於此，而子悅之，不告於王而私與之吾子之祿爵；夫士也，亦無王命而私受之於子，則可乎？何以異於是？」**子謂沈同也。孟子設此，以譬燕王之罪。**齊人伐燕。**沈同以孟子言可，因歸勸其王伐燕。**或問曰：「勸齊伐燕，有諸？」**有人問孟子勸齊王伐燕，有之？**曰：「未也。沈同問『燕可伐與』，吾應之曰『可』，彼然而伐之也。**孟子曰：我未勸王也。同問可伐乎，吾曰可，彼然而伐之。**彼如曰：『孰可以伐之？』則將應之曰：『爲天吏，則可以伐之。』**彼如將問我曰：誰可以伐之？我將曰：爲天吏則可以伐之。天吏，天所使，謂王者得天意者也。彼不復孰可，便自往伐之。**今有殺人者，或問之曰：『人可殺與？』則將應之曰：『可。』彼如曰：『孰可以殺之？』則將應之曰：『爲士師，則可以殺之。』今以燕伐燕，何爲勸之哉？」**今有殺人者，問此人可殺否，將應之曰：可。爲士官主獄，則可以殺之矣。言燕雖有罪，猶當王者誅之耳。譬如殺人者雖當死，士師乃得殺之耳。今齊國之政猶燕政也，不能相踰，又非天吏也，我何爲當勸齊伐燕乎？**章指**言：誅不義者必須聖賢，禮樂征伐自天子出，王道之正也。

四·九 **燕人畔。王曰：「吾甚慙於孟子。」**燕人畔，不肯歸齊。齊王聞孟子與沈同言爲未勸王，今竟不能有燕，故慙之。陳賈曰：「王無患焉。王自以爲與周公孰仁且智？」陳賈，齊大夫也。問王曰：自視何如周公仁智乎？欲爲王解孟子意，故曰王無患焉。王曰：「惡！是何言也！」王歎曰是何言，言周公何可及也！曰：「周公使管叔監殷，管叔以殷畔；知而使之，是不仁也；不知而使之，是不智也。仁智，周公未之盡也，而況於王乎？賈請見而解之。」賈欲以此説孟子也。○監，古咸切。見孟子，問曰：「周公何人也？」賈問之也。曰：「古聖人也。」孟子曰：周公，古之聖人也。曰：「使管叔監殷，管叔以殷畔也，有諸？」賈問有之否乎。曰：「然。」孟子曰：如是也。曰：「周公知其將畔而使之與？」賈問之也。曰：「不知也。」孟子曰：周公不知其將畔。「然則聖人且有過與？」過，謬也。賈曰：聖人且猶有謬誤。曰：「周公，弟也；管叔，兄也。周公之過，不亦宜乎？孟子以爲周公雖知管叔不賢，亦不必知其將畔，周公惟管叔弟也，故愛之；管叔念周公兄也，故望之。親親之恩也。周公於此過謬，不亦宜乎！且古之君子，過則改之；今之君子，過則順之。古之君子，其過也，如日月之食，民皆見之；及其更也，民皆仰之。今之君子，豈徒順之，又從爲之辭。」古之所謂君子，真聖人、賢人、君子也。周公雖有此過，乃誅三監，作大誥，明敕庶國，是周公改之也。今之所謂君子，非真君子也，順過飾非，就爲之辭。孟子言此，以譏賈不能匡君，而欲以辭解之。○更，古衡切。章指言：聖人親親，不文其過；小人順非，以諂其上也。

四·一〇 **孟子致爲臣而歸。**辭齊卿而歸其室也。**王就見孟子，曰：「前日願見而不可得，**謂未來仕齊也，遥聞孟子之賢，而不能得見之。**得侍同朝，甚喜；**來就爲卿，君臣同朝，得相見，故喜也。**今又棄寡人而歸，**今致爲臣，棄寡人而歸也。**不識可以繼此而得見乎？」**不知可以續今日之後，還使寡人得相見否？**對曰：「不敢請耳，固所願也。」**孟子對王言不敢自請耳，固心之所願也。孟子意欲使王繼今當自來謀也。**他日，王謂時子曰：「我欲中國而授孟子室，養弟子以萬鍾，使諸大夫國人皆有所矜式。子盍爲我言之！」**時子，齊臣也。王欲於國中央爲孟子築室，使養教一國君臣之子弟，與之萬鍾之禄。中國者，使學者遠近均也。矜，敬也。式，法也。欲使諸大夫國人皆敬法其道。盍，何不也。謂時子何不爲我言之於孟子，知肯就之否？**時子因陳子而以告孟子，**陳子，孟子弟子陳臻。**陳子以時子之言告孟子。孟子曰：「然。夫時子惡知其不可也？如使予欲富，辭十萬而受萬，是爲欲富乎？**孟子曰：如是，夫時子安能知其不可乎？時子以我爲欲富，故以禄誘我。我往者享十萬鍾之禄，以大道不行，故去耳。今更當受萬鍾，是爲欲富乎？距時子之言也。

季孫曰：『異哉子叔疑！二子，孟子弟子也。季孫知孟子意不欲，而心欲使孟子就之，故曰：異哉，弟子之所聞也！子叔心疑，亦以爲可就也。**使己爲政，不用，則亦已矣，又使其子弟爲卿。人亦孰不欲富貴？而獨於富貴之中有私龍斷焉。』**孟子解二子之異意疑心。曰：齊王使我爲政，不用，則亦自止矣。今又欲以其子弟故，使我爲卿，而與我萬鍾之禄。人亦誰不欲富貴乎？是猶獨於富貴之中，有此私登龍斷之類也，我則耻之。**古之爲市也，以其所有易其所無者，有司者治之耳。有賤丈夫焉，必求龍斷而登之，以左右望，而罔市利。人皆以爲賤，故從而征之。征商自此賤丈夫始矣。」**古者市置有司，但治其爭訟，不征税也。賤丈夫，貪人可賤者也。入市則求龍斷而登之，龍斷，謂堁斷而高者也。左右占望，見市中有利，罔羅而取之，人皆賤其貪也，故就征取其利。後世緣此，遂征商人。孟子言我苟貪萬鍾，不耻屈道，亦與此賤丈夫何異也？古者，謂周公以前，周禮有關市之賦也。○龍斷，趙云：「龍斷，謂堁斷而高者。」丁云：「案龍與隆聲相近，隆，高也，蓋古人之言耳，如胥須之類也。」張云：「斷如字，或讀如斷割之斷，非也。」陸云：「龍斷，謂岡壟斷而高者。」如陸之釋，則龍音壟。堁，丁云：「廣雅音課，開元文字音塊。」【章指】言：君子正身行道，道之不行，命也。不爲利回，創業可繼，是以君子以龍斷之人爲惡戒也。

四·一一　**孟子去齊，宿於晝，有欲爲王留行者，**晝，齊西南近邑也。孟子去齊欲歸鄒，至晝而宿也。齊人之知孟子者，追送見之，欲爲王留孟子之行。**坐而言，不應，隱几而卧。**客危坐而言留孟子之言也，孟子不應答，因隱倚其几而卧也。○隱，於靳切，據也。**客不悦，曰：「弟子齊宿而後敢言，夫子卧而不聽，請勿復敢見矣。」**齊，敬。宿，素也。弟子素持敬心來言，夫子慢我，不受我言。言而遂起，退欲去，請絶也。○齊，側皆切，字亦作「齋」。**曰：「坐！我明語子。**孟子止客曰：且坐，我明告語子。○語，魚據切。**昔者魯繆公無人乎子思之側，則不能安子思；泄柳、申詳無人乎繆公之側，則不能安其身。**往者魯繆公尊禮子思，子思以道不行則欲去。繆公常使賢人往留之，説以方且聽子爲政，然則子思復留。泄柳、申詳亦賢者也，繆公尊之不如子思，二子常有賢者在繆公之側勸以復之，其身乃安也。○繆，音穆。**子爲長者慮，而不及子思。子絶長者乎？長者絶子乎？」**長者，老者也。孟子年老，故自稱長者。言子爲我慮，不如子思時賢人也，不勸王使我得行道，而但勸我留，留者何爲哉？此爲子絶我乎？又我絶子乎？何爲而慍恨也。○慍，於問切。章指言：惟賢能安賢，智能知微，以愚喻智，道之所以乖也。

四·一三 **孟子去齊。尹士語人曰：「不識王之不可以爲湯、武，則是不明也；識其不可，然且至，則是干澤也。千里而見王，不遇故去，三宿而後出晝，是何濡滯也？士則兹不悦。」**尹士，齊人也。干，求也。澤，禄也。尹士與論者言之，云孟子不知，則爲求禄。濡滯，猶稽也。既去，近留於晝三日，怪其猶久，故云士於此事不悦也。**高子以告。**高子亦齊人，孟子弟子，以尹士之言告孟子也。曰：「夫尹士惡知予哉？千里而見王，是予所欲也；不遇故去，豈予所欲哉？予不得已也。孟子曰，夫尹士安能知我哉？我不得已而去耳，何汲汲而驅馳乎！予三宿而出晝，於予心猶以爲速，王庶幾改之！王如改諸，則必反予。我自謂行速疾矣，冀王庶幾能反覆招還我矣。夫出晝，而王不予追也，予然後浩然有歸志。浩然，心浩浩有遠志。予雖然，豈舍王哉！王由足用爲善；王如用予，則豈徒齊民安，天下之民舉安。王庶幾改之！予日望之！孟子以齊大國，知其可以行善政，故戀戀望王之改而反之，是以安行也。豈徒齊民安？言君子達則兼善天下也。○舍，音捨。下「舍我」同。予豈若是小丈夫然哉？諫於其君而不受，則怒，悻悻然見於其面，去則窮日之力而後宿哉？」我豈若狷急小丈夫，恚怒其君而去，極日力而宿，懼其不遠者哉！論曰：「悻悻然小人哉！」言己志大，在於濟一世之民，不爲小節也。○悻悻，丁云：「字當作『婞』，形頂切，很也，直也。」又胡耿切。字或作「悻悻然」，論語音鏗。見，丁音現。狷，古縣切。恚，一睡切。尹士聞之，曰：「士誠小人也。」尹士聞義則服。

章指言：大德洋洋，介士察察，賢者志其大者，不賢者志其小者，此之謂也。

四·三 孟子去齊，充虞路問曰：「夫子若有不豫色然。前日虞聞諸夫子曰：『君子不怨天，不尤人。』」路，道也。於路中問也。充虞謂孟子去齊有恨心，顏色不悅也。曰：「彼一時，此一時也。

五百年必有王者興，其間必有名世者。由周而來，七百有餘歲矣；以其數，則過矣；以其時考之，則可矣。彼前聖賢之出，是有時也，今此時亦是其一時也。五百年有王者興，有興王道者也。名世，次聖之才，物來能名，正一世者，生於聖人之間也。七百有餘歲，謂周家王迹始興，大王、文王以來，考驗其時，則可有也。**夫天未欲平治天下也，如欲平治天下，當今之世，舍我其誰也？吾何爲不豫哉？」**孟子自謂能當名世之士，時又值之，而不得施。此乃天自未欲平治天下耳，非我之愆，我固不怨天，何爲不悦豫乎？章指言：聖賢興作，與天消息，天非人不因，人非天不成，是故知命者不憂不懼也。

四·一四

孟子去齊，居休。公孫丑問曰：「仕而不受禄，古之道乎？」休，地名。丑問古人之道，仕不受禄邪？怪孟子於齊不受禄也。**曰：「非也。於崇，吾得見王，退而有去志，不欲變，故不受也。**崇，齊地。孟子言不受禄，非古之道也。於崇，吾始得見齊王，知其不能納善。退出，志欲去矣。不欲即去，若爲變詭，見非泰甚，故且宿留。心欲去，故不復受禄。○宿留，上音秀，下音霤。**繼而有師命，不可以請。久於齊，非我志也。」**言我本志欲速去，繼見之後，有師旅之命，不得請去，故使我久而不受禄耳。久，非我本志也。章指言：禄以食功，志以率事，無其事而食其禄，君子不由也。○食，丁音嗣。

孟子卷第五　趙氏注

滕文公章句上

滕文公者，滕，國名；文，謚也；公者，國人尊君之稱也。文公尊敬孟子，問以古道，若弟子之問師，故以題篇。

凡五章

五·一 **滕文公爲世子，將之楚，過宋而見孟子。** 文公爲世子，使於楚而過宋，孟子時在宋，與相見也。滕侯，周文王之後也。古紀、世本録諸侯之世，滕國有考公麋，與文公之父定公相直；其子元公弘，與文公相直。似後世避諱，改「考公」爲「定公」；以元公行文德，故謂之文公也。**孟子道性善，言必稱堯、舜。** 孟子與世子言人生皆有善性，但當充而用之耳；又言堯、舜之治天下，不失仁義之道，欲勸勉世子也。○使，所吏切。麋，居筠切，從禾。直，音值。**世子自楚反，復見孟子。** 從楚還，復詣孟子，欲重受法則也。○復，扶又切。重，直用切，下同。**孟子曰：「世子疑吾言乎？夫道一而已矣。** 世子疑吾言有不盡乎？天下之道一言而已，惟有行善耳，復何疑也。**成覸謂齊景公曰：『彼，丈夫也；我，丈夫也；吾何畏彼哉！』成覸，勇果者也。與景公言曰：尊貴者與我同丈夫耳，我亦能爲之，我何爲畏之哉！○覸，古莧切。一音閑。顔淵曰：『舜，何人也？予，何人也？有爲者亦若是。』言欲有所爲，當若顔淵庶幾、成覸不畏，乃能有所成耳。又以是勉世子也。公明儀曰：『文王，我師也；周公豈欺我哉？』公明儀，賢者也。師文王，信周公，言其知所法則也。今滕，絶長補短，將五十里也，猶可以爲善國。滕雖小，其境界長短相補，可得大五十里子男之國也，尚可以行善者也。書曰：『若藥不瞑眩，厥疾不瘳。』」書逸篇也。瞑眩，藥攻人疾，先使瞑眩憒亂，乃得瘳愈也。喻行仁當精熟，德惠乃洽也。○瞑眩，莫甸切，下音縣。又作「眠眴」，音同。瞑眩憒亂，瞑或作「瞋」，即音顛。憒，古對切，又音潰。【章指】言：人當上則聖人，秉仁行義，高山景行，庶幾不倦。論語曰「力行近仁」，蓋不虚云。○景行，下孟切。下「忘行」「孝行」並同。「論語曰力行近仁」：丁云：「近音附近。案論語無此語，是禮記中庸篇，趙氏以爲論語之文，誤也。」

五·二 滕定公薨，世子謂然友曰：「昔者孟子嘗與我言於宋，於心終不忘。今也不幸至於大故，吾欲使子問於孟子，然後行事。」定公，文公父也。然友，世子之傅也。大故，謂大喪。然友之鄒，問於孟子。孟子歸在鄒也。孟子曰：「不亦善乎！親喪，固所自盡也。不亦者，亦也。問此，亦其善也。曾子曰：『生，事之以禮；死，葬之以禮，祭之以禮，可謂孝矣。』曾子傳孔子之言，孟子欲令世子如曾子之從禮也。時諸侯皆不行禮，故使獨行之也。諸侯之禮，吾未之學也；雖然，吾嘗聞之矣。三年之喪，齋疏之服，飦粥之食，自天子達於庶人，三代共之。」孟子言我雖不學諸侯之禮，嘗聞師言，三代以來，君臣皆行三年之喪。齋疏，齋縗也。飦，饘粥也。○齋，音資。疏，所居切。飦，諸延切。縗，或作「衰」，同，音崔。饘，字亦作「饘」，音義與「糜」同。然友反命，定爲三年之喪。父兄百官皆不欲，曰：「吾宗國魯先君莫之行，吾先君亦莫之行也，至於子之身而反之，不可。父兄百官，滕之同姓、異姓諸臣也，皆不欲使世子行三年。滕、魯同姓，俱出文王。魯，周公之後；滕，叔繡之後。敬聖人，故宗魯者也。且志曰：『喪祭從先祖。』」曰：「吾有所受之也。」父兄百官且復言也。志，記也，周禮小史掌邦國之志。曰喪祭之事，各從其先祖之法。言我轉有所承受之，不可於己身獨改更也。一說「吾有所受之」，世子言我受之於孟子也。○更，古衡切。謂然友曰：「吾他日未嘗學問，好馳馬試劍。今也父兄百官不我足也，恐其不能盡於大事，子爲我問孟子！」父兄百官見我他日所行，謂我志行不足，似恐我不能盡大事之禮，故止我也。爲我問孟子，當何以服其心，使信我也。○好馳，呼報切。下「好者」「好聚」「好施」皆同。爲我，于僞切。下「既爲」「復爲」「爲天下」「親爲」「非爲」皆同。然友復之鄒，問孟子。孟子曰：「然。不可以他求者也。孔子曰：『君薨，聽於冢宰，歠粥，面深墨，即位而哭，百官有司莫敢不哀，先之也。』孟子言如是，不可用他事求也。喪上哀，惟當以哀戚感之耳。國君薨，委政冢宰大臣，嗣君但盡哀情，歠粥不食，顏色深墨。深，甚也。墨，黑也。即喪位而哭，百官有司莫敢不哀者，以君先哀故也。○歠，川悦切。上有好者，下必有甚焉者矣。君子之德，風也；小人之德，草也。草尚之風，必偃。是在世子。」上之所欲，下以爲俗。尚，加也。偃，伏也。以風加草，莫不偃伏也。是在世子以身帥之也。○帥，音率。然友反命。世子曰：「然。是誠在我。」世子聞之，知其在身，欲行之也。五月居廬，未有命戒。百官族人可，謂曰知。諸侯五月而葬，未葬，居倚廬於中門之内也。未有命戒，居喪不言也。異姓同姓之臣可，謂曰知世子之能行禮也。及至葬，四方來觀之，顏色之戚，哭泣之哀，弔者大悦。四方諸侯之賓來弔會者，見世子之憔悴哀戚，大悦其孝行之高美也。章指言：事莫當於奉禮，孝莫大於哀慟，從善如流，文公之謂也。

五·三 滕文公問爲國。孟子曰：「民事不可緩也。問治國之道也。民事不可緩之使怠惰，當以政督趣，教以生産之務也。○趣，丁音促。詩云：『晝爾于茅，宵爾索綯；亟其乘屋，其始播百穀。』詩邠風七月之篇，言教民晝取茅草，夜索以爲綯。綯，絞也。及爾閒暇，亟而乘蓋爾野外之屋，春事起，爾將始播百穀矣。言農民之事無休已。○茅，張云：「或作『苗』，誤也。」索綯，桑落切，下音桃。亟其乘屋，丁云：「亟音棘。乘，登也。」閒，音閑。民之爲道也，有恒産者有恒心，無恒産者無恒心。苟無恒心，放辟邪侈，無不爲已。及陷乎罪，然後從而刑之，是罔民也。焉有仁人在位罔民而可爲也？義與上篇同。孟子既爲齊宣王言之，滕文公問，復爲究陳其義，故各自載之也。○放辟，音僻，後「放辟」同。邪侈，張云：「諸本作『移』，誤也。」罔民，張云：「或作『司』，誤也。」是故賢君必恭儉禮下，取於民有制。古之賢君，身行恭儉，禮下大臣，賦取於民不過什一之制也。陽虎曰：『爲富不仁矣，爲仁不富矣。』陽虎，魯季氏家臣也。富者好聚，仁者好施，施不得聚，道相反也。陽虎非賢者也，言有可采，不以人廢言也。夏后氏五十而貢，殷人七十而助，周人百畝而徹，其實皆什一也。徹者，徹也；助者，藉也。夏禹之世，號夏后氏。后，君也。禹受禪於君，故夏稱后。殷、周順人心而征伐，故言人也。民耕五十畝，貢上五畝；耕七十畝者，以七畝助公家；耕百畝者，徹取十畝以爲賦：雖異名而多少同，故曰「皆什一也」。徹猶人徹取物也。藉者，借也，猶人相借力助之也。○徹，直列切。禪，音擅。龍子曰：『治地莫善於助，莫不善於貢。』貢者，校數歲之中以爲常。龍子，古賢人也。言治土地之賦，無善於助者也。貢者，校數歲以爲常類而上之，民供奉之，有易有不易，故謂之莫不善也。○數，色主切。易，丁以豉切。下及後章「不易」同。樂歲，粒米狼

戾，多取之而不爲虐，則寡取之；凶年，糞其田而不足，則必取盈焉。樂歲，豐年。狼戾，猶狼藉也。粒米，粟米之粒也。饒多狼藉，棄捐於地，是時多取於民，不爲暴虐也，而反以常類少取之。至於凶年飢歲，民人糞治其田，尚無所得，不足以食，而公家取其稅必滿其常數焉。不若從歲飢穰以爲多少，與民同也。○樂歲，音洛。捐，與專切。**爲民父母，使民盻盻然，將終歲勤動，不得以養其父母，又稱貸而益之，使老稚轉乎溝壑，惡在其爲民父母也？**盻盻，勤苦不休息之貌。動，作。稱，舉也。言民勤身動作終歲，不得以養食其父母。公賦當畢，有不足者，又當舉貸子倍而益滿之。至使老小轉尸溝壑，安可以爲民之父母也？○盻盻，説文：「五禮切，恨視也。」亦匹莧切。丁作「肹」，許乙切。以養，餘亮切。下「莫養」「奉養」皆同。稱貸，並如字。惡在，音烏，安也。後章「惡得」「惡能」皆同。食，音嗣。**夫世禄，滕固行之矣。**古者諸侯、卿、大夫、士有功德，則世禄賜族者也。官有世功也，其子雖未任居官，得世食其父禄。賢者子孫必有土之義也，滕固知行是矣。言亦當恤民之子弟，閔其勤勞者也。○任，音壬。**詩云：『雨我公田，遂及我私。』惟助爲有公田。由此觀之，雖周亦助也。**詩小雅大田之篇。言大平時民悦其上，願欲天之先雨公田，遂以次及我私田也，猶殷人助者，爲有公田耳。此周詩也，而云「雨公田」，知雖周家時亦助也。○雨，于付切。**設爲庠序學校以教之。**以學習禮，教化於國。○校，音效，下同。**庠者，養也；校者，教也；序者，射也。夏曰**

校，殷曰序，周曰庠，學則三代共之，皆所以明人倫也。養者，養耆老；教者，教以禮義；射者，三耦四矢，以達物導氣也。學則三代同名，皆謂之學，學乎人倫。人倫者，人事也，猶洪範曰「彝倫攸敘」，謂常事所序也。○射，神夜切。**人倫明於上，小民親於下。有王者起，必來取法，是爲王者師也。**有行三王之道而興起者，當取法於有道之國也。**詩云：『周雖舊邦，其命惟新。』文王之謂也。子力行之，亦以新子之國！」**詩大雅文王之篇。言周雖后稷以來舊爲諸侯，其受王命，惟文王新復，修治禮義以致之耳。以是勸勉文公，欲使庶幾新其國也。**使畢戰問井地。**畢戰，滕臣也。問古井田之法。時諸侯各去典籍，人自爲政，故井田之道不明也。○去，起吕切。**孟子曰：「子之君將行仁政，選擇而使子，子必勉之！夫仁政，必自經界始。經界不正，井地不鈞，穀禄不平。**子，畢戰也。經，亦界也。必先正其經界，勿侵鄰國，乃可鈞井田，平穀禄。穀，所以爲禄也。周禮小司徒曰：「乃經土地，而井牧其田野。」言正其土地之界，乃定受其井牧之處也。**是故暴君汙吏必慢其經界。經界既正，分田制禄可坐而定也。**暴君，殘虐之君。汙吏，貪吏也。慢經界，不正本也。必相侵陵，長争訟也。分田，賦廬井也。制禄，以庶人在官者比上農夫，轉以爲差，故可坐而定也。○汙，烏路切，又音烏。長争，張丈切。**夫滕，壤地褊小，將爲君子焉，將爲野人焉。**

無君子，莫治野人；無野人，莫養君子。褊小，謂五十里也。爲，有也。雖小國，亦有君子，亦有野人，言足以爲善政也。**請野九一而助，國中什一使自賦。**九一者，井田以九頃爲數，而供什一，郊野之賦也。助者，殷家税名也，周亦用之，龍子所謂「莫善於助」也。時諸侯不行助法。國中什一者，周禮「園廛二十而税一」，時行重賦，責之什一也。而，如也。自，從也。孟子欲請使野人如助法，什一而税之；國中從其本賦，二十而税一以寬之。**卿以下必有圭田，圭田五十畝，餘夫二十五畝。**古者卿以下至於士，皆受圭田五十畝，所以供祭祀。圭，絜也。上田，故謂之圭田，所謂「惟士無田，則亦不祭」，言絀士無絜田也。井田之民，養公田者受百畝，圭田半之，故五十畝。餘夫者，一家一人受田，其餘老小尚有餘力者，受二十五畝，半於圭田，謂之餘夫也。受田者，田萊多少有上、中、下。周禮曰「餘夫亦如之」，亦如上、中、下之制也。王制曰「夫圭田無征」，謂餘夫圭田，皆不出征賦也。時無圭田餘夫，孟子欲令復古，所以重祭祀，利民之道也。○絀，音黜。萊，音來，草田曰萊。夫圭田，丁云：「夫，如字，謂餘夫也。鄭康成注禮記，訓夫爲治也。」**死徙無出鄉，**死，謂葬死也。徙，謂爰土易居，平肥磽也。不出其鄉，易爲功也。○磽，苦交切。**鄉田同井，出入相友，守望相助，疾病相扶持，則百姓親睦。**同鄉之田，共井之家，各相營勞也。出入相友，相友耦也。周禮大宰曰「八曰友，以任得民」。守望相助，助察姦也。疾病相扶持，扶持其羸弱，救其困急。皆所以教民相親睦之道。睦，和也。**方里而井，井**

九百畝，其中爲公田。八家皆私百畝，同養公田。公事畢，然後敢治私事，所以別野人也。方一里者，九百畝之地也，爲一井。八家各私得百畝，同共養其公田之苗稼。公田八十畝，其餘二十畝以爲廬宅園圃，家二畝半也。先公後私，「遂及我私」之義也。則是野人之事，所以別於士伍者也。○別，彼列切。下「有別」同。**此其大略也。若夫潤澤之，則在君與子矣。」**略，要也。其井田之大要如是。而加慈惠潤澤之，則在滕君與子共戮力撫循之也。○戮，音六。章指言：尊賢師知，采人之善，善之至也。修學校，勸禮義，敕民事，正經界，鈞井田，賦什一，則爲國之大本也。○知，音智。

五·四

有爲神農之言者許行，自楚之滕，踵門而告文公曰：「遠方之人聞君行仁政，願受一廛而爲氓。」神農，三皇之君，炎帝神農氏也。許，姓；行，名也，治爲神農之道者。踵，至也。廛，居也。自稱遠方之人，願爲氓。氓，野人之稱。○許行，丁音衡，又下孟切，下同。踵，之隴切。氓，亡庚切，與「甿」同。**文公與之處。其徒數十人，皆衣褐，捆屨、織席以爲食。**文公與之居。處，舍之宅也。其徒，學其業者也。衣褐，貧也。捆，猶叩椓也，織屨欲使堅，故叩之也。賣屨席以供食飲也。○衣，於既切，下同。捆，丁音閫。案許叔重曰：「捆，織也。」埤倉曰：「捆，儆也。」從扌，從木者誤也。張作「裀」，音同。椓，丁音卓，擊也，從扌，旁豖。**陳良之徒陳相與其弟辛，負耒耜而自宋之滕，曰：「聞君行聖人之政，是亦聖人也，願爲聖人氓。」**陳良，儒者也。陳相，良之門徒也。辛，相弟。聖人之政，謂仁政也。○陳相，丁云去、平並通。**陳相見許行而大悦，盡棄其學而學焉。**棄陳良之儒道，更學許行神農之道也。**陳相見孟子，道許行之言曰：「滕君則誠賢君也，雖然，未聞道也。**陳相言許行以爲滕君未達至道也。**賢者與民竝耕而食，饔飧而治。今也滕有倉廩府庫，則是厲民而以自養也，惡得賢？」**相言許子以爲古賢君當與民竝耕而各自食其力。饔飧，熟食也。朝曰饔，夕曰飧。當身自具其食，兼治政事耳。今滕賦稅有倉廩府庫之富，是爲厲病其民以自奉養，安得爲賢君乎？三皇之時，質樸無事，故道若此也。○饔，音雍。飧，音孫。當身，丁去聲。**孟子曰：「許子必種粟而後食乎？」**問：許子必自身種粟乃食之邪？**曰：「然。」**相曰：然，許子自種之。**「許子必織布然後衣乎？」**孟子曰：許子自織布然後衣之乎？**曰：「否！許子衣褐。」**相曰：不自織布。許子衣褐，以毳織之，若今馬衣者也。或曰：褐，枲衣也。一曰粗布衣也。○粗，音麤。後注同。**「許子冠乎？」**孟子問相。**曰：「冠。」**相曰：冠也。**曰：「奚冠？」**孟子問：許子何冠也？**曰：「冠素。」**相曰：許子冠素。**曰：「自織之與？」**孟子曰：許子自織素與？○與，音餘。下「爲與」同。**曰：「否，以粟易之。」**相言許子以粟易素。**曰：「許子奚爲不自織？」**孟子曰：許子何爲不自織素乎？**曰：**

「害於耕。」相曰：織妨害於耕，故不自織也。曰：「許子以釜甑爨，以鐵耕乎？」爨，炊也。孟子曰：許子寧以釜甑炊食，以鐵爲犁用之耕否邪？曰：「然。」相曰：用之。「自爲之與？」孟子曰：許子自冶鐵陶瓦器邪？曰：「否！以粟易之。」相曰：不自作鐵瓦，以粟易之也。「以粟易械器者，不爲厲陶冶；陶冶亦以其械器易粟者，豈爲厲農夫哉？且許子何不爲陶冶，舍皆取諸其宫中而用之？何爲紛紛然與百工交易？何許子之不憚煩？」械，器之總名也。厲，病也。以粟易器，不病陶冶，陶冶亦何以爲病農夫乎？且許子何爲不自陶冶。舍者，止也。止不肯皆自取之其宫宅中而用之，何爲反與百工交易紛紛爲煩也？○舍皆，丁音赦，止也。曰：「百工之事，固不可耕且爲也。」相曰：百工之事，固不可耕且爲，故交易也。「然則治天下獨可耕且爲與？孟子言百工各爲其事，尚不可得耕且兼之。人君自天子以下，當治天下政事，此反可得耕且爲邪？欲以窮許行之非滕君不親耕也。孟子謂五帝以來，有禮義上下之事，不得復若三皇之道也，言許子不知禮也。有大人之事，有小民之事。且一人之身，而百工之所爲備，如必自爲而後用之，是率天下而路也。孟子言人道自有大人之事，謂人君行教化也。小人之事，謂農工商也。一人而備百工之所作，作之乃得用之者，是率導天下人以羸路之困也。○路，丁、张並云：「路与露同。」羸，力爲切，字亦作「羸」，郎果切。故曰，或勞心，或勞力；勞心者治人，勞力者治於人；治於人者食人，治人者食於人，天下之通義也。勞心者，君也。勞力者，民也。君施教以治理之，民竭力治公田以奉養其上，天下通義，所常行也。○食人，音嗣。食於人，如字。當堯之時，天下猶未平，洪水橫流，氾濫於天下，草木暢茂，禽獸繁殖，五穀不登，禽獸偪人，獸蹄鳥迹之道交於中國。堯獨憂之，舉舜而敷治焉。遭洪水，故天下未平。水盛，故草木暢茂。草木盛，故禽獸繁息衆多也。登，升也，五穀不足升用也。猛獸之迹，當在山林，而反交於中國，懼害人，故堯獨憂念之。敷，治也。書曰：「禹敷土。」治土也。○氾，音泛。偪，音逼。舜使益掌火，益烈山澤而焚之，禽獸逃匿。掌，主也。主火之官，猶古火正也。烈，熾也。益視山澤草木熾盛者而焚燒之，故禽獸逃匿而遠竄也。禹疏九河，瀹濟、漯而注諸海，決汝、漢，排淮、泗而注之江，然後中國可得而食也。當是時也，禹八年於外，三過其門而不入，雖欲耕，得乎？疏，通也。瀹，治也。排，壅也。於是水害除，故中國之地可得耕而食也。禹勤事於外，八年之中，三過其家門而不得入。書曰：「辛壬癸甲，啓呱呱而泣。」如此，寧得耕乎？○瀹濟漯，丁云：「上音藥；中子禮切；下他合切，作『濕』，誤也。」呱，音孤。后稷教民稼穡，樹藝五穀；五穀熟而民人育。棄爲后稷也。樹，種。藝，殖也。五穀謂稻、黍、稷、麥、菽也。五穀所以養人也，故言民人育也。人之有道也。飽食、煖衣、逸居而無教，則近於禽獸。聖人有憂之，使契爲司徒，教以人倫：父子有親，君臣有義，夫婦有別，長幼有叙，朋友有信。司徒主人，教以人事。父父子子，君君臣臣，夫夫婦婦，兄兄弟弟，朋友貴信，契之教也。○契，音薛。放勳曰勞之來之，匡之直之，輔之翼之，使自得之，又從而振德之。放勳，堯名也。遭水災，恐其小民放辟邪侈，故勞來之，匡正直其曲心，使自得其本善性，然後又復從而振其羸窮，加德惠也。○放勳，方往切。日，丁音馹，或作「曰」，誤。勞之來之，丁云：並去聲。聖人之憂民如此，而暇耕乎？重喻陳相。堯以不得舜爲己憂，舜以不得禹、皋陶爲己憂。夫以百畝之不易爲己憂者，農夫也。分人以財謂之惠，教人以善謂之忠，爲天下得人者謂之仁。言聖人以不得賢聖之臣爲己憂，農夫以百畝不治爲己憂。是故以天下與人易，爲天下得人難。爲天下求能治天下者難得也，故言以天下傳與人尚爲易也。孔子曰：『大哉堯之爲君！惟天爲大，惟堯則之，蕩蕩乎民無能名焉！君哉舜也！巍巍乎有天下而不與焉！』堯舜之治天下，豈無所用其心哉？亦不用於耕耳。天道蕩蕩乎大無私，生萬物而不知其所由來，堯法天，故民無能名堯德者也。舜得人君之道哉！德盛乎巍巍乎，有天下之位，雖貴盛，不能與益舜。巍巍之德，言德之大，大於天子位也。堯、舜蕩蕩巍巍如此，但不用心於躬自耕也。○不與焉，丁音豫，亦如字。吾聞用夏變夷者，未聞變於夷者也。當以諸夏之禮義化變夷蠻之人耳，未聞變化於夷蠻之人，則其道也。陳良，楚産也，悦周公、仲尼之道，北學於中國。北方之學者，未聞或之先也。彼所謂豪傑之士也。子之兄弟事之數十年，師死而遂倍之！陳良生於楚，北游中國，學者不能有先之者也，可謂豪傑過人之士也。子之兄弟，謂陳相、陳辛也，數十年師事陳良，良死而倍之，更學於許行，非之也。○倍，丁云：「義當作『偝』，古字借用耳。」下「子倍」同。昔者孔子没，三年之外，門人治任將歸，入揖於子貢，相嚮而哭，皆失聲，然後歸。子貢反，築室於場，獨居三年，然後歸。任，擔也。失聲，悲不能成聲。場，孔子冢上祭祀壇場也。子貢獨於場左右築室，復三年，慎終追遠也。○治任，丁而針切，云：「治任謂治擔任之具。」他日，子夏、子張、子游以有若似聖人，欲以所事孔子事之，强曾子。曾子曰：『不可。江、漢以濯之，秋陽以暴之，皜皜乎不可尚已。』有若之貌似孔子，此三子者，思孔子而不可復見，故欲尊有若以作聖人，朝夕奉事之，如事孔子，以慰思也。曾子不肯，以爲聖人之絜白，如濯之江、漢，暴之秋陽。秋陽，周之秋，夏之五月、六月盛陽也。皜皜，甚白也。何可尚而乃欲以有若之質放聖人之坐席乎？尊師道，故不肯。○强，其丈切。暴，蒲木切。皜，音杲。放，丁方往切，仿、像、似。今也南蠻鴃舌之人，非先王之道，子倍子之師而學之，亦異於曾子矣。吾聞出於幽谷，遷于喬木者，未聞下喬木而入於幽谷者。今此許行乃南楚蠻夷，其舌之惡如鴃鳥耳。鴃，博勞也。詩云：「七月鳴鴃。」應陰而殺物者也。許子託於大古，非先聖王堯、舜之道，不務仁義，而欲使君臣並耕，傷害道德，惡如鴃舌，與曾子之心亦異遠也。

人當出深谷，上喬木；今子反下喬木，入深谷。○鴃，丁音決，又古役切。鳴鴃，丁云：「毛詩作『鶪』，古役切。」大古，音泰。**魯頌曰：『戎狄是膺，荊、舒是懲。』周公方且膺之，子是之學，亦爲不善變矣。」**詩魯頌閟宮之篇也。膺，擊也。懲，艾也。周家時擊戎狄之不善者，懲止荊、舒之人，使不敢侵陵也。周公常欲擊之，言南夷之人難用，而子反悦是人而學其道，亦爲不善變更矣。孟子究陳此者，深以責陳相也。○閟宮，丁音秘。清淨之宮，謂姜嫄之廟。膺，丁本作「應」，云：「案古訓，『應』訓『當』。此注訓『擊』，蓋以當對是擊敵之義，故轉訓耳。」艾，丁魚廢切。**「從許子之道，則市賈不貳，國中無僞，雖使五尺之童適市，莫之或欺。布帛長短同，則賈相若；麻縷絲絮輕重同，則賈相若；五穀多寡同，則賈相若；屨大小同，則賈相若。」**陳相復爲孟子言此，如使從許子淳樸之道，可使市無二賈，不相僞誕，不欺愚小也。長短謂尺丈，輕重謂斤兩，多寡謂斗石，大小謂尺寸，皆言其同賈，故曰無二賈者也。○賈，音嫁，下皆同。**曰：「夫物之不齊，物之情也；或相倍蓰，或相什百，或相千萬。子比而同之，是亂天下也。巨屨小屨同賈，人豈爲之哉？從許子之道，相率而爲僞者也，惡能治國家？」**孟子曰：夫萬物好醜異賈，精粗異功，其不齊同，乃物之情性也。蓰，五倍也。什，十倍也。至於千萬相倍。譬若和氏之璧，雖與凡玉之璧尺寸厚薄適等，其賈豈可同哉？子欲以大小相比而同之，則使天下有爭亂之道也。巨，粗屨也；小，細屨也。如使同賈而賣之，人豈肯作其細者哉！特許子教人僞者耳，安能治國家者也。○倍蓰，丁音師，云：「從竹，下徙。」開元禮文字音義曰：「蓰謂半倍而益之。」又音灑，山綺切。史記作「倍灑」，徐廣曰：「一作蓰，五倍曰蓰。」比，丁音鼻，次比也。章指言：神農務本，教於凡民。許行蔽道，同之君臣。陳相倍師，降於幽谷。不理萬情，謂之敦樸。是以孟子博陳堯、舜上下之叙以匡之也。

五・五

墨者夷之因徐辟而求見孟子。夷之，治墨家之道者。徐辟，孟子弟子也。求見孟子，欲以辯道也。○徐辟，音壁，又音闢。**孟子曰：「吾固願見。今吾尚病，病愈，我且往見。」**我常願見之，今值我病，不能見也；病愈，將自往見。以辭却之。**夷子不來。他日，又求見孟子。**是日夷子聞孟子病，故不來。他日，復往求見。**孟子曰：「吾今則可以見矣。不直，則道不見，我且直之。**告徐子曰：今我可以見夷之矣，不直言攻之，則儒家聖道不見，我且欲直攻之也。○道不見，丁音現。注「不見」同。**吾聞夷子墨者，墨之治喪也，以薄爲其道也；夷子思以易天下，豈以爲非是而不貴也；然而夷子葬其親厚，則是以所賤事親也。」**我聞夷子爲墨道，墨者治喪，貴薄而賤厚。夷子思欲以此道易天下之化使從己，豈肯以薄爲非是而不貴之也。如使夷子葬其父母厚也，是以所賤之道奉其親也。如其薄也，下言「上世不葬」者，又可鄙足爲戒也。吾欲以此攻之也。**徐子以告夷子。夷子曰：「儒者之道，古之人若保赤子，此言何謂也？之則以爲愛無差等，施由親**

始。」之，夷子名也。言儒家曰古之治民若安赤子，此何謂乎？之以爲當同其恩愛，無有差次等級相殊也。但施厚之事，先從己親屬始耳。若此，何爲獨非墨道也？徐子以告。孟子曰：「夫夷子信以爲人之親其兄之子爲若親其鄰之赤子乎？彼有取爾也。赤子匍匐將入井，非赤子之罪也。親，愛也。夫夷子以爲人愛兄子與愛鄰人之子等邪？彼取赤子將入井，雖他人子亦驚救之，故謂之愛同也。此但以赤子無知，非其罪惡，故救之耳。夷子必以此況之，未盡達人情者也。○匍，音蒲。匐，蒲北切。且天之生物也，使之一本，而夷子二本故也。天生萬物，各由一本而出。今夷子以他人之親與己親等，是爲二本，故欲同其愛也。蓋上世嘗有不葬其親者，其親死，則舉而委之於壑。上世，未制禮之時。壑，路傍坑壑也。其父母終，舉而委棄之壑中也。他日過之，狐狸食之，蠅蚋姑嘬之。其顙有泚，睨而不視。夫泚也，非爲人泚，中心達於面目，蓋歸反虆梩而掩之。掩之誠是也，則孝子仁人之掩其親，亦必有道矣。」嘬，攢共食之也。顙，額也。泚，汗出泚泚然也。見其親爲獸蟲所食，形體毀敗，中心慙，故汗泚泚然出於額，非爲他人而慙也，自出其心。聖人緣人心而制禮也。虆梩，籠臿之屬，可以取土者也。而掩之實是其道，則孝子仁人掩其親有以也。○蠅蜹姑，張音汭，云：「諸本或作『蟵』，誤也。」丁云：「蟵，未詳所出。或以『蟵』與『蜹』同，謂蜉蝣也，音由。」又一說云：「蟵姑，即螻姑也。」嘬，楚怪切。說文云：「飲歃也。」泚，七禮切。睨，音詣。虆梩，丁力追切，土籠也。或作「蘽」；下力知切，土轝也。臿，楚洽切，鍬也。**徐子以告夷子。夷子憮然，爲間，曰：「命之矣。」**孟子言是，以爲墨家薄葬，不合道也。徐子復以告夷子，夷子憮然者，猶悵然也。爲間者，有頃之間也。命之，猶言受命教矣。○憮，音武。章指言：聖人緣情，制禮奉終。墨子玄同，質而違中。以直正枉，憮然改容。蓋其理也。

孟子卷第六　趙氏注

滕文公章句下　凡十章

六·一 陳代曰：「不見諸侯，宜若小然；今一見之，大則以王，小則以霸。且志曰：『枉尺而直尋』，宜若可爲也。」陳代，孟子弟子也。代見諸侯有來聘請孟子，孟子有所不見，以爲孟子欲以是爲介，故言此介得無爲狹小乎？如一見之，儻得行道，可以輔致霸王乎？志，記也。枉尺直尋，欲使孟子屈己信道，故言宜若可爲也。○志曰，丁云：「志，記也，謂志記之言也。」介，音界。丁云：「謂狷介也。」信，音伸。孟子曰：「昔齊景公田，招虞人以旌，不至，將殺之。虞人，守苑囿之吏也，招之當以皮冠，而以旌，故不至也。『志士不忘在溝壑，勇士不忘喪其元。』孔子奚取焉？取非其招不往也。如不待其招而往，何哉？志士，守義者也。君子固窮，故常念死無棺椁，没溝壑而不恨也。勇士，義勇者也。元，首也。以義則喪首不顧也。孔子奚取？取守死善道，非禮招己則不往。言虞人不得其招尚不往，如何君子而不待其招，直事妄見諸侯者，何爲也？且夫枉尺而直尋者，以利言也。如以利，則枉尋直尺而利，亦可爲與？尺小尋大，不可枉大就小而以要利也。○爲與，音餘。下「食與」「善與」「築與」「樹與」皆同。要利，音邀，下章「要其」同。昔者趙簡子使王良與嬖奚乘，終日而不獲一禽。嬖奚反命曰：『天下之賤工也。』趙簡子，晉卿也。王良，善御者也。嬖奚，簡子幸臣。以不能得一禽，故反命於簡子，謂王良天下鄙賤之工師也。○乘，音剩，下同。或以告王良。良曰：『請復之。』聞嬖奚賤之，故請復與乘。强而後可，强嬖奚，乃肯行。○强，其丈切，注同。一朝而獲十禽。嬖奚反命曰：『天下之良工也。』以一朝得十禽，故謂之良工。簡子曰：『我使掌與女乘。』掌，主也。使王良主與女乘。謂王良，良不可，王良不肯。曰：『吾爲之範我馳驅，終日不獲一；爲之詭遇，一朝而獲十。範，法也。王良曰：我爲之法度之御，應禮之射，正殺之禽，不能得一。横而射之曰詭遇，非禮之射，則能獲十。言嬖奚小人也，不習於禮。○範我，或作「范氏」，范氏，古之善御者。射之，食亦切。詭遇，陸云：「詭遇，詭計以要禽也。」詩云：「不失其馳，舍矢如破。」我不貫與小人乘，請辭。』詩小雅車攻之篇也。言御者不失其馳驅之法，則射者必中之。順毛而入，順毛而出，一發貫臧，應矢而死者如破矣，此君子之射也。貫，習也。我不習與小人乘，不願掌與嬖奚同乘，故請辭。○舍，音捨，下「舍其」同。貫，丁音慣，注「貫習」同。中，張仲切。貫臧，如字。**御者且羞與射者比；比而得禽獸，雖若丘陵，弗爲也。如枉道而從彼，何也？**孟子引此以喻陳代，云御者尚知羞耻此射者，不欲與比，子如何欲使我枉正道而從彼驕慢諸侯而見之。○比，毗志切，下同。**且子過矣；枉己者，未有能直人者也。」**謂陳代之言過謬也。人當以直矯枉耳，己自枉曲，何能正人？章指言：修禮守正，非招不往，枉道富貴，君子不許。是以諸侯雖有善其辭命，伯夷亦不屑就也。

六·二

景春曰：「公孫衍、張儀豈不誠大丈夫哉？一怒而諸侯懼，安居而天下熄。」景春，孟子時人，爲從横之術者。公孫衍，魏人也，號爲犀首，常佩五國相印，爲從長，秦王之孫，故曰公孫。張儀，合從者也，一怒則構諸侯，使彊陵弱，故言懼也。安居不用辭説，則天下兵革熄也。○熄，音息。從横，音蹤，下「從長」「合從」皆同。從長，張丈切，下「長幼」「長逸」皆同。**孟子曰：「是焉得爲大丈夫乎？子未學禮乎？丈夫之冠也，父命之；女子之嫁也，母命之，往送之門，戒之曰：『往之女家，必敬必戒，無違夫子！』以順爲正者，妾婦之道也。**孟子以禮言之，男子之道當以義匡君，女子則當婉順從人耳。男子之冠，則命曰就爾成德。今此二子，從君順指，行權合從，無輔弼之義，安得爲大丈夫也？○焉，於虔切，安也。冠，音貫。女，音汝。**居天下之廣居，立天下之正位，行天下**

之大道；得志，與民由之；不得志，獨行其道。富貴不能淫，貧賤不能移，威武不能屈，此之謂大丈夫。」廣居，謂天下也。正位，謂男子純乾正陽之位也。大道，仁義之道也。得志行正，與民共之。不得志，隱居獨善其身，守道不回也。淫，亂其心也；移，易其行也；屈，挫其志也：三者不惑，乃可謂大丈夫。章指言：以道匡君，非禮不運，稱大丈夫；阿意用謀，善戰務勝，事雖有剛，心歸柔順，故云妾婦，以況儀、衍。

六·三　周霄問曰：「古之君子仕乎？」周霄，魏人。問君子之道當仕否。孟子曰：「仕。傳曰：『孔子三月無君，則皇皇如也，出疆必載質。』質，臣所執以見君者也。三月，一時也。物變而不佐君化，故皇皇如有所求而不得。○疆，音姜。質，張音贄，云：「義與『贄』同。」見，音現，下注「願見」同。公明儀曰：『古之人三月無君，則弔。』」公明儀，賢者也。而言古人三月無君則弔，明當仕也。「三月無君則弔，不以急乎？」周霄怪乃弔於三月無君，何其急也。曰：「士之失位也，猶諸侯之失國家也。禮曰：『諸侯耕助，以供粢盛；夫人蠶繅，以爲衣服。犧牲不成，粢盛不絜，衣服不備，不敢以祭。惟士無田，則亦不祭。』牲殺、器皿、衣服不備，不敢以祭，則不敢以宴，亦不足弔乎？」諸侯耕助者，躬耕勸率其民，收其藉助，以供粢盛。粢，稷；盛，稻也。夫人親織蠶繅之事，以率女功。衣服，祭服；不成，不實肥腯也。惟，辭也。言惟絀祿之士無圭田者，不祭。

牲必特殺，故曰殺。皿所以覆器者也。不祭則不宴，猶喪人也，不亦可弔乎？○粢，音咨。盛，音成。繅，素刀切。皿，武永切。藉，秦昔切。腯，徒忽切。絀，音黜。「出疆必載質，何也？」周霄問：出疆何爲復載質？曰：「士之仕也，猶農夫之耕也；農夫豈爲出疆舍其耒耜哉？」孟子言仕之爲急，若農夫不可不耕。○爲，于僞切。下「爲之」「爲其」「爲匹夫」「爲此」皆同。曰：「晉國亦仕國也，未嘗聞仕如此其急。仕如此其急也，君子之難仕，何也？」魏本晉也，故周霄曰：我晉人也，亦仕，而不知其急若此。若此，君子何爲難仕？君子謂孟子，何爲不急仕也？○難，丁乃憚切，又如字。曰：「丈夫生而願爲之有室，女子生而願爲之有家；父母之心，人皆有之。不待父母之命、媒妁之言，鑽穴隙相窺，踰牆相從，則父母國人皆賤之。言人不可觸情從欲，須禮而行。○媒妁，音酌。丁云：「謂媒氏酌二姓之可否，故謂之媒妁也。」隙，去逆切。古之人未嘗不欲仕也，又惡不由其道。不由其道而往者，與鑽穴隙之類也。」言古之人雖欲仕，如不由其正道，是與鑽穴者何異！○惡，烏路切。下「又惡」「楚惡」「惡無禮」皆同。章指言：君子務仕，思播其道，達義行仁，待禮而動。苟容干禄，踰牆之女，人之所賤，故弗爲也。

六·四　彭更問曰：「後車數十乘，從者數百人，以傳食於諸侯，不以泰乎？」泰，甚也。彭更，孟子弟子，怪孟子徒衆多，而傳食於諸侯之國，得無爲甚奢泰也？○彭更，古衡切。從，才用切。傳食，丁直戀切，言轉食也。孟子曰：「非其道，則一簞食不可受於人；如其道，則舜受堯之天下，不以爲泰，子以爲泰乎？」簞，笥也。非以其道，一笥之食不可受也。子以舜受堯天下爲泰乎？○簞食，音嗣。此章内文注「可食」「而食」「食志」「食功」「食乎」「子食」「不食」皆同，餘皆如字。笥，相吏切。曰：「否。士無事而食，不可也。」彭更曰：不以舜爲泰也。謂仕無功事而虚食人者，不可也。曰：「子不通功易事，以羨補不足，則農有餘粟，女有餘布；子如通之，則梓匠輪輿皆得食於子。孟子言凡人當通功易事，乃可各以奉其用。梓、匠，木工也。輪人、輿人，作車者。交易則得食於子之所有矣。周禮攻木之工七，梓、匠、輪、輿是其四者。羨，餘也。○羨，似面切，又余見切。於此有人焉，入則孝，出則悌，守先王之道，以待後之學者，而不得食於子；子何尊梓匠輪輿而輕爲仁義者哉？」入則事親孝，出則敬長順也。悌，順也。守先王之道，上德之士，可以化俗者。若此不得食子之禄，子何尊彼而賤此也。曰：「梓匠輪輿，其志將以求食也；君子之爲道也，其志亦將以求食與？」彭更以爲彼志於食，此亦但志食也？曰：「子何以其志爲哉？其有功於子，可食而食之矣。且子食志乎？食功乎？」孟子言禄以食功，子何食乎？曰：「食志。」彭更以爲當食志也。曰：「有人於此，毁瓦畫墁，其志將以求食也，則子食之乎？」孟子言人但破碎瓦畫地，則復墁滅之，此無用之爲也，然而其意反欲求食，則可食乎？○畫，音獲。墁，張武安切，云：「與『謾』同。」曰：「否。」彭更曰不食也。曰：「然則子非食志也，食功也。」孟子曰：如是，子果食功也。章指言：百工食力，以禄養賢。修仁尚義，國之所尊。移風易俗，其功可珍。雖食諸侯，不爲素餐。○餐，七丹切。

六·五

萬章問曰：「宋，小國也；今將行王政，齊、楚惡而伐之，則如之何？」問：宋當如齊、楚何也？孟子曰：「湯居亳，與葛爲鄰，葛伯放而不祀。湯使人問之曰：『何爲不祀？』曰：『無以供犧牲也。』湯使遺之牛羊。葛伯食之，又不以祀。葛，夏諸侯，嬴姓之國。放縱無道，不祀先祖。○亳，音薄。遺之，惟季切。湯又使人問之曰：『何爲不祀？』曰：『無以供粢盛也。』湯使亳衆往爲之耕，老弱饋食。葛伯率其民，要其有酒食黍稻者奪之，不授者殺之。有童子以黍肉餉，殺而奪之。書曰：『葛伯仇餉。』此之謂也。童子未成人，殺之尤無狀。書，尚書逸篇也。仇，怨也。言湯所以伐殺葛伯，怨其害此餉也。○餉，式亮切。爲其殺是童子而征之，四海之内皆曰：『非富天下也，爲匹夫匹婦復讎也。』四海之民皆曰：湯不貪天下富也，爲一夫報仇也。『湯始征，自葛載』，十一征而無敵於天下。東面而征，西夷怨；

南面而征，北夷怨，曰：『奚爲後我？』民之望之，若大旱之望雨也。歸市者弗止，芸者不變，誅其君，弔其民，如時雨降。民大悦。書曰：『徯我后，后來其無罰！』

載，始也。言湯初征從葛始也，十一征而服天下。一説言當作「再」字，再十一者，湯再出征十一國。再十一，凡征二十二國也。書逸篇也。民曰：待我君來，我則無罰矣。歸市不止，不以有軍來征故市者止不行也。不使芸者變休也。○徯，胡禮切。

『有攸不惟臣，東征，綏厥士女，匪厥玄黃，紹我周王見休，惟臣附于大邑周。』其君子實玄黃于匪以迎其君子，其小人簞食壺漿以迎其小人；救民於水火之中，取其殘而已矣。

從「有攸」以下，道周武王伐紂時也，皆尚書逸篇之文。攸，所也。言武王東征，安天下士女，小人各有所執往，無不惟念執臣子之節。匪厥玄黃，謂諸侯執玄三纁二之帛，願見周王，望見休善，使我得附就大邑周家也。其君子小人，各有所執，以迎其類也。言武王之師，救殷民於水火之中，討其殘賊也。○匪厥，丁云：「義當作『篚』。篚以盛贄幣，此作『匪』，古字借用，下同。」救，字或作「捄」，同。

大誓曰：『我武惟揚，侵于之疆，則取于殘，殺伐用張，于湯有光。』

大誓，古尚書百二十篇之時大誓也。我武王用武之時，惟鷹揚也。侵于之疆，侵紂之疆界，則取于殘賊者，以張伐殺之功也。民有簞食壺漿之歡，比於湯伐桀，爲有光寵，美武王德優前代也。今之尚書大誓篇，後得以充學，故不與古大誓同。諸傳記引大誓皆古大誓也。

不行王政云爾；苟行王政，四海之内皆舉

首而望之，欲以爲君；齊、楚雖大，何畏焉？」萬章憂宋迫於齊、楚不得行政，故孟子爲陳殷湯、周武之事以喻之。誠能行之，天下思以爲君，何畏齊、楚焉？章指言：修德無小，暴慢無强，是故夏、商之末，民思湯、武，雖欲不王，未由也已。

六·六

孟子謂戴不勝曰：「子欲子之王之善與？我明告子。不勝，宋臣。**有楚大夫於此，欲其子之齊語也，則使齊人傅諸？使楚人傅諸？」**孟子假喻有楚大夫在此，欲變其子使學齊言，當使齊人傅之邪，使楚人自傅相之邪？**曰：「使齊人傅之。」**不勝曰：使齊人。**曰：「一齊人傅之，衆楚人咻之，雖日撻而求其齊也，不可得矣；引而置之莊嶽之間數年，雖日撻而求其楚，亦不可得矣。**言使一齊人傅相，楚衆人咻之。咻之者，嚾也。如此雖日撻之欲使齊言，不可得矣。言寡不勝衆也。莊嶽，齊街里名也。多人處之數年，而自齊也。○咻，音休。嚾，丁云：「案玉篇音囂，召呼也。今釋注意，音歡爲便，蓋字『讙嘩』同。」**子謂薛居州，善士也，使之居於王所。在於王所者，長幼卑尊皆薛居州也，王誰與爲不善？**孟子曰：不勝常言居州，宋之善士也，欲使居於王所。如使在王所者，小大皆如居州，則王誰與爲不善也。**在王所者，長幼卑尊皆非薛居州也，王誰與爲善？一薛居州，獨如宋王何？」**如使在王左右者，皆非居州之疇，王當誰與爲善乎？一薛居州，獨如宋王何而能化之也。周之末世，列國皆僭號自稱王，故曰宋王也。章指言：自非聖人，在所變化，故諺曰：「白沙在涅，不染自黑。蓬生麻中，不扶自直。」言輔之者衆也。○涅，奴結切。

六·七　**公孫丑問曰：「不見諸侯何義？」**丑怪孟子不肯每輒應諸侯之聘，不見之，於義謂何也。**孟子曰：「古者不爲臣不見。**古者不爲臣不肯見，不義而富且貴者也。**段干木踰垣而辟之，泄柳閉門而不内，是皆已甚；迫，斯可以見矣。**孟子言魏文侯、魯繆公有好善之心，而此二人距之大甚。迫窄，則可以見之。○辟，音避。内，音納。繆，音穆。**陽貨欲見孔子而惡無禮，大夫有賜於士，不得受於其家，則往拜其門。**陽貨，魯大夫也。孔子，士也。**陽貨矙孔子之亡也，而饋孔子蒸豚；孔子亦矙其亡也，而往拜之。當是時，陽貨先，豈得不見？**矙，視也。陽貨視孔子亡而饋之者，欲使孔子來答，恐其便答拜使人也。孔子矙其亡者，心不欲見陽貨也。論語曰「饋孔子豚」，孟子曰「蒸豚」，豚非大牲，故用熟饋也。是時陽貨先加禮，豈得不往拜見之哉？○矙，或作瞰，同，音勘。使人，所吏切。**曾子曰：『脅肩諂笑，病于夏畦。』**脅肩，竦體也。諂笑，强笑也。病，極也。言其意苦勞極，甚於仲夏之月治畦灌園之勤也。○脅，虚業切，又許及切。畦，胡圭切。竦，音聳。强，其丈切。**子路曰：『未同而言，觀其色赧赧然，非由之所知也。』**未同，志未合也。不可與言而與之言，謂之失言也。觀其色赧赧然，面赤，心不正貌也。由，子路名，子路剛直，故曰非由所知也。○赧，女簡切。**由是觀之，則君子之所養，可知已矣。」**孟子言：由是觀曾子〔一〕、子路之言，以觀君子之所養志可知矣。謂君子養正氣，不以入邪也。章指言：道異不謀，迫斯強之，段、泄已甚，矚亡得宜。正己直行，不納於邪，赧然不接，傷若夏畦也。

六・八 **戴盈之曰：「什一，去關市之征，今茲未能，請輕之，以待來年，然後已，如何？」**戴盈之，宋大夫。問孟子，欲使君去關市征稅，復古行什一之賦，今年未能盡去，且使輕之，待來年然後復古，何如？○去，起呂切。**孟子曰：「今有人日攘其鄰之雞者，或告之曰：『是非君子之道。』曰：『請損之，月攘一雞，以待來年，然後已。』如知其非義，斯速已矣，何待來年？」**攘，取也，取自來之物也。孟子以此爲喻，知攘之惡當即止，何可損少，月取一雞，待來年乃止乎？謂盈之之言若此類者也。○攘，如羊切。章指言：從善改非，坐而待旦，知而爲之，罪重於故，譬猶攘雞，多少同盜，變惡自新，速然後可也。

六・九 **公都子曰：「外人皆稱夫子好辯，敢問何也？」**公都子，孟子弟子也。外人，他人論議者也。好辯，言子好與楊、墨之徒辯爭。○好，呼報切，下注及文皆同。**孟子曰：「予豈好辯哉？予不得已也。**曰：我不得已耳，欲救正道，懼爲邪説所亂，故辯之也。**天下之生久矣，一治一亂。當堯之**

〔一〕曾子：「曾」原作「君」，孟森校記謂當誤，是，今據阮刻本改。

時，水逆行，氾濫於中國，蛇龍居之，民無所定。下者爲巢，上者爲營窟。天下之生，生民以來也，迭有亂治，非一世。水生蛇龍，水盛則蛇龍居民之地也。民患水，避之，故無定居。埤下者於樹上爲巢，猶鳥之巢也。上者，高原之上也。鑿岸而營度之，以爲窟穴而處之。○氾，孚劍切。埤，音卑。度，大各切。**書曰：『洚水警余。』洚水者，洪水也。**尚書逸篇也。水逆行，洚洞無涯，故曰洚水。洪，大也。○洚，張音絳，又下江切。丁胡貢切。說文：「胡工切。」洚洞，丁云：「案玉篇：下江切，從夅。夅，下江切。今注宜音胡貢切，從夅，夅音逢。洚，洪水也。下徒送切，又音同。」**使禹治之。禹掘地而注之海，驅龍蛇而放之菹；水由地中行，江、淮、河、漢是也。險阻既遠，鳥獸之害人者消，然後人得平土而居之。**堯使禹治洪水，通九州，故曰「掘地而注之海」也。菹，澤生草者也，今青州謂澤有草者爲菹。水流行於地而去也，民人下高就平土，故遠險阻也，水去，故鳥獸害人者消盡也。○菹，側魚切，丁音嗟。遠，丁于願切。**堯、舜既沒，聖人之道衰，暴君代作，壞宮室以爲汙池，民無所安息；棄田以爲園囿，使民不得衣食。邪說暴行又作，園囿、汙池、沛澤多而禽獸至。**暴，亂也。亂君更興，殘壞民室屋，以其處爲汙池；棄五穀之田，以爲園囿長逸游而棄本業，使民不得衣食，有飢寒竝至之厄；其小人則放辟邪侈，故作邪僞之說，爲姦宄之行。沛，草木之所生也。澤，水也。至，衆也。田疇不墾，故禽獸衆多。謂羿、桀之時也。○壞，音怪。汙，音烏。說，如字，張音税。暴行，張下孟切。注及下「詖行」「操行」皆同。沛，丁蒲内切。更，音庚。辟，音僻。及紂之身，天下又大亂。周公相武王誅紂，伐奄三年討其君，驅飛廉於海隅而戮之，滅國者五十，驅虎、豹、犀、象而遠之，天下大悦。奄，東方無道國。武王伐紂，至於孟津還歸，二年復伐，前後三年也。飛廉，紂諛臣，驅之海隅而戮之，猶舜放四罪也。滅與紂共爲亂政者五十國也。奄，大國，故特伐之。尚書多方曰：「王來自奄。」○相，息亮切。書曰：『丕顯哉，文王謨！丕承哉，武王烈！佑啓我後人，咸以正無缺。』書，尚書逸篇也。丕，大。顯，明。承，纘。烈，光也。言文王大顯明王道，武王大纘承天光烈，佑開後人，謂成、康皆行正道無虧缺也，此周公輔相以撥亂之功也。世衰道微，邪説暴行有作，臣弑其君者有之，子弑其父者有之。孔子懼，作春秋。春秋，天子之事也；是故孔子曰：『知我者其惟春秋乎〔一〕！罪我者其惟春秋乎！』世衰道微，周衰之時也。孔子懼王道遂滅，故作春秋，因魯史記，設素王之法，謂天子之事也。知我者謂我正王綱也，罪我者謂時人見彈貶者。言孔子以春秋撥亂也。○素王，于況切，又如字。聖王不作，諸侯放恣，處士横議，楊朱、墨翟之言盈天下。天下之言不歸楊，則歸墨。楊氏爲我，是無君

〔一〕知我者其惟春秋乎：底本原無「者」字，據文意及下文「罪我者」，則此句或有脱誤，今據阮刻本補。

也；墨氏兼愛，是無父也。無父無君，是禽獸也。言孔子之後，聖人之道不興，戰國縱横，布衣處士游説以干諸侯，若楊、墨之徒，無尊異君父之義，而以横議於世也。○横議，去聲。爲我，于僞切。公明儀曰：『庖有肥肉，廐有肥馬，民有飢色，野有餓莩，此率禽獸而食人也。』公明儀，魯賢人。言人君但崇庖厨，養犬馬，不恤民，是爲率禽獸而食人也。○莩，皮表切。或作芆，或作殍，皆同。丁音孚。楊、墨之道不息，孔子之道不著，是邪説誣民，充塞仁義也。仁義充塞，則率獸食人，人將相食。言仁義塞則邪説行，獸食人則人相食，此亂之甚也。吾爲此懼，閑先聖之道，距楊、墨，放淫辭，邪説者不得作。閑，習也。淫，放也。孟子言我懼聖人之道不著，爲邪説所乘，故習聖人之道以距之。作於其心，害於其事；作於其事，害於其政。聖人復起，不易吾言矣。説與上篇同。昔者禹抑洪水而天下平，周公兼夷狄，驅猛獸而百姓寧，孔子成春秋而亂臣賊子懼。抑，治也。周公兼懷夷狄之人，驅害人之猛獸也。言亂臣賊子懼，春秋之貶責也。詩云：『戎狄是膺，荆、舒是懲，則莫我敢承。』此詩已見上篇説。無父無君，是周公所膺也。是周公所欲伐擊也。我亦欲正人心，息邪説，距詖行，放淫辭，以承三聖者；豈好辯哉？予不得已也。孟子言我亦欲正人心，距險詖之行，以奉禹、周公、孔子也。不得已而與人辯耳，豈好之哉？○詖，音賁。**能言距楊、墨者，聖人之徒也。」**孟子自謂能距楊、墨也。徒，黨也。可以繼聖人之道，謂名世者也。章指言：夫憂世撥亂，勤以濟之，義以匡之，是故禹、稷駢蹎，周公仰思，仲尼皇皇，墨突不及汙，聖賢若是，豈得不辯也？○駢蹎，蒲田切，下張尼切。丁云：「史記作『胼胝』，謂手足生胝也。此蹎乃『顛蹎』字，音致，義依史書讀之乃便。」周公卬思，案字書，卬讀如仰。又離婁下章云：「周公思兼三王以施四事，其有不合者，仰而思之，夜以繼日，幸而得之，坐以待旦。」是其事也。

六·一〇

匡章曰：「陳仲子豈不誠廉士哉？居於陵，三日不食，耳無聞，目無見也。井上有李，螬食實者過半矣，匍匐往，將食之；三咽，然後耳有聞，目有見。」匡章，齊人也。陳仲子，齊一介之士，窮不苟求者，是以絕糧而餒也。螬，蟲也。李實有蟲食之過半，言仲子目不能擇也。○螬，音曹。匍，音蒲。匐，蒲北切。咽，音宴。**孟子曰：「於齊國之士，吾必以仲子爲巨擘焉。雖然，仲子惡能廉？充仲子之操，則蚓而後可者也。夫蚓，上食槁壤，下飲黃泉。**巨擘，大指也。比於齊國之士，吾必以仲子爲指中大者耳，非大器也。蚓，丘蚓之蟲也。充滿其操行，似蚓而可行者也。蚓食土飲泉，極廉矣，然無心無識，仲子不知仁義，苟守一介，亦猶蚓也。○擘，博戹切。惡能，音烏，下「惡用」同。**仲子所居之室，伯夷之所築與？抑亦盜跖之所築與？所食之粟，伯夷之所樹與？抑亦盜跖之所樹與？是未可知也。」**孟子問匡章：仲子豈能必使伯夷之徒築室、樹粟，乃居、食之邪?抑亦得盜跖之徒使作也,是殆未可知也。曰:「是何傷哉?彼身織屨,妻辟纑,以易之也。」匡章曰:惡人作之何傷哉?彼仲子身自織屨,妻緝纑,以易食、宅耳。緝績其麻曰辟,練麻曰纑。○辟,音劈。纑,音盧。曰:「仲子,齊之世家也;兄戴,蓋祿萬鍾;以兄之祿爲不義之祿而不食也,以兄之室爲不義之室而不居也,避兄離母,處於於陵。孟子言仲子,齊之世卿大夫之家,兄名戴,爲齊卿,食采於蓋,祿萬鍾。仲子以爲事非其君、行非其道以居富貴,故不義之,竄於於陵。○蓋,丁、張並音盍。他日歸,則有饋其兄生鵝者,己頻顣曰:『惡用是鶃鶃者爲哉?』他日,異日也。歸省其母,見兄受人之鵝而非之。己,仲子也。頻顣不悅,曰:「安用是鶃鶃者爲乎?」鶃鶃,鵝鳴之聲。○鵝,張云:「與鵝同。」己頻顣,丁上音紀。頻,亦作嚬,同。下子六切。鶃鶃,丁五歷切,鵝也。他日,其母殺是鵝也,與之食之。其兄自外至,曰:『是鶃鶃之肉也。』出而哇之。以母則不食,以妻則食之;以兄之室則弗居,以於陵則居之,是尚爲能充其類也乎?若仲子者,蚓而後充其操者也。」異日母食以鵝,不知是前所頻顣者也。兄疾之,告曰:「是鶃鶃之肉也。」仲子出門而哇吐之。孟子非其不食於母,而食妻所作屨纑易食也;不居兄室,而居於於陵人所築室也:是尚能充人類乎?如蚓之性,然後可以充其操也。○哇,丁、張並於佳切。母食,音嗣。章指言:聖人之道,親親尚和,志士之操,耿介特立,可以激濁,不可常法。是以孟子喻以丘蚓比諸巨擘也。

孟子卷第七　趙氏注

離婁章句上

離婁者，古之明目者，蓋以爲黄帝時人也。黄帝亡其玄珠，使離朱索之，離朱即離婁也。能視於百步之外，見秋毫之末。然必須規矩，乃成方員，猶論語「述而不作，信而好古」，故以題篇。○黄帝亡其玄珠：丁案：「莊子以玄珠喻玄妙至道耳，非實亡其珠也。」凡二十八章

七·一 **孟子曰：「離婁之明、公輸子之巧，不以規矩，不能成方員；** 公輸子，魯班，魯之巧人也，或以爲魯昭公之子。雖天下至巧，亦猶須規矩也。**師曠之聰，不以六律，不能正五音；** 師曠，晉平公之樂大師也，其聽至聰，不用六律，不能正五音。六律，陽律，太簇、姑洗、蕤賓、夷則、無射、黄鍾也。五音，宫、商、角、徵、羽也。○簇，音湊。姑洗，音銑。無射，音亦。徵，陟里切。**堯、舜之道，不以仁政，不能平治天下。** 當行仁恩之政，天下乃可平也。**今有仁心仁聞而民不被其澤，不可法於後世者，不行先王之道也。** 仁心，性仁也。仁聞，仁聲遠聞也。雖然，猶須行先王之道，使百姓被

澤，乃可爲後法也。○仁聞，音問，注同。故曰：徒善不足以爲政，徒法不能以自行。但有善心而不行之，不足以爲政。但有善法度而不施之，法度亦不能獨自行也。詩云：『不愆不忘，率由舊章。』遵先王之法而過者，未之有也。詩大雅嘉樂之篇。愆，過也。所行不過差矣，不可忘者，以其循用舊故文章，遵用先王之法度，未聞有過也。○嘉樂，丁云：「案詩作『假樂』。假音暇，樂音洛。」聖人既竭目力焉，繼之以規矩準繩，以爲方員平直，不可勝用也。盡己目力，續以四者，方、員、平、直可得而知審，故用之不可勝極也。既竭耳力焉，繼之以六律正五音，不可勝用也；音須律而正也。既竭心思焉，繼之以不忍人之政，而仁覆天下矣。盡心欲行恩，繼以不忍加惡於人之政，則天下被覆衣之仁也。○衣，於既切。故曰，爲高必因丘陵，爲下必因川澤；爲政不因先王之道，可謂智乎？言因自然，則用力少而成功多矣。是以惟仁者宜在高位。不仁而在高位，是播其惡於衆也。仁者能由先王之道。不仁逆道，則自播揚其惡於衆人也。上無道揆也，下無法守也，朝不信道，工不信度，君子犯義，小人犯刑，國之所存者幸也。言君無道術可以揆度天意，臣無法度可以守職奉命，朝廷之士不信道德，百工之作不信度量。君子觸義之所禁，謂學士當行君子之道也。小人觸刑，愚人罹於密網也。此亡國之政，然而國存者，僥倖耳，非其道也。○揆度，大各切，後章注「不度」同。度量，丁並去聲。僥，古堯切。故曰，城郭不完，兵甲不多，非國之災也；田野不辟，貨財不聚，非國之害也。上無禮，下無學，賊民興，喪無日矣。言君不知禮，臣不學法度，無以相檢制，則賊民興，亡在朝夕，無復有期日。言國無禮義必亡。○甲兵，或作鉀，音同。辟，音闢。詩曰：『天之方蹶，無然泄泄。』泄泄猶沓沓也。事君無義，進退無禮，言則非先王之道者，猶沓沓也。詩大雅板之篇。天謂王者。蹶，動也。言天方動，女無敢沓沓，但爲非義非禮、背棄先王之道而不相匡正也。○蹶，俱衛切。泄，弋制切。沓，徒合切。女，音汝。故曰，責難於君謂之恭，陳善閉邪謂之敬，吾君不能謂之賊。」人臣之道，當進君於善，責難爲之事，使君勉之。謂行堯、舜之仁，是爲恭臣。陳善法以禁閉君之邪心，是爲敬君。言吾君不肖，不能行善，因不諫正，此爲賊其君也。章指言：雖有巧智，猶須法度，國由先王，禮義爲要，不仁在位，播越其惡，誣君不諫，故謂之賊。明上下相須，而道化行也。

七·二 孟子曰：「規矩，方員之至也；聖人，人倫之至也。至，極也。人事之善者，莫大取法於聖人，猶方員須規矩也。欲爲君，盡君道；欲爲臣，盡臣道。二者皆法堯、舜而已矣。堯、舜之爲君臣道備。不以舜之所以事堯事君，不敬其君者也；不以堯之所以治民治民，賊其民者也。言舜之事堯，敬之至也。堯之治民，愛之盡也。孔子曰：『道二，仁與不仁而已矣。』暴其民甚，則身弑國亡；不甚，則身危國削，名之曰『幽』『厲』，雖孝子慈孫，百世不能改也。仁則國安，不仁則國危亡。甚謂桀、紂，不甚謂幽、厲。厲王流于彘，幽王滅於戲，可謂身危國削矣。名之謂謚之也，謚以幽、厲，以章其惡，百世傳之，孝子慈孫，何能改也！○厲王流於彘，丁音滯。韋昭曰：「彘，晉地，漢爲縣，屬河東。」案史記，周厲王立三十年，暴虐侈敖，國人謗王，王殺謗者。三十四年，民莫敢言，道路以目。三年乃襲王，王奔彘。」戲，音羲。詩云：『殷鑒不遠，在夏后之世。』此之謂也。」詩大雅蕩之篇也。殷之所鑒視，近在夏后之世耳。以前代善惡爲明鏡也，欲使周亦鑒於殷之所以亡也。章指言：法則堯、舜，以爲規矩，鑒戒桀、紂，避遠危殆，名謚一定，千載而不可改也。○遠，于願切。

七·三 孟子曰：「三代之得天下也以仁，其失天下也以不仁。國之所以廢興存亡者亦然。三代，夏、殷、周。國，謂公、侯之國，存亡在仁與不仁也。天子不仁，不保四海；諸侯不仁，不保社稷；卿大夫不仁，不保宗廟；士庶人不仁，不保四體。今惡死亡而樂不仁，是由惡醉而强酒。」保，安也。四體，身之四肢。强酒則必醉也。○惡死，烏故切，下「惡醉」「所惡」皆同。樂，音洛，此卷内皆放此，惟後章「樂正」「樂之實」「禮樂」即音岳。强，其丈切，下注同。章指言：人所以安，莫若爲人，惡而弗去，患必及身，自上達下，其道一焉。

七·四 孟子曰：「愛人不親，反其仁；治人不治，反其智；禮人不答，反其敬。行有不得者，

皆反求諸己，其身正而天下歸之。反其仁，己仁獨未至邪？反其智，己智猶未足邪？反其敬，己敬獨未恭邪？反求諸身，身已正則天下歸就之，服其德也。○治人不治，張云：「上直之切，將理之義也。下直吏切，已理之義也。後皆放此。」行，張下孟切，下「改行」「之行」「正行」皆同。**詩云：『永言配命，自求多福。』**此詩已見上篇，其義同。章指言：行有不得於人，一求諸身，責己之道也。改行飭躬，福則至矣。

七·五 **孟子曰：「人有恒言，皆曰『天下、國、家』。**恒，常也。人之常語也。天下謂天子之所主，國謂諸侯之國，家謂卿大夫之家也。**天下之本在國，國之本在家，家之本在身。」**治天下者不得良諸侯無以爲本，治其國者不得良卿大夫無以爲本，治其家者不得良身無以爲本也。章指言：天下、國、家，各依其本，本正則立，本傾則踣。雖曰常言，必須敬慎也。○踣，朋北切。

七·六 **孟子曰：「爲政不難，不得罪於巨室。**巨室，大家也。謂賢卿大夫之家，人所則效者。言不難者，但不使巨室罪之，則善也。**巨室之所慕，一國慕之；一國之所慕，天下慕之；故沛然德教溢乎四海。」**慕，思也。賢卿大夫，一國思隨其所善惡，一國思其善政，則天下思以爲君矣。沛然大治，德教可以滿溢於四海之内。○沛，普害切。章指言：天下傾心，思慕嚮善，巨室不罪，咸以爲表，德之流行，可以充四海也。

七·七

孟子曰：「天下有道，小德役大德，小賢役大賢；天下無道，小役大，弱役强。斯二者，天也。順天者存，逆天者亡。有道之世，小德、小賢樂爲大德、大賢役，服於賢德也。無道之時，小國、弱國畏懼而役於大國、强國也，此二者天時所遭也，當順從之，不當逆也。齊景公曰：『既不能令，又不受命，是絶物也。』涕出而女於吴。齊景公，齊侯。景，謚也。言諸侯既不能令告鄰國，使之進退，又不能事大國，往受教命，是所以自絶於物。物，事也。大國不與之通朝聘之事也。吴，蠻夷也，時爲强國，故齊侯畏而耻之，泣涕而與爲婚。○令，力政切。女，丁去聲。以女妻人曰女。今也小國師大國而耻受命焉，是猶弟子而耻受命於先師也。今小國以大國爲師，學法度焉，而耻受命教，不從其進退，譬猶弟子不從師也。如耻之，莫若師文王。師文王，大國五年，小國七年，必爲政於天下矣。文王行仁政，以移殷民之心，使皆就之。今師效文王，大國不過五年，小國七年，必得政於天下矣。文王時難，故百年乃治，今之時易；文王由百里起，今大國乃逾千里，過之十倍有餘，故五年足以爲政，小國差之，故七年。詩云：『商之孫子，其麗不億。上帝既命，侯于周服。侯服于周，天命靡常。殷士膚敏，祼將于京。』詩大雅文王之篇。麗，億數也。言殷帝之子孫，其數雖不但億萬人，天既命之，惟服於周。殷之美士，執祼鬯之禮，將事於京師，若微子者。膚，大。敏，達也。此天命之無常也。○祼，音灌。鬯，丁云：「謂鬯酒也。」孔子曰：『仁不可爲衆也。夫國君好仁，天下無敵。』孔子云：行仁者，天下之衆不能當也。諸侯有好仁者，天下無敢與之爲敵。○好，呼報切。下「好仁」「好爲」皆同。今也欲無敵於天下而不以仁，是猶執熱而不以濯也。詩云：『誰能執熱，逝不以濯？』」詩大雅桑柔之篇。誰能持熱而不以水濯其手，喻爲國誰能違仁而無敵也。○濯，張直角切。丁作「濯」，音藥。章指言：遭衰逢亂，屈服强大，據國行仁，天下莫敵。雖有億衆，無德不親，執熱須濯，明不可違仁也。

七·八

孟子曰：「不仁者可與言哉？安其危而利其菑，樂其所以亡者。不仁而可與言，則何亡國敗家之有？言不仁之人，以其所以爲危者反以爲安，必以惡見亡而樂行其惡，如使其能從諫從善可與言議，則天下何有亡國敗家也？○菑，音災。有孺子歌曰：『滄浪之水清兮，可以濯我纓；滄浪之水濁兮，可以濯我足。』孔子曰：『小子聽之！清斯濯纓，濁斯濯足矣。自取之也。』孺子，童子也。小子，孔子弟子也。清、濁所用〔一〕，尊、卑若此。自取之，喻人善惡見尊賤乃如此。○滄浪，音郎。夫人必自侮，然後人侮之；家必自毁，然後人毁之；國必自伐，然後人伐之。人先自爲可侮慢之行，故見侮慢也；家先自爲可毁壞之道，故見毁也；國先自爲可誅伐之政，

〔一〕清濁所用：「濁」原作「濯」，不合文意，顯誤，今據阮刻本改。

故見伐也。○夫，音扶，下同。**大甲曰：『天作孽，猶可違；自作孽，不可活。』此之謂也。」**已見上篇，説同。○孽，魚列切。章指言：人之安危，皆由於己，先自毁伐，人乃攻討，甚於天孽，敬慎而已，如臨深淵，戰戰恐慄也〔一〕。○恐栗，丁云：「義當作『慄』，古字借用。」

七·九

孟子曰：「桀、紂之失天下也，失其民也；失其民者，失其心也。失其民之心，則天下畔之，簞食壺漿以迎武王之師是也。**得天下有道：得其民，斯得天下矣；得其民有道：得其心，斯得民矣；得其心有道：所欲與之聚之，所惡勿施，爾也。**欲得民心，聚其所欲而與之。爾，近也。勿施行其所惡，使民近，則民心可得矣。**民之歸仁也，猶水之就下、獸之走壙也。故爲淵敺魚者，獺也；爲叢敺爵者，鸇也；爲湯、武敺民者，桀與紂也。今天下之君有好仁者，則諸侯皆爲之敺矣。雖欲無王，不可得已。**民之思明君，猶水樂埤下，獸樂壙野，敺之則歸其所樂。獺，獱也。鸇，土鸇也。故云諸侯好爲仁者，敺民若此也。湯、武行之矣，如有則之者，雖欲不王，不可得也。○走壙，張音奏，下音曠。爲淵，于僞切，下「爲叢」「爲湯」「爲之」「爲無後」皆同。敺，音

〔一〕恐慄：「慄」字阮刻本作「懼」，阮元校勘記謂孔、韓及考文引古本作「栗」。音義亦出「恐栗」二字，明孫奭所見本亦作「栗」。按慄、栗二字古通用，底本文字與音義雖不一致，今仍其舊而不改。

驅。鸇，諸延切。埤，音卑。獱，音頻，獺別名。**今之欲王者，猶七年之病求三年之艾也。苟爲不畜，終身不得。苟不志於仁，終身憂辱，以陷於死亡。**今之諸侯欲行王道，而不積其德。如至七年病，而却求三年時艾，當畜之乃可得，以三年時不畜藏之，至七年而欲卒求之，何可得乎？艾可以爲灸人病，乾久益善，故以爲喻志仁者亦久行之，不行之，則憂辱以陷死亡，桀、紂是也。○卒，千忽切，後章「卒至」同。**詩云：『其何能淑，載胥及溺。』此之謂也。」**詩大雅桑柔之篇。淑，善也。載，辭也。胥，相也。刺時君臣何能爲善乎？但相與爲沈溺之道也。章指言：水性趨下，民樂歸仁；桀、紂之敺，使就其君；三年之艾，畜而可得；一時欲仁，猶將沉溺。所以明鑒戒也。

七·一〇 **孟子曰：「自暴者，不可與有言也；自棄者，不可與有爲也。言非禮義，謂之自暴也；吾身不能居仁由義，謂之自棄也。**言人尚自暴自棄，何可與有言、有爲。**仁，人之安宅也；義，人之正路也。曠安宅而弗居，舍正路而不由，哀哉！」**曠，空。舍，縱。哀，傷也。弗由居是者，是可哀傷哉！○舍，音捨，注同。章指言：曠仁舍義，自暴棄之道也。

七·一一 **孟子曰：「道在邇而求諸遠，事在易而求之難：人人親其親，長其長，而天下平。」**邇，近也。道在近，而患人求之遠也。事在易，而苦人求之難也。謂不親其親，不事其長，故其事遠而難也。○長其長，並張丈切，注及下同。章指言：親親敬長，近取諸己，則邇而易也。

七·一二 孟子曰：「居下位而不獲於上，民不可得而治也。獲於上有道，不信於友，弗獲於上矣。信於友有道，事親弗悦，弗信於友矣。悦親有道，反身不誠，不悦於親矣。誠身有道，不明乎善，不誠其身矣。言人求上之意，先從己始，本之於心，心不正而得人意者，未之有也。是故誠者，天之道也；思誠者，人之道也。至誠而不動者，未之有也；不誠，未有能動者也。」授人誠善之性者，天也，故曰天道。思行其誠以奉天者，人道也。至誠則動金石，不誠則鳥獸不可親狎，故曰未有能動者也。章指言：事上得君，乃可臨民；信友悦親，本在於身：是以曾子三省，大雅矜矜，以誠爲貴也。○省，息井切。

七·一三 孟子曰：「伯夷辟紂，居北海之濱，聞文王作，興曰：『盍歸乎來！吾聞西伯善養老者。』伯夷讓國，遭紂之世，辟之，隱遁北海之濱，聞文王起興王道，「盍歸乎來」，歸周也。太公辟紂，居東海之濱，聞文王作，興曰：『盍歸乎來！吾聞西伯善養老者。』太公，呂望也，亦辟紂世，隱居東海，曰：聞西伯養老。二人皆老矣，往歸文王也。二老者，天下之大老也，而歸之，是天下之父歸之也。天下之父歸之，其子焉往？此二老猶天下之父也，其餘皆天下之子耳。子當隨父，二父往矣，子將安如？言皆將往也。○焉，於虔切。下章「焉廋」同。諸侯有行文王之政者，七年之内，必爲政於天下矣。」今之諸侯，如有能行文王之政者，七年之間，必足以爲政矣。天以七紀，故七年。文王時難故久，衰周時易故速也。上章言大國五年者，大國地廣人衆，易以行善，故五年足以治也。章指言：養老尊賢，國之上務，文王勤之，二老遠至。父來子從，天之順道。七年爲政，以勉諸侯，欲使庶幾於行善也。

七·一四

孟子曰：「求也爲季氏宰，無能改於其德，而賦粟倍他日。孔子曰：『求非我徒也，小子鳴鼓而攻之可也。』求，孔子弟子冉求。季氏，魯卿季康子。宰，家臣。小子，弟子也。孔子以冉求不能改季氏使從善，爲之多斂賦粟，故欲使弟子鳴鼓以聲其罪，而攻伐責讓之。曰「求非我徒」，疾之也。由此觀之，君不行仁政而富之，皆棄於孔子者也，況於爲之强戰？争地以戰，殺人盈野；争城以戰，殺人盈城，此所謂率土地而食人肉，罪不容於死。孔子棄富不仁之君者，況於争城争地而殺人滿之乎〔一〕？此若率土地使食人肉也，言其罪大，死刑不足以容之。故善戰者服上刑，連諸侯者次之，辟草萊、任土地者次之。」孟子言天道重生，戰者殺人，故使善戰者服上刑。

〔一〕況於争城争地而殺人滿之乎：底本原無「争城」二字，阮刻本有。孟森校記謂經文自有，注不應單提一項，當亦脱誤，焦本亦有「争城」。按孟説有理，今據阮刻本及焦循正義校補。

上刑，重刑也。連諸侯，合從者也，罪次善戰者。辟草任地，不務修德而富國者，罪次合從連横之人也。○辟，音闢。任，如禁切。從，音蹤。章指言：聚斂富君，棄於孔子，冉求行之，同聞鳴鼓。以戰殺民，土食人肉，罪不容死，以爲大戮，重人命之至也。

七·一五 **孟子曰：「存乎人者，莫良於眸子。眸子不能奄其惡。**眸子，目瞳子也。存人，存在人之善惡也。○眸，音牟。**胸中正，則眸子瞭焉；胸中不正，則眸子眊焉。**瞭，明也。眊者，蒙蒙目不明之貌。○瞭，音了。眊，音耄。**聽其言也，觀其眸子，人焉廋哉？」**廋，匿也。聽言察目，言正視端，人情可見，安可匿哉？○廋，音搜。章指言：目可神候，精之所在，存而察之，善惡不隱。知人之道，斯爲審矣。

七·一六 **孟子曰：「恭者不侮人，儉者不奪人。侮奪人之君，惟恐不順焉，惡得爲恭儉？**爲恭敬者，不侮慢人。爲廉儉者，不奪取人。有好侮奪人之君，有貪陵之性，恐人不順從其所欲，安得爲恭儉之行也？○惡得，音烏。卷末「惡可已也」音同。**恭儉豈可以聲音笑貌爲哉？」**恭儉之人，儼然無欲，自取其名，豈可以和聲諂笑之貌强爲之哉？章指言：人君恭儉，率下移風，人臣恭儉，明其廉忠。侮奪之惡，何由干之，而錯其心。○錯，音措。

七·一七 **淳于髡曰：「男女授受不親，禮與？」**淳于髡，齊人也。問禮男女不相親授。○髡，音坤。與，音餘。孟子曰：「禮也。」禮不親授。曰：「嫂溺，則援之以手乎？」髡曰：見嫂溺水，則當以手牽援之否邪？○援，音爰。曰：「嫂溺不援，是豺狼也。」孟子曰：人見嫂溺，不援出，是爲豺狼之心也。男女授受不親，禮也；嫂溺，援之以手者，權也。」孟子告髡曰：此權也。權者，反經而善也。曰：「今天下溺矣，夫子之不援，何也？」髡曰：今天下之道溺矣，夫子何不援之？曰：「天下溺，援之以道；嫂溺，援之以手。子欲手援天下乎？」孟子曰：當以道援天下，而道不得行，子欲使我以手援天下乎？章指言：權時之義，嫂溺援手。君子大行，拯世以道，道之指也。

七·一八

公孫丑曰：「君子之不教子，何也？」問父子不親教，何也？孟子曰：「勢不行也，教者必以正；以正不行，繼之以怒。繼之以怒，則反夷矣。『夫子教我以正，夫子未出於正也。』則是父子相夷也。父子相夷，則惡矣。父親教子，其勢不行。教以正道，而不能行，則責怒之。夷，傷也。父子相責怒，則傷義矣。一説曰：父子反自相非，若夷狄也。子之心責其父，云：夫子教我以正道，而夫子之身未必自行正道也。執此意則爲反夷矣，故曰惡也。古者易子而教之，父子之間不責善。責善則離，離則不祥莫大焉。」易子而教，不欲自相責以善也。父子主恩，離則不祥莫大焉。章指言：父子至親，相責離恩。易子而教，相成以仁，教之義也。

七·一九

孟子曰：「事，孰爲大？事親爲大。守，孰爲大？守身爲大。不失其身而能事其親者，吾聞之矣；失其身而能事其親者，吾未之聞也。事親，養親也。守身，使不陷於不義也。失仁義，則何能事父母乎？○養，餘亮切，下同。孰不爲事？事親，事之本也；孰不爲守？守身，守之本也。先本後末，事、守乃立也。曾子養曾皙，必有酒肉；將徹，必請所與，問有餘，必曰：『有。』曾皙死，曾元養曾子，必有酒肉；將徹，不請所與；問有餘，曰：『亡矣。』將以復進也。此所謂養口體者也。若曾子，則可謂養志也。事親若曾子者，可也。」將徹，請所與，問曾皙所欲與子孫所愛者也。必曰「有」，恐違親意也，故曰養志。曾元曰「無」，欲以復進曾子也，不求親意，故曰養口體也。事親之道，當如曾子之法，乃爲至孝也。○皙，先歷切。徹，直列切。

章指言：上孝養志，下孝養體。曾參事親，可謂至矣。孟子言之，欲令後人則曾子也。

七·二〇 孟子曰：「人不足與適也，政不足閒也，惟大人爲能格君心之非。適，過也。詩云：「室人交徧讁我。」閒，非。格，正也。時皆小人居位，不足過責也。政教不足復非訕，獨得大人爲輔臣，乃能正君之非法度也。○適，丁音讁，注同。閒，古莧切。訕，音尤。君仁，莫不仁；君義，莫不義；君正，莫不正。一正君而國定矣。」正君之身，一國定矣。欲使大人正之。章指言：小人爲政，不足閒非；賢臣正君，使握道機。君正國定，下不邪侈，將何閒也？

七·二一 孟子曰：「有不虞之譽，有求全之毀。」虞，度也。言人之行，有不度其將有名譽而得者，若尾生本與婦人期於梁下，不度水之卒至，遂至没溺，而獲守信之譽。求全之毁，若陳不瞻將赴君難，聞金鼓之聲，失氣而死，可謂欲求全其節，而反有怯弱之毁者也。○難，乃旦切。章指言：不虞獲譽，不可爲戒；求全受毁，未足懲咎。君子正行，不由斯二者也。

七·二二 **孟子曰：「人之易其言也，無責耳矣。」**人之輕易其言，不得失言之咎責也。一説人之輕易不肯諫正君者，以其不在言責之位者也。○易，以豉切。章指言：言出於身，駟不及舌。不惟其責，則易之矣。

七·二三 **孟子曰：「人之患在好爲人師。」**人之所患，患於不知己未有可師而好爲人師者，惑也。章指言：君子好謀而成，臨事而懼，時然後言，畏失言也。故曰「師哉師哉，桐子之命」，不慎則有患矣。○桐，音義與「童」字同。

七·二四 **樂正子從於子敖之齊。樂正子見孟子。**魯人樂正克，孟子弟子也，從於齊之右師子敖。子敖使而之魯，樂正子隨之來之齊也。孟子在齊，樂正子見之也。○敖，五高切。見，張音現。使，所吏切。**孟子曰：「子亦來見我乎？」**孟子見其來見遲，故云亦來也。**曰：「先生何爲出此言也？」**樂正子曰：先生何爲非克而出此言。**曰：「子來幾日矣？」**孟子問：子來幾日乎？**曰：「昔者。」**克曰：昔者來至。昔者，往也，謂數日之間也。**曰：「昔者，則我出此言也，不亦宜乎？」**孟子曰：昔者來至，而今乃來，我出此言，亦其宜也。孟子重愛樂正子，欲亟見之，思深望重也。○亟，音棘。

曰：「舍館未定。」克曰：所止舍館未定，故不即來也。館，客舍。曰：「子聞之也，舍館定，然後求見長者乎？」孟子曰：子聞見長者之禮當須舍館定乃見之乎？曰：「克有罪。」樂正子謝過服罪也。章指言：尊師重道〔一〕，敬賢事長，人之大綱。樂正子好善，故孟子譏之，責賢者備也。

七·二五 孟子謂樂正子曰：「子之從於子敖來，徒餔啜也。我不意子學古之道而以餔啜也。」子敖，齊之貴人，右師王驩也。學而不行其道，徒食飲而已，謂之餔啜也。樂正子本學古聖人之道，而今隨從貴人，無所匡正，故言不意子但餔啜也。○餔，張博孤切，亦音哺。啜，昌悅切。章指言：學優則仕，仕以行道，否則隱逸，免置窮處。餔啜沈浮，君子不與。是以孟子咨嗟樂正子也。

七·二六 孟子曰：「不孝有三，無後爲大。於禮有不孝者三事，謂阿意曲從，陷親不義，一不孝也。家貧親老，不爲祿仕，二不孝也。不娶無子，絕先祖祀，三不孝也。三者之中，無後爲大。舜不告而娶，爲無後也。君子以爲猶告也。」舜懼無後，故不告而娶。君子知舜告焉不得而娶，娶而告父母，禮也；舜不以告，權也。故曰「猶告」，與告同也。章指言：量其輕重，無後不可，是以大舜受堯二女。夫三不孝，蔽者所闇，至於大聖，卓然匪疑，所以垂法也。

〔一〕尊師重道：「師」字底本原脱，顯誤，今據阮刻本補。

七·二七 **孟子曰：「仁之實，事親是也。義之實，從兄是也。智之實，知斯二者弗去是也。**事皆有實。事親、從兄，仁、義之實也。知仁、義所用而不去之，則智之實也。**禮之實，節文斯二者是也。**禮樂之實，節文事親從兄，使不失其節，而文其禮敬之容，而中心樂之也。**樂則樂之實，樂斯二者。樂則生矣，生則惡可已也。惡可已也，則不知足之蹈之，手之舞之。」**樂此事親從兄，出於中心，則樂生其中矣。樂生之至，安可已也，豈從自覺足蹈節、手舞曲哉！章指言：仁義之本在於孝弟，孝弟之至通於神明，況於歌舞不能自知，蓋有諸中、形於外也。

七·二八 **孟子曰：「天下大悦而將歸己，視天下悦而歸己，猶草芥也，惟舜爲然。**舜不以天下將歸己爲樂，號泣于天。**不得乎親，不可以爲人；不順乎親，不可以爲子。舜盡事親之道而瞽瞍厎豫，瞽瞍厎豫而天下化，瞽瞍厎豫而天下之爲父子者定，此之謂大孝。」**舜以不順親意爲非人子。厎，致也。豫，樂也。瞽瞍，頑父也。盡其孝道，而頑父致樂，使天下化之，爲父子之道者定也。○厎，之爾切。章指言：以天下之貴富爲不若得意於親，故能懷協頑嚚，厎豫而欣，天下化之，父子加親。故稱盛德者，必百世祀，無與比崇也。

孟子卷第八　趙氏注

離婁章句下　凡三十三章

八·一　孟子曰：「舜生於諸馮，遷於負夏，卒於鳴條，東夷之人也。生，始。卒，終。記終始也。諸馮、負夏、鳴條，皆地名。負，負海也，在東方夷服之地，故曰東夷之人也。文王生於岐周，卒於畢郢，西夷之人也。岐周、畢郢，地名也。岐山下周之舊邑，近畎夷。畎夷在西，故曰西夷之人也。書曰：「大子發上祭于畢，下至于盟津。」畢，文王墓，近於酆、鎬也。○畎，姑犬切〔一〕，或音犬。書曰太子發上祭于畢下至于盟津，盟，音孟。丁云：「案古文尚書無此文，先儒以爲此文是僞泰誓也。」酆，音豐。鎬，音浩。地之相去也，千有餘里；世之相後也，千有餘歲。得志行乎中國，若合符節，先

〔一〕姑犬切：音義各本皆作「始犬切」。按「始」字與「畎」音不合，顯係「姑」字形近之訛，徑改。

聖後聖，其揆一也。」土地相去千有餘里以外也。舜至文王，千二百歲。得志行政於中國，謂王也。如合符節，節，玉節也，周禮有六節。揆，度也，言聖人之度量同也。○度量，音杜亮。章指言：聖人殊世而合其道，地雖不比，由通一軌，故可以爲百王法也。○比，毗志切，近也。

八·二 **子產聽鄭國之政，以其乘輿濟人於溱、洧。**子產，鄭卿。爲政，聽訟也。溱、洧，水名。見人有冬涉者，仁心不忍，以其乘車渡之也。○乘，音剩，注同。溱，音臻。洧，榮美切。**孟子曰：「惠而不知爲政。歲十一月，徒杠成；十二月，輿梁成，民未病涉也。**以爲子產有惠民之心〔一〕，而不知爲政，當以時修橋梁，民何由病苦涉水乎？周十一月，夏九月，可以成步渡之功。周十二月，夏十月，可以成輿梁也。○杠，張音江，方橋也，可通徒行人過者。**君子平其政，行辟人可也，焉得人人而濟之？故爲政者，每人而悅之，日亦不足矣。」**君子爲國家平治政事刑法，使無違失其道，辟除人，使卑辟尊可爲也。安得人人濟渡於水乎？每人輒欲自加恩以悅其意，則日力不足以足之也。○辟人，丁、張並音闢，亦如字。注「辟除」同。焉，於虔切。卑辟，音避。章指言：重民之道，平政爲首，人君由天，天不家撫，是故

〔一〕 惠民之心：「心」原作「用」，而諸注疏合刻本及音注本等皆作「心」。王耐剛後記謂從文義上判斷當以「心」字爲是，所說有理。今據阮刻本改。

子産渡人，孟子不取也。○由天，丁云：「由，義當作『猶』，猶如也，古字通用。」後皆倣此。

八·三

孟子告齊宣王曰：「君之視臣如手足，則臣視君如腹心；君之視臣如犬馬，則臣視君如國人；君之視臣如土芥，則臣視君如寇讎。」芥，草芥也。臣緣君恩，以爲差等，其心所執若是也。**王曰：「禮，爲舊君有服，何如斯可爲服矣？」**宣王問禮舊臣爲舊君服喪服，問君恩何如則可爲服？○爲，于僞切。下「爲服」「爲之」「爲父」「爲其」「爲得」「爲武」皆同。**曰：「諫行言聽，膏澤下於民；有故而去，則君使人導之出疆，又先於其所往；去三年不反，然後收其田里。此之謂三有禮焉。如此，則爲之服矣。**爲臣之時，諫行言從，德澤加民。若有他故，不得不行，譬如華元奔晉、隨會奔秦是也，古之賢君遭此，則使人導之出境，又先至其所到之國，言其賢良。三年不反，乃收其田菜及里居也[一]。此三者有禮，則爲之服矣。○田菜，丁云：「菜謂菜地，菜之言采也，故禮曰：『大夫有菜，以處其子孫。』」**今也爲臣，諫則不行，言則不聽；膏澤不下於民；有故而去，則君搏執之，又極之於其所往；去之日，遂收其田里。此之謂寇讎。寇讎，何服之**

[一] 乃收其田菜及里居也：「田菜」原作「田萊」，而阮刻本作「田業」。按音義亦出「田菜」，「萊」字顯誤。孟森校記謂以作「菜」爲最有據，蓋與音義合也，所說有理，今據改。

有？」搏執其族親也。極者，惡而困之也。遇臣若寇讎，何服之有乎？○下於，下去聲。搏，音博。極，張紀力切，又如字。惡而，烏故切。下「惡傷」「禹惡」皆同。章指言：君臣之道，以義爲表，以恩爲裏，表裏相應，猶若影響。舊君之服，蓋有所興，風諭宣王〔一〕，勸以仁也。○風諭，音諷。

八·四 **孟子曰：「無罪而殺士，則大夫可以去；無罪而戮民，則士可以徙。」**惡傷其類，視其下等，懼次及也。語曰：「鳶鵲蒙害，仁鳥曾逝。」此之謂也。章指言：君子見幾而作，故趙殺鳴犢，孔子臨河而不濟也。○幾，音機，微也，謂禍福之兆也。

八·五 **孟子曰：「君仁，莫不仁；君義，莫不義。」**君者，一國所瞻仰以爲法，故必從之。章指言：君以仁義率衆，孰不順焉？上爲下效也。

八·六 **孟子曰：「非禮之禮，非義之義，大人弗爲。」**若禮而非禮，陳質娶婦而長拜之也。若義而非義，藉交報仇是也。此皆大人所不爲也。○陳質，本亦作「賈」。藉，慈夜切。章指言：禮義人之所以折中，履其正者，乃可爲中，是以大人不行疑禮。

八·七 **孟子曰：「中也養不中，才也養不才，故人樂有賢父兄也。」**中者，履中和之氣所生，謂之賢。才

〔一〕風諭：「風」原作「諷」，而阮刻本作「風」，音義也出「風諭」。按諷、風二字古通用，今據改。

者，謂人之有俊才者。有此賢者，當以養育教誨不能，進之以善，故樂父兄之賢以養己也。○樂有，音洛。下「其樂」「而樂」同。**如中也棄不中，才也棄不才，則賢不肖之相去，其間不能以寸。」**如使賢者棄愚，不養其所當養，則賢亦近愚矣。如此，賢不肖相覺，何能分寸？明不可不相訓導也。○覺，丁音教，云：「義當作『校』。」章指言：父兄已賢，子弟既頑，教而不改，乃歸自然。

八·八 **孟子曰：「人有不爲也，而後可以有爲。」**人不爲苟得，乃能有讓千乘之志。章指言：貴廉賤耻，乃有不爲。不爲非義，義乃可申。

八·九 **孟子曰：「言人之不善，當如後患何？」**人之有惡，惡人言之。言之，當如後有患難及己乎？○有惡，如字。惡人，烏路切。下「所惡」「無惡」「心惡」皆同。難，乃旦切，下「濟難」同。章指言：好言人惡，殆非君子，故曰：「不忮不求，何用不臧。」○好言，呼報切。下「好之」「而好」「好貨」「好勇」皆同。忮，支義切。

八·一〇 **孟子曰：「仲尼不爲已甚者。」**仲尼彈邪以正，正斯可矣，不欲其已甚泰過也。章指言：論曰：「疾之已甚，亂也。」故孟子譏逾牆距門者也。

八·一一 **孟子曰：「大人者，言不必信，行不必果，惟義所在。」**果，能也。大人杖義，義有不得必信其言，子爲父隱也；有不能得果行其所欲行者，若親在不得以其身許友也。義或重於信，故曰惟義所在。章指言：大人之行，行其重者，不信不果，所求合義也。○之行，下孟切。下「行之」「本行」「高行」「行惡」皆同。行其，如字。

八·一二 **孟子曰：「大人者，不失其赤子之心者也。」**大人謂君。國君視民，當如赤子，不失其民心之謂也。一説曰：赤子，嬰兒也，少小之心專一未變化，人能不失其赤子時心，則爲貞正大人也。章指言：人之所愛，莫過赤子，視民則然，民懷之矣。大人之行，不過是也。

八·一三 **孟子曰：「養生者不足以當大事，惟送死可以當大事。」**孝子事親致養，未足以爲大事；送終如禮，則爲能奉大事也。○養生，張餘亮切。注及下「養親」「之養」「得養」皆同。章指言：養生竭力，人情所勉。哀死送終，行之高者，事不違禮，可謂難矣，故謂之大事。

八·一四 **孟子曰：「君子深造之以道，欲其自得之也。**造，致也。言君子學問之法，欲深致極竟之以知道意，欲使己得其原本，如性自有之也。○造，七報切。**自得之，則居之安；居之安，則資之深；資之深，則取之左右逢其原，故君子欲其自得之也。」**居之安，若己所自有也。資，取也。取之深，則得其根也。左右取之，在所逢遇皆知其原本也。故使君子欲自得之也〔一〕。章指言：學必根原，如

〔一〕故使君子欲自得之也：「自」原作「目」，與文意不合。孟森校記謂「自」作「目」乃版刻缺蝕，所説有理，今據阮刻本改。

性自得，物來能名，事來不惑，君子好之，朝益暮習，道所以臻也。

八·一五 孟子曰：「博學而詳説之，將以反説約也。」博，廣。詳，悉也。廣學悉其微言而説之者，將以約説其要，意不盡知，則不能要言之也。章指言：廣尋道意，詳説其事，要約至義，還反於樸，説之美者也。

八·一六 孟子曰：「以善服人者，未有能服人者也；以善養人，然後能服天下。天下不心服而王者，未之有也。」以善服人之道治世，謂以威力服人者也，故人不心服。以善養人，養之以仁恩，然後心服矣，文王治岐是也。天下不心服，何由而王也？章指言：五伯服人，三王服心，其服一也，功則不同。上論堯舜，其是違乎！○五伯，如字。丁云：「伯者，長也，言爲諸侯之長。」亦音霸。

八·一七 孟子曰：「言無實不祥。不祥之實，蔽賢者當之。」凡言皆有實，孝子之實，養親是也。善之實，仁義是也。祥，善。當，直也。不善之實何等也，蔽賢之人直於不善之實也。○直，音值，下同。章指言：進賢受上賞，蔽賢蒙顯戮，故謂之不祥也。

八·一八 徐子曰：「仲尼亟稱於水，曰：『水哉，水哉！』何取於水也？」徐子，徐辟也。問仲尼何取於水而稱之也。○亟，去吏切。徐辟，音璧，又音辟。孟子曰：「原泉混混，不舍晝夜，盈科而後進，放乎四海。有本者如是，是之取爾。言水不舍晝夜而進。盈，滿。科，坎。放，至也。至於四海者，有原本也。以況於事，有本者皆如是，是之取也。○舍，音捨。放，方往切。苟爲無本，七八月

之間雨集，溝澮皆盈；其涸也，可立而待也。苟，誠也。誠令無本，若周七八月，夏五六月，天之大雨，潦水卒集，大溝小澮皆滿，然其涸乾可立待者，無本之故也。○澮，古外切。涸，下各切。潦，音老。卒，千忽切。**故聲聞過情，君子恥之。」**人無本行，暴得善聲，令聞過其情，若潦水不能久也，故君子恥之。○聞，音問。章指言：有本不竭，無本則涸。虛聲過實，君子恥諸。是以仲尼在川上曰：「逝者如斯！」

八·一九 **孟子曰：「人之所以異於禽獸者幾希，庶民去之，君子存之。**幾希，無幾也。知義與不知義之間耳。衆民去義，君子存義也。**舜明於庶物，察於人倫，由仁義行，非行仁義也。」**倫，序。察，識也。舜明庶物之情，識人事之序。仁義生於內，由其中而行，非强力行仁義也。故道性善，言必稱堯舜。○强，其丈切。章指言：人與禽獸，俱含天氣，就利辟害，其間不希。衆人皆然，君子則否。聖人超絶，識仁義之生於己也。○辟，音避。

八·二〇 **孟子曰：「禹惡旨酒而好善言。**旨酒，美酒也。儀狄作酒，禹飲而甘之，遂疏儀狄，而絶旨酒。書曰：「禹拜讜言。」○讜言，丁音黨。尚書作「昌言」。**湯執中，立賢無方。**執中正之道，惟賢速立之，不問其從何方來。舉伊尹以爲相也。**文王視民如傷，望道而未之見。**視民如傷者，雍容不動擾也。望道而未至，殷録未盡，尚有賢臣，道未得至，故望而不致誅於紂也。**武王不泄邇，不忘遠。**泄，狎。邇，近也。不泄狎近賢，不遺忘遠善。近謂朝臣，遠謂諸侯也。○泄邇，丁案：「注云『泄，狎也』。案『媟』訓『狎』，今注以『泄』訓『狎』，借聲訓耳。」**周公思兼三王，以施四事；其有不合者，仰而思之，夜以繼日；幸而得之，坐以待旦。」**三王，三代之王也。四事，禹、湯、文、武所行事也。不合，己行有不合世。仰而思之，參諸天也。坐而待旦，言欲急施之也。章指言：周公能思三王之道，以輔成王，大平之隆，禮樂之備，蓋由此也。

八·二一 **孟子曰：「王者之迹熄而詩亡，詩亡然後春秋作。**王者謂聖王也。大平道衰，王迹止熄，頌聲不作，故詩亡。春秋撥亂，作於衰世也。○熄，與「息」同。**晉之乘，楚之檮杌，魯之春秋，一也；其事則齊桓、晉文，其文則史。孔子曰：『其義則丘竊取之矣。』」**此三大國史記之名異。「乘」者，興於田賦、乘馬之事，因以爲名；「檮杌」者，嚚凶之類，興於記惡之戒，因以爲名；「春秋」，以二始舉四時，記萬事之名。其事，則五伯所理也，桓、文，五伯之盛者，故舉之。其文，史記之文也。孔子自謂竊取之，以爲素王也。孔子人臣，不受君命，私作之，故言竊，亦聖人之謙辭。○乘，丁音剩，云：「晉名春秋爲乘者，取其善惡無不載。」檮杌，丁「逃、兀」二音。檮杌，惡獸名也。楚謂春秋爲檮杌者，在記惡而興善也。章指言：詩可以言，頌詠大平。時無所詠，春秋乃興，假史記之文，孔子正之，以匡邪也。

八·二二 孟子曰：「君子之澤五世而斬，小人之澤五世而斬。澤者，滋潤之澤。大德大凶，流及後世，自高祖至玄孫，善惡之氣乃斷，故曰五世而斬。予未得爲孔子徒也，予私淑諸人也。」予，我也。我未得爲孔子門徒也。淑，善也。我私善之於賢人耳，恨不得學於大聖也。章指言：五世一體，上下通流。君子小人，斬各有時。企以高山，跌以陷汙，是以孟子恨不及乎仲尼也。○跌，徒結切。汙，音烏。

八·二三 孟子曰：「可以取，可以無取，取傷廉；可以與，可以無與，與傷惠；可以死，可以無死，死傷勇。」三者，皆謂事可出入，不至違義，但傷此名，亦不陷於惡也。章指言：廉、惠、勇，人之高行也，喪此三名，列士病諸，故設斯科以進能者也。

八·二四 逢蒙學射於羿，盡羿之道，思天下惟羿爲愈己，於是殺羿。羿，有窮后羿。逢蒙，羿之家衆也。春秋傳曰：「羿將歸自田，家衆殺之。」○逢蒙，丁、張並薄江切，從夆。夆，下江切。孟子曰：「是亦羿有罪焉。」罪羿不擇人也，故以下事喻之。公明儀曰：「宜若無罪焉。」曰：「薄乎云爾，惡得無罪？鄭人使子濯孺子侵衞，衞使庾公之斯追之。子濯孺子曰：『今日我疾作，不可以執弓，吾死矣夫！』孺子，鄭大夫。庾公，衞大夫。疾作，瘧疾。○惡，音烏。問其僕曰：『追我者誰也？』其僕曰：『庾公之斯也。』曰：『吾生矣。』僕，御也。孺子曰：吾必生矣。其僕曰：『庾公之斯，衞之善射者也；夫子曰吾生，何謂也？』曰：『庾公之斯學射於尹公之他，尹公之他學射於我。夫尹公之他，端人也，其取友必端矣。』端人，用心不邪辟〔一〕。知我是其道本所出，必不害我也。○之他，張徒何切。辟，音僻。庾公之斯至，曰：『夫子何爲不執弓？』曰：『今日我疾作，不可以執弓。』曰：『小人學射於尹公之他，尹公之他學射於夫子。我不忍以夫子之道反害夫子。雖然，今日之事，君事也，我不敢廢。』抽矢，叩輪，去其金，發乘矢而後反。」庾公之斯至，竟如孺子之所言。而曰：我不敢廢君事，故叩輪去鏃，使不害人，乃以射孺子，禮射四發而去。乘，四也。詩云：「四矢反兮。」孟子言是以明羿之罪，假使如子濯孺子之得尹公之他而教之，何由有逢蒙之禍？○乘，丁音剩。乘矢，四矢。章指言：求交取友，必得其人，得善以全，養凶獲患。是故子濯濟難，夷羿以殘，可以鑒也。

八·二五 孟子曰：「西子蒙不絜，則人皆掩鼻而過之。西子，古之好女西施也。蒙不絜，以不絜汙巾帽而蒙其頭也。面雖好，以蒙不絜，人過之者皆掩鼻，懼聞其臭也。雖有惡人，齋戒沐浴，則可以祀上帝。」惡人，醜類者也。面雖醜而齋戒沐浴，自治絜淨，可以侍上帝之祀。言人當自治以仁義乃爲善也。

章指言：貌好行惡，西子冒臭。醜人絜服，供事上帝。明當修飾，惟義爲常也。

〔一〕邪辟：「辟」原作「僻」，而阮刻本作「辟」，音義也出「辟」。按辟、僻二字古通用，今據改。

八·二六
孟子曰：「天下之言性也，則故而已矣。故者以利爲本。言天下萬物之情性，當順其故，則利之也。改戾其性，則失其利矣。若以杞柳爲桮棬，非杞柳之性也。○桮，音杯。棬，丘園切。所惡於智者，爲其鑿也。惡人欲用智而妄穿鑿不順物。如智者若禹之行水也，則無惡於智矣。禹之行水也，行其所無事也。禹之用智，決江疏河，因水之性，因地之宜，引之就下，行其空虛無事之處。如智者亦行其所無事，則智亦大矣。如用智者，不妄改作。作事循理，若禹行水於無事之處，則爲大智也。天之高也，星辰之遠也，苟求其故，千歲之日至，可坐而致也。」天雖高，星辰雖遠，誠能推求其故常之行，千歲日至之日可坐知也。星辰，日月之會。致，至也。知其日至在何日也。章指言：能修性守故，天道可知；妄智改常，必與道乖，性命之旨也。

八·二七
公行子有子之喪，右師往弔。入門，有進而與右師言者，有就右師之位而與右師言者。公行子，齊大夫也。右師，齊貴臣王驩，字子敖。公行之喪，齊卿大夫以君命會，各有位次，故下云朝廷也。與言者，皆諂於貴人也。孟子不與右師言，右師不悦，曰：「諸君子皆與驩言，孟子獨不與驩言，是簡驩也。」右師謂孟子簡其無德，故不與言，是以不悦也。○驩，音歡。孟子聞之，曰：「禮，朝廷不歷位而相與言，不逾階而相揖也。我欲行禮，子敖以我爲簡，不亦異乎？」孟子聞子敖之言，曰：我欲行禮，故不歷位而言，反以我爲簡異也。云以禮者，心惡子敖，而外順其辭也。○敖，五高切。章指言：循禮而動，不合時人，阿意事貴，脅肩所尊，俗之情也。是以萬物皆流，而金石獨止。○脅，虛業切，又許及切。

八·二八

孟子曰：「君子所以異於人者，以其存心也。君子以仁存心，以禮存心。仁者愛人，有禮者敬人。愛人者，人恒愛之；敬人者，人恒敬之。存，在也。君子之在心者，仁與禮也。愛敬施行於人，人必反之己也。有人於此，其待我以橫逆，則君子必自反也：我必不仁也，必無禮也，此物奚宜至哉？橫逆者，以暴虐之道來加我也。君子反自思省，謂己仁、禮不至也。物，事也，推此人何爲以此事來加我。其自反而仁矣，自反而有禮矣，其橫逆由是也，君子必自反也，我必不忠。君子自謂我必不忠。自反而忠矣，其橫逆由是也，君子曰：『此亦妄人也已矣。如此，則與禽獸奚擇哉？於禽獸又何難焉？』妄人，妄作之人。無知者與禽獸何擇異也？無異於禽獸，又何足難也？○何難，乃旦切。下「難矣」「之難」「其難」「赴難」「死難」皆同。是故君子有終身之憂，無一朝之患也。乃若所憂則有之：舜，人也；我，亦人也。舜爲法於天下，可傳於後世，我由未免爲鄉人也，是則可憂也。君子之憂，憂不如堯舜也。○我由，丁云：「由與猶義同。」後皆放此。憂之如何？如舜而已矣。憂之當如之何乎？如舜而後可，故終身憂也。若夫君子所患則亡矣。非仁無爲也，非禮無行也。如有一朝之患，則君子不患矣。」君子之行，本自不致患〔一〕，常行仁行禮，如有一朝橫來之患，非己愆也。故君子歸天，不以爲患也。章指言：君子責己，小人不改，比之禽獸，不足難矣。蹈仁行禮，不患其患，惟不若舜，可以憂也。

八·二九　禹、稷當平世，三過其門而不入，孔子賢之。顏子當亂世，居於陋巷，一簞食，一瓢飲；人不堪其憂，顏子不改其樂，孔子賢之。孟子曰：「禹、稷、顏回同道。當平世，三過其門者，身爲公卿，憂民急也；當亂世，安陋巷者，不用於世，窮而樂道也。孟子以爲憂民之道同，用與不用之宜若是也，故孔子俱賢之。禹思天下有溺者，由己溺之也；稷思天下有飢者，由己飢之也，是以如是其急也。禹、稷、顏子易地則皆然。禹、稷急民之難若是，顏子與之易地，其心亦然。不在其位，勞佚異矣。今有同室之人鬭者，救之，雖被髮纓冠而救之，可也；鄉鄰有鬭者，被髮纓冠而往救之，則惑也；雖閉户可也。」纓冠者，以冠纓貫頭也。鄉鄰，同鄉也。同室相救，是其理也，喻禹、稷。走赴鄉人，非其事，顏子所以闔户而高枕也。章指言：上賢之士，得聖一概，顏子之心，有同禹、稷。時行則行，時止則止，失其節則惑矣。

〔一〕本自不致患：「患」原作「意」，而阮刻本作「患」。孟森校記謂當誤，是，今據改。

八·三〇 公都子曰：「匡章，通國皆稱不孝焉，夫子與之游，又從而禮貌之，敢問何也？」匡章，齊人也。一國皆稱不孝，問孟子何爲與之游，又禮之以顔色喜悦之貌也？孟子曰：「世俗所謂不孝者五：惰其四支，不顧父母之養，一不孝也；博弈好飲酒，不顧父母之養，二不孝也；好貨財，私妻子，不顧父母之養，三不孝也；從耳目之欲，以爲父母戮，四不孝也；好勇鬬很，以危父母，五不孝也。章子有一於是乎？惰解不作，極耳目之欲以陷罪，戮及父母。凡此五者，人所謂不孝之行。章子豈有一事於是五不孝中也？○很，胡懇切。解，音懈。夫章子，子父責善而不相遇也。責善，朋友之道也；父子責善，賊恩之大者。遇，得也。章子子父親教，相責以善，不能相得，父逐之也。朋友切磋，乃當責善耳。父子相責以善，賊恩之大也。夫章子，豈不欲有夫妻子母之屬哉？爲得罪於父，不得近，出妻屏子，終身不養焉。夫章子豈不欲身有夫妻之配，子有母子之屬哉？但以身得罪於父，不得近父，故出去其妻，屏遠其子，終身不爲妻子所養也。其設心以爲不若是，是則罪之大者，是則章子已矣。」章子張設其心，執持此屏出妻子之意，以爲人得罪於父，而不若是以自責罰，是則罪益大矣。是章子之行已矣，何爲不可與言？章指言：匡章得罪，出妻屏子，上不得養，下以責己，衆曰不孝，其實則否，是以孟子禮貌之也。

八·三一 曾子居武城，有越寇。或曰：「寇至，盍去諸？」盍，何不也。曾子居武城，有越寇將來，人曰：

寇方至，何不去之？**曰：「無寓人於我室，毀傷其薪木。」寇退，則曰：「修我牆屋，我將反。」**寓，寄也。曾子欲去，戒其守人曰：無寄人於我室，恐其傷我薪草樹木也。寇退，則曰：治牆屋之壞者〔一〕，我將來反。**寇退，曾子反。左右曰：「待先生如此其忠且敬也，寇至，則先去以爲民望；寇退，則反，殆於不可。」**左右相與非議曾子者，言武城邑大夫敬曾子，武城人爲曾子忠謀，勸使避寇，君臣忠敬如此，而先生寇至則先去，使百姓瞻望而效之，寇退安寧則復來還，殆不可如是。怪曾子何以行之也。**沈猶行曰：「是非汝所知也。昔沈猶有負芻之禍，從先生者七十人，未有與焉。」**沈猶行，曾子弟子也。行謂左右之人曰：先生之行，非汝所能知也。先生，曾子也。往者先生嘗從門徒七十人，舍吾沈猶氏，時有作亂者曰負芻，來攻沈猶氏，先生率弟子去之，不與其難。言師賓不與臣同。○與焉，音預。注「不與」同。**子思居於衛，有齊寇。或曰：「寇至，盍去諸？」子思曰：「如伋去，君誰與守？」**伋，子思名也。子思欲助衛君赴難。**孟子曰：「曾子、子思同道。曾子，師也，父兄也；子思，臣也，微也。曾子、子思易地則皆然。」**孟子以爲二人同道。曾子爲武城人作師，則其父兄，故去留無毀。子思，微少也，又爲臣，委質爲臣當死難，故不去也。

〔一〕治牆屋之壞者：「壞」字原作「壤」，而阮刻本作「壞」。孟森校記謂作「壤」誤，是，今據改。

子思與曾子，易處同然。章指言：臣當營君，師有餘裕。二人處義，非殊者也。是故孟子紀之，謂得其同。

八·三一 儲子曰：「王使人瞯夫子，果有以異於人乎？」儲子，齊人也。瞯，視也。果，能也。謂孟子曰：王言賢者身貌必當有異，故使人視夫子能有異於衆人之容乎？○瞯，古莧切，又音閑。孟子曰：「何以異於人哉？堯舜與人同耳。」人生同受法於天地之形，我當何以異於人哉？且堯舜之貌與凡同耳。其所以異，乃以仁義之道在於內也。章指言：人以道殊，賢愚體別，頭員足方，善惡如一。儲子之言，齊王之不達也。

八·三二 齊人有一妻一妾而處室者，其良人出，則必饜酒肉而後反。其妻問所與飲食者，則盡富貴也。良人，夫也。盡富貴者，夫詐言其姓名也。其妻告其妾曰：「良人出，則必饜酒肉而後反；問其與飲食者，盡富貴也，而未嘗有顯者來，吾將瞯良人之所之。」妻疑其詐，故欲視其所之。○饜，於艷切。蚤起，施從良人之所之，徧國中無與立談者。卒之東郭墦間，之祭者，乞其餘；不足，又顧而之他。此其爲饜足之道也。施者，邪施而行，不欲使良人覺也。墦間，郭外冢間也。乞其祭者所餘酒肉也。○蚤，音早。施從，丁音迤，注同。張音易，謂延施而往也。墦，燔、潘二音。其妻歸，告其妾，曰：「良人者，所仰望而終身也，今若此。」與其妾訕

其良人，而相泣於中庭。妻妾於中庭悲傷其良人，相對涕泣而謗毁之。○訕，所晏切。**而良人未之知也，施施從外來，驕其妻妾。**施施猶扁扁喜悦之貌。以爲妻妾不知，如故驕之也。○施施，丁依字。詩曰：「將其來施施。」張音怡。扁扁，丁毗緜切。**由君子觀之，則人之所以求富貴利達者，其妻妾不羞也，而不相泣者，幾希矣。**由，用也。用君子之道觀今求富貴者，皆以枉曲之道，昬夜乞哀而求之，以驕人於白日。由此良人爲妻妾所羞爲所泣傷也。幾希者，言今苟求富貴，妻妾雖不羞泣者，與此良人妻妾何異也。章指言：小人苟得，謂不見知。君子觀之，與正道乖。妻妾猶羞，況於國人。著以爲戒，耻之甚焉。

孟子卷第九　趙氏注

萬章章句上

萬章者，萬，姓；章，名，孟子弟子也。萬章問舜孝，猶論語顏淵問仁，因以題篇。

凡九章

九·一 萬章問曰：「舜往于田，號泣于旻天，何爲其號泣也？」問舜往至于田，何爲號泣也？謂耕於歷山之時。孟子曰：「怨慕也。」言舜自怨遭父母見惡之厄而思慕也。○惡，烏路切。下「惡之」「惡已」皆同。萬章曰：「『父母愛之，喜而不忘；父母惡之，勞而不怨。』然則舜怨乎？」言孝法當不怨，如是舜何故怨？曰：「長息問於公明高曰：『舜往于田，則吾既得聞命矣；號泣于旻天，于父母，則吾不知也。』公明高曰：『是非爾所知也。』長息，公明高弟子。公明高，曾子弟子。旻天，秋也。憂陰氣也，故訴于旻天。高非息之問不得其義，故曰非爾所知。夫公明高以孝子之心，爲不若是恝，恝，無愁之貌。孟子以萬章之問，難自距之，故爲言高、息之相對如此。夫公明高以爲孝子不得意於父母，自當怨悲，豈可恝恝然無憂哉？因爲萬章具陳其意。○恝，張古黠切，丁音界。説文作「忿」，忽也，許介切。爲言，于僞切。下「因爲」「爲不順」「爲楚」「所爲主」「當爲」皆同。**我竭力耕田，共爲子職而已矣，父母之不我愛，於我何哉？**我共人子之事，而父母不我愛，於我之身獨有何罪哉？自求責於己而悲感焉。○共，音供。**帝使其子九男二女，百官牛羊倉廩備，以事舜於畎畝之中。**帝，堯也。堯使九子事舜以爲師，以二女妻舜，百官致牛羊倉廩，致粟米之餼，備具饋禮，以奉事舜於畎畝之中。由是遂賜舜以倉廩牛羊，使得自有之。堯典曰「釐降二女」，不見九男。孟子時，尚書凡百二十篇，逸書有舜典之叙，亡失其文。孟子諸所言舜事，皆堯典及逸書所載。獨丹朱以胤嗣之子，臣下以距堯求禪，其餘八庶無事，故不見於堯典。猶晉獻公之子九人，五人以事見於春秋，其餘四子亦不復見。○禪，音擅，後皆放此。不見，音現。此章及下「見謷」皆同。**天下之士多就之者，帝將胥天下而遷之焉。爲不順於父母，如窮人無所歸。**天下之善士，多就舜而悦之。胥，須也。堯須天下悉治，將遷位而禪之。順，愛也。爲不愛於父母，其爲憂愁，若困窮之人無所歸往也。**天下之士悦之，人之所欲也，**欲，貪也。**而不足以解憂；好色，人之所欲，妻帝之二女，而不足以解憂；富，人之所欲，富有天下，而不足以解憂；貴，人之所欲，貴爲天子，而不足以解憂。人悦之、好色、富貴，無足以解憂者，惟順於父母可以解憂。**言爲人所悦，將見禪爲天子，皆不足以解憂；獨見愛於父母，爲可以解己之憂。**人少，則慕父母；知好色，則慕少艾；有妻子，則慕妻子；仕則慕君，不得於君則熱中。**慕，思慕也。人少，年少也。艾，美好也。不得於君，失意於君也。熱中，心熱恐懼也。是乃人之情。○少，詩妙切。知好，此章惟此字呼報切，餘並如字。**大孝終身慕父母。五十而慕者，予於大舜見之矣。」**大孝之人，終身慕父母。若老萊子七十而慕，衣五綵之衣，爲嬰兒匍匐於父母前也。我於大舜見五十而尚慕父母。書曰：「舜生三十徵庸，三十在位。」在位時尚慕，故言五十也。○衣五，於既切。匍，音蒲。匐，蒲北切。章指言：夫孝者百行之本，無物以先之，雖富有天下，而不能取悅於其父母，莫有可也。孝道明著，則六合歸仁矣。

○百行，下孟切。下「行莫」「之行」皆同。

九·二

萬章問曰：「詩云：『娶妻如之何？必告父母。』信斯言也，宜莫如舜。舜之不告而娶，何也？」詩齊風南山之篇。言娶妻之禮，必告父母。舜合信此詩之言，何爲違禮不告而娶也？**孟子曰：「告則不得娶。男女居室，人之大倫也。如告，則廢人之大倫，以懟父母，是以不告也。」**舜父頑母嚚，常欲害舜，告則不聽其娶，是廢人之大倫，以怨懟於父母也。○懟，直類切。**萬章曰：「舜之不告而娶，則吾既得聞命矣；帝之妻舜而不告，何也？」**禮，娶須五禮，父母亢答以辭，是相告也。帝，謂堯也。何不告舜父母也？○妻，七祭切。下「妻也」「妻之」同。**曰：「帝亦**

知告焉則不得妻也。」帝堯知舜大孝，父母止之，舜不敢違，則不得妻之，故亦不告。萬章曰：「父母使舜完廩，捐階，瞽瞍焚廩。使浚井，出，從而揜之。完，治。廩，倉。階，梯也。使舜登廩屋，而捐去其階，焚燒其廩也。一説旋階，舜即旋從階下，瞽瞍不知其已下，故焚廩也。使舜浚井，舜入而即出，瞽瞍不知其已出，從而蓋其井，以爲死矣。○捐，音緣，又音旋。浚，音峻。揜，張云：「與掩同。」象曰：『謨蓋都君咸我績，象，舜異母弟。謨，謀。蓋，覆也。都，於也。君，舜也，舜有牛羊倉廩之奉，故謂之君。咸，皆。績，功也。象言謀覆於君而殺之者，皆我之功。欲與父母分舜之有，取其善者，故引其功也。牛羊，父母；倉廩，父母；欲以牛羊、倉廩與其父母。干戈，朕；琴，朕；弤，朕；二嫂，使治朕棲。』干，楯。戈，戟也。琴，舜所彈五絃琴也。弤，彫弓也。天子曰彫弓，堯禪舜天下，故賜之彫弓也。棲，牀也。二嫂，娥皇、女英。使治牀，欲以爲妻也。○弤，都禮切。丁音彫，云：「義與『弴』同。」彫，如字。或作「彤」，誤。象往入舜宫，舜在牀琴。象曰：『鬱陶思君爾。』忸怩。象見舜生，在牀鼓琴，愕然，反辭曰：我鬱陶思君，故來。爾，辭也。忸怩而慙，是其情也。○忸，女六切。怩，音尼。愕，五各切。舜曰：『惟茲臣庶，汝其于予治。』茲，此也。象素憎舜，不至其宫也，故舜見來而喜，曰：惟念此臣衆，汝故助我治事。不識舜不知象之將殺己與？」萬章言我不知舜不知象之將殺之與？何爲好言順辭以答象也。○之與，音餘。注及下「者與」皆同。曰：「奚而不知也？

象憂亦憂，象喜亦喜。」奚，何也。孟子曰：舜何爲不知象惡己也？仁人愛其弟，憂喜隨之。象方言
思君，故以順辭答之。曰：「然則舜僞喜者與？」僞，詐也。萬章言如是則爲舜行至誠，而詐喜以悦
人矣。曰：「否。昔者有饋生魚於鄭子產，子產使校人畜之池。校人烹之，反命曰：
『始舍之，圉圉焉；少則洋洋焉，攸然而逝。』子產曰：『得其所哉！得其所哉！』孟子言
否，云舜不詐喜也。因爲説子產以喻之。子產，鄭子國之子公孫僑，大賢人也。校人，主池沼小吏也。圉
圉，魚在水羸劣之貌。洋洋，舒緩摇尾之貌。攸然，迅走水趣深處也。故曰得其所哉。重言之，嘉得魚之
志也。○校人，張音效，丁音教。畜，許六切。僑，音喬。重言，直用切。校人出，曰：『孰謂子產
智？予既烹而食之，曰：得其所哉，得其所哉。』故君子可欺以其方，難罔以非其道。
彼以愛兄之道來，故誠信而喜之，奚僞焉？」方，類也。君子可以事類欺，故子產不知校人之食
其魚。象以其愛兄之言來向舜，是亦其類也。故誠信之而喜，何爲僞喜也？章指言：仁聖所存者大，舍
小從大，達權之義也。不告而娶，守正道也。○舍，音捨。

九·三

萬章問曰：「象日以殺舜爲事，立爲天子則放之，何也？」怪舜放之何故。孟子曰：「封
之也，或曰放焉。」舜封象于有庳，或有人以爲放之。○庳，音鼻。史記作「鼻」。萬章曰：「舜流
共工于幽州，放驩兜于崇山，殺三苗于三危，殛鯀于羽山，四罪而天下咸服，誅不仁

也。象至不仁，封之有庳。有庳之人奚罪焉？仁人固如是乎？在他人則誅之，在弟則封之？」舜誅四佞，以其惡也。象惡亦甚，而封之，仁人用心當如是乎？罪在他人當誅之，在弟則封之。○驩，音歡。曰：「仁人之於弟也，不藏怒焉，不宿怨焉，親愛之而已矣。親之，欲其貴也；愛之，欲其富也。封之有庳，富貴之也。身爲天子，弟爲匹夫，可謂親愛之乎？」孟子言仁人於弟，不問善惡，親愛之而已。封者欲使富貴耳。身爲天子，弟雖不仁，豈可使爲匹夫也？「敢問或曰放者，何謂也？」萬章問放之意。曰：「象不得有爲於其國，天子使吏治其國而納其貢税焉，故謂之放。豈得暴彼民哉？象不得施教於其國，天子使吏代其治，而納貢賦與之，比諸見放也。有庳雖不得賢君，象亦不侵其民也。雖然，欲『常常而見之，故源源而來，不及貢，以政接于有庳』，雖不使象得豫政事，舜以兄弟之恩，欲常常見之無已，故源源而來，如流水之與源通。不及貢者，不待朝貢諸侯常禮乃來也。其間歲歲自至京師，謂若天子以政事接見有庳之君者，實親親之恩也。此之謂也。」此「常常」已下，皆尚書逸篇之辭。孟子以告萬章，言此乃象之謂也。章指言：懇誠于内者，則外發於事，仁人之心也。象爲無道極矣，友于之性，忘其悖逆，況其仁賢乎！

九·四

咸丘蒙問曰：「語云：『盛德之士，君不得而臣，父不得而子。』舜南面而立，堯帥諸侯北面而朝之，瞽瞍亦北面而朝之。舜見瞽瞍，其容有蹙。孔子曰：『於斯時也，天下殆哉，岌岌乎！』不識此語誠然乎哉？」咸丘蒙，孟子弟子。語者，諺語也。言盛德之士，君不敢臣，父不敢子。堯與瞽瞍皆臣事舜，其容有蹙踖不自安也。孔子以爲君、父爲臣，岌岌乎不安貌也，故曰殆哉。不知此語實然乎？○帥，音率，下同。蹙，子六切。岌，魚及切。踖，子亦切。孟子曰：「否。言不然也。此非君子之言，齊東野人之語也。東野，東作田野之人所言耳。咸丘蒙，齊人也，故聞齊野人之言。書曰「平秩東作」，謂治農事也。堯老而舜攝也。堯典曰：『二十有八載，放勛乃徂落，百姓如喪考妣，三年，四海遏密八音。』孟子言舜攝行事耳，未爲天子也。放勛，堯名。徂落，死也。如喪考妣，思之如父母也。遏，止也。密，無聲也。八音不作，哀思甚也。○勛，音勳。孔子曰：『天無二日，民無二王。』舜既爲天子矣，又帥天下諸侯以爲堯三年喪，是二天子矣。」日一，王一，言不得並也。咸丘蒙曰：「舜之不臣堯，則吾既得聞命矣。不以堯爲臣也。詩云：『普天之下，莫非王土；率土之濱，莫非王臣。』而舜既爲天子矣，敢問瞽瞍之非臣，如何？」詩小雅北山之篇。普，徧。率，循也。徧天下循土之濱，無有非王者之臣，而曰瞽瞍非臣如何也？曰：「是詩也，非是之謂也，勞於王事而不得養父母也。曰：『此莫非王事，我獨賢勞也。』孟子言此詩非舜臣父之謂也。詩言皆王臣也，何爲獨使我以賢才而勞苦，不得養父母乎？是以怨也。○養，餘亮切，下皆同。故説詩者，不以文害辭，不以辭害志。以意逆志，是爲得之。如以辭而已矣，雲漢之詩曰：『周餘黎民，靡有孑遺。』信斯言也，是周無遺民也。文，詩之文章所引以興事也。辭，詩人所歌詠之辭。志，詩人志所欲之事。意，學者之心意也。孟子言説詩者當本之，不可以文害其辭，文不顯乃反顯也。不可以辭害其志，辭曰「周餘黎民，靡有孑遺」，志在憂旱災，民無孑然遺脱不遭旱災者，非無民也。人情不遠，以己之意逆詩人之志，是爲得其實矣。王者有所不臣，不可謂皆爲王臣，謂舜臣父也。○興，去聲。孝子之至，莫大乎尊親；尊親之至，莫大乎以天下養。爲天子父，尊之至也；以天下養，養之至也。尊之至，瞽瞍爲天子父；養之至，舜以天下之富奉養其親。至，極也。詩曰：『永言孝思，孝思惟則。』此之謂也。詩大雅下武之篇。周武王所以長言孝道，欲以爲天下法則。此舜之謂也。書曰：『祇載見瞽瞍，夔夔齋慄，瞽瞍亦允若。』是爲父不得而子也？」書，尚書逸篇。祇，敬。載，事也。夔夔齋慄，敬慎戰懼貌。舜既爲天子，敬事嚴父，戰慄以見瞽瞍。瞍亦信知舜之大孝，若是爲父不得而子也，以是解咸丘蒙之疑。

章指言：孝莫大於嚴父而尊之矣，行莫過於蒸蒸執子之政也。此聖人之軌道，無有加焉。

九·五

萬章曰：「堯以天下與舜，有諸？」欲知堯實以天下與舜否？孟子曰：「否。堯不與之。天子不能以天下與人。」當與天意合之，非天命者，天子不能違天命也。「堯曰：咨爾舜，天之曆數在爾躬」是也。「然則舜有天下也，孰與之？」萬章言誰與之也。曰：「天與之。」孟子言天與之。「天與之者，諄諄然命之乎？」萬章言天有聲音命與之乎？○諄，之純切。曰：「否。天不言，以行與事示之而已矣。」孟子曰：天不言語，但以其人之所行善惡，又以其事從而示天下也。○以行，張去聲。下「行歸」「惡行」皆同。此「以行」亦如字。曰：「以行與事示之者，如之何？」萬章欲知示之之意。曰：「天子能薦人於天，不能使天與之天下；諸侯能薦人於天子，不能使天子與之諸侯；大夫能薦人於諸侯，不能使諸侯與之大夫。昔者，堯薦舜於天，而天受之；暴之於民，而民受之；故曰，天不言，以行與事示之而已矣。」孟子言下能薦人於上，不能令上必用之。舜，天人所受，故得天下也。○暴，步卜切，露也。曰：「敢問薦之於天，而天受之；暴之於民，而民受之，如何？」萬章言天人受之，其事云何？曰：「使之主祭，而百神享之，是天受之；使之主事，而事治，百姓安之，是民受之也。天與之，人與之，故曰，天子不能以天下與人。百神享之，祭祀得福也。百姓安之，民皆謳歌其德也。舜相堯二十有八載，非人之所能爲也，天也。二十八年之久，非人爲也，天與之也。堯崩，三年之喪畢，舜避堯之子於南河之南，天下諸侯朝覲者，不之堯之子而之舜；訟獄者，不之堯之子而之舜；謳歌者，不謳歌堯之子而謳歌舜，故曰，天也。夫然後之中國，踐天子位焉。而居堯之宮，逼堯之子，是篡也，非天與也。南河之南，遠地南夷也，故言然後之中國。堯子，胤子丹朱。訟獄，獄不決其罪，故訟之。謳歌舜德也。○篡，楚患切。大誓曰：『天視自我民視，天聽自我民聽。』此之謂也。」大誓，尚書篇名。自，從也。言天之視聽，從人所欲也。章指言：德合於天，則天爵歸之；行歸於仁，則天下與之。天命不常，此之謂也。

九·六

萬章問曰：「人有言：『至於禹而德衰，不傳於賢，而傳於子。』有諸？」問禹之德衰，不傳於賢而自傳於子，有之否？孟子曰：「否，不然也。否，不也。不如人所言。天與賢，則與賢；天與子，則與子。言隨天也。昔者，舜薦禹於天，十有七年，舜崩，三年之喪畢，禹避舜之子於陽城，天下之民從之，若堯崩之後不從堯之子而從舜也。禹薦益於天，七年，禹崩，三年之喪畢，益避禹之子於箕山之陰。朝覲訟獄者不之益而之啓，曰：『吾君之子也。』謳歌者不謳歌益而謳歌啓，曰：『吾君之子也。』丹朱之不肖，舜之子亦不肖。舜之相堯、禹之相舜也，歷年多，施澤於民久。啓賢，能敬承繼禹之道。益之相禹也，歷年少，施澤於民未久。舜薦禹、禹薦益同也，以啓之賢，故天下歸之，益又未久故也。陽城，箕山之陰，皆嵩山下深谷之中以藏處也。○施，所豉切。舜、禹、益相去久遠，其子之賢不肖，皆天也，非人之所能爲也。莫之爲而爲者，天也；莫之致而至者，命也。莫，無也。人無所欲爲而横爲之者，天使爲也。人無欲致此事而此事自至者，是其命禄也。○横，胡孟切。匹夫而有天下者，德必若舜禹，而又有天子薦之者，故仲尼不有天下。繼世以有天下，仲尼無天子之薦，故不得有天下。繼世之君，雖無仲尼之德，襲父之位，非匹夫，故得有天下也。天之所廢，必若桀、紂者也，故益、伊尹、周公不有天下。益值啓之賢，伊尹值大甲能改過，周公值成王有德，不遭桀、紂，故以匹夫而不有天下。伊尹相湯以王於天下，湯崩，大丁未立，外丙二年，仲壬四年，大甲顛覆湯之典刑，伊尹放之於桐，三年，大甲悔過，自怨自艾，於桐處仁遷義，三年，以聽伊尹之訓己也，復歸于亳。大丁，湯之大子，未立而薨。外丙立二年，仲壬立四年，皆大丁之弟也。大甲，大丁子也，伊尹以其顛覆典刑，放之於桐邑。處，居也。遷，徙也。居仁徙義，自怨其惡行。艾，治也。治而改過，以聽伊尹之教訓己，故復得歸之於亳，反天子位也。○艾，音刈，治也。周公之不有天下，猶益之於夏、伊尹之於殷也。孔子曰：『唐、虞禪，夏后、殷、周繼，其義一也。』」周公與益、伊尹雖有聖賢之德，不遭者時。然孔子言禪、繼，其義一也。章指言：義於仁，則四海宅心；守正不足，則聖位莫繼，丹朱、商均是也。是以聖人孜孜於仁德也。

九·七

萬章問曰：「人有言：『伊尹以割烹要湯。』有諸？」人言伊尹負鼎俎而干湯，有之否？○要，音邀。下「要而」「以要」皆同。孟子曰：「否，不然。否，不是也。伊尹耕於有莘之野，而樂堯舜之道焉。非其義也，非其道也，禄之以天下，弗顧也；繫馬千駟，弗視也。非其義也，非其道也，一介不以與人，一介不以取諸人。有莘，國名。伊尹初隱之時，耕於有莘之國，樂仁義之道。非仁義之道者，雖以天下之禄加之，不一顧而覦也。千駟，四千匹也，雖多，不一眄視也。一介草不以與人，亦不以取於人也。○莘，所巾切。而樂，音洛，下同。覦，音俞。眄，莫甸切。湯使人以幣聘之，囂囂然曰：『我何以湯之聘幣爲哉？我豈若處畎畝之中，由是以樂堯舜之道哉？』湯聞其賢，以玄纁之幣帛往聘之。囂囂，自得之志，無欲之貌也。曰：豈若居畎畝之中而無憂哉？樂我堯、舜仁義之道。○囂，五高切，又許驕切。湯三使往聘之。既而幡然改曰：『與我處畎畝之中，由是以樂堯舜之道，吾豈若使是君爲堯舜之君哉？吾豈若使是民爲堯舜之民哉？吾豈若於吾身親見之哉？幡，反也。三聘既至，而後幡然改本之計，欲就湯聘，以行其道，使君爲堯、舜之君，使民爲堯、舜之民。○幡，張云：「與翻同。」天之生此民也，使先知覺後知，使先覺覺後覺也。予，天民之先覺者也，予將以斯道覺斯民也。非予覺之，而誰也？』覺，悟也。天欲使先知之人悟後知之人，我先悟覺者也，我欲以此仁義之道覺悟此未知之民。非我悟之，將誰教乎？思天下之民，匹夫匹婦有不被堯舜之澤者，若己推而内之溝中。其自任以天下之重如此，故就湯而説之以伐夏救民。伊尹思念不以仁義之道化民者，如己推排内之溝壑中也。自任其重如此，故就湯説之伐夏桀、救民之厄也。○推，丁土回切，亦如字。下卷同。内，張音納，下卷同。説，如字，亦音税。吾未聞枉己而正人者也，況辱己以正天下者乎？枉己者尚不能以正人，況於辱己之身而有正天下者也。聖人之行不同也，或遠，或近；或去，或不去；歸絜其身而已矣。不同，謂所由不同，大要當同歸，但殊塗耳。或遠者，處身遠也；或近者，仕者近君也；或去者，不屑就也；或不去者，云焉能浼我也，歸於身絜，不污己而已。○浼，音每。吾聞其以堯舜之道要湯，未聞以割烹也。我聞伊尹以仁義干湯，致湯爲王，不聞以割烹牛羊爲道。伊訓曰：『天誅造攻自牧宫，朕載自亳。』」伊訓，尚書逸篇名。牧宫，桀宫。朕，我也，謂湯也。載，始也。亳，殷都也。言意欲誅伐桀造作可攻討之罪者，從牧宫桀起自取之也。湯曰：我始與伊尹謀之於亳，遂順天而誅也。○伊訓曰天誅造攻自牧宫朕載自亳：丁曰：注云：「伊訓，尚書逸篇，不見古文耳。今文尚書伊訓曰：『造攻自鳴條，朕哉自亳。』與此文小異」。章指言：賢達之理世務也，推正以濟時物，守己直行，不枉道而取容，期於益治而已矣。

九·八

萬章問曰：「或謂孔子於衛主癰疽，於齊主侍人瘠環，有諸乎？」有人以孔子爲然。癰疽，癰疽之醫也。瘠，姓；環，名，侍人也。衛君、齊君之所近狎人。○癰，於容切。疽，七余切。**孟子曰：「否，不然也。好事者爲之也。**否，不也，不如是也。但好事毀人德行者爲之辭也。○好，呼報切。下及卷末「自好」「好名」皆同。**於衛主顏讎由。彌子之妻與子路之妻，兄弟也。彌子謂子路曰：『孔子主我，衛卿可得也。』子路以告。孔子曰：『有命。』孔子進以禮，退以義，得之不得曰『有命』。而主癰疽與侍人瘠環，是無義無命也。**顏讎由，衛賢大夫，孔子以爲主。彌子，彌子瑕也，因子路欲爲孔子主，孔子知彌子幸於靈公，不以正道，故不納之，而歸於命也。孔子進以禮，退應義，必曰有天命也。若主此二人，是爲無義無命也。○讎，張音「醜」之平聲，亦如字。**孔子不悦於魯衛，遭宋桓司馬將要而殺之，微服而過宋。是時孔子當阨，主司城貞子，爲陳侯周臣。**孔子以道不合，不見悦魯、衛之君而去適諸侯，遭宋桓魋之故，乃變更微服而過宋。司城貞子，宋卿也，雖非大賢，亦無諂惡之罪，故謚爲貞子。陳侯周，陳懷公子也，爲楚所滅，故無謚，但曰陳侯周。是時孔子遭阨難，不暇擇大賢臣，而主貞子，爲陳侯周臣也。於衛、齊無阨難，何爲主癰疽、瘠環也？

○阨，音厄。魋，杜回切。難，乃旦切。吾聞觀近臣，以其所爲主；觀遠臣，以其所主。若孔子主癰疽與侍人瘠環，何以爲孔子？」近臣，當爲遠方來賢者爲主。遠臣，自遠而至，當主於在朝之臣賢者。若孔子主於卑幸之臣，是爲凡人耳，何謂孔子得見稱爲聖人？章指言：君子大居正，以禮進退，屈伸達節，不違貞信。故孟子辯之，正其大義也。

九·九

萬章問曰：「或曰：『百里奚自鬻於秦養牲者五羊之皮食牛以要秦繆公。』信乎？」人言百里奚自賣五羖羊皮，爲人養牛，以是而要繆公之相，實然不？○鬻，音育。食，音嗣。繆，音穆。羖，音古。孟子曰：「否，不然。好事者爲之也。好事毁敗人之德行者爲之設此言。百里奚，虞人也。晉人以垂棘之璧與屈産之乘假道於虞以伐虢，宫之奇諫，垂棘，美玉所出地名。屈，産地，良馬所生。乘，四馬也。皆晉國之所寶。宫之奇，虞之賢臣，諫不欲令虞公受璧、馬假晉道。○屈，九勿切。乘，音剩。百里奚不諫。知虞公之不可諫而去，之秦，年已七十矣。曾不知以食牛干秦繆公之爲汙也，可謂智乎？不可諫而不諫，可謂不智乎？知虞公之將亡而先去之，不可謂不智也。時舉於秦，知繆公之可與有行也而相之，可謂不智乎？相秦而顯其君於天下，可傳於後世，不賢而能之乎？百里奚知虞公之不可諫而去，之秦，年七十而不知食牛、干人君之爲汙，是爲不智也。欲言其不智，下有三智，知食牛干秦爲不然也。卒相秦，顯其君，不賢之人豈能如是？言其實賢也。**自鬻以成其君，鄉黨自好者不爲，而謂賢者爲之乎？」**人自鬻於汙辱，而以傅相成立其君，鄉黨邑里自喜好名者尚不肯爲也，況賢人肯辱身而爲之乎？章指言：君子時行則行，時舍則舍，故能顯君明道，不爲苟合而違正也。○舍，音捨。

孟子卷第十　趙氏注

萬章章句下　凡九章

一〇·一 孟子曰：「伯夷，目不視惡色，耳不聽惡聲。非其君，不事；非其民，不使。治則進，亂則退。横政之所出，横民之所止，不忍居也。思與鄉人處，如以朝衣朝冠坐於塗炭也。當紂之時，居北海之濱，以待天下之清也。故聞伯夷之風者，頑夫廉，懦夫有立志。孟子反覆嗟伯夷、伊尹、柳下惠之德，以爲足以配於聖人，故數章陳之，猶詩人有所誦述。至於數四，蓋其留意者也。義見上篇矣。此復言不視惡色，謂行不正而有美色者，若夏姬之比也。耳不聽惡聲，謂鄭聲也。後世聞其風者，頑貪之夫，更思廉絜；懦弱之人，更思有立義之志也。○横政，丁胡孟切，下同。横民，横或作「總」，各依本字讀。行，下孟切。下「之行」「行夜」皆同。伊尹曰：『何事非君？何使非民？』治亦進，亂亦進，曰：『天之生斯民也，使先知覺後知，使先覺覺後覺。予，天民之先覺者。予將以此道覺此民也。』思天下之民匹夫匹婦有不與被堯舜之澤者，如己推而内之溝中。其自任以天下之重也。說與上同。○不與，音豫。柳下惠不羞汙君，不辭小官。進不隱賢，必以其道。遺佚而不怨，阨窮而不閔。與鄉人處，由由然不忍去也。『爾爲爾，我爲我，雖袒裼裸裎於我側，爾焉能浼我哉？』故聞柳下惠之風者，鄙夫寬，薄夫敦。鄙狹者更寬優，薄淺者更深厚。○佚，音逸。阨，音厄。袒，音但。裼，音錫。裸，郎果切。裎，音程。焉，於虔切。浼，張音每，丁音漫。孔子之去齊，接淅而行；去魯，曰：『遲遲吾行也，去父母國之道也。』可以速而速，可以久而久，可以處而處，可以仕而仕，孔子也。」淅，漬米也。不及炊，避惡亟也。魯，父母之國，遲遲不忍去也，是其道也。孔子，聖人，故能量時宜動中權也。○接淅，接，如字。淅，丁、張並先歷切，漬米也。說文「接」作「滰」，云：「浚乾漬米也，從水竟聲。孟子曰：『夫子去齊，滰淅而行。』」其兩切。」浚音峻，瀝也。亟，紀力切。中，張仲切。下「其中」「中也」皆同。孟子曰：「伯夷，聖之清者也；伊尹，聖之任者也；柳下惠，聖之和者也；孔子，聖之時者也。孔子之謂集大成。集大成也者，金聲而玉振之也。金聲也者，始條理也。玉振之也者，終條理也。伯夷清，伊尹任，柳下惠和，皆得聖人之道也。孔子時行則行，時止則止，孔子集先聖之大道，以成己之聖德者也，故能金聲而玉振之。振，揚也。故如金聲之有殺，振揚玉音始終如一也。始條理者，金從革，可治之使條理。終條理者，玉終其聲而不細也，含五德而不撓也。○始條理，本亦作「治條理」，下同。殺，所界切。撓，奴教切。**始條理者，智之事也。終條理者，聖之事也。**智者智理物，聖人終始同。**智，譬則巧也；聖，譬則力也。由射於百步之外也，其至，爾力也；其中，非爾力也。」**以智，譬由人之有技巧也，可學而益之。以聖，譬由力之有多少，自有極限，不可强增。聖人受天性，可庶幾而不可及也。夫射遠而至，爾努力也，其中的者，爾之巧也。思改其手用巧意，乃能中也。○强，其丈切。章指言：聖人由力，力有常也；賢者由巧，巧可增也。仲尼天高，故不可階；他人丘陵，丘陵由可踰。所謂小同而大異者也。

一〇·二 **北宮錡問曰：「周室班爵禄也，如之何？」**北宮錡，衛人。班，列也。問周家班列爵禄，等差謂何？○錡，魚綺切。**孟子曰：「其詳不可得聞也，諸侯惡其害己也，而皆去其籍。然而軻也嘗聞其略也。**詳，悉也。不可得備知也。諸侯欲恣行，憎惡其法度妨害己之所爲〔一〕，故滅去典籍。今周禮司禄之官無其職，是則諸侯皆去之，故使不復存也。軻，孟子名。略，麤也。言嘗聞其大綱如此矣。今考之禮記王制則合也。○惡其，烏路切。注「憎惡」同。**天子一位，公一位，侯一**

〔一〕 憎惡：「憎」原作「增」。按阮刻本作「憎」，音義亦出「憎惡」二字，底本顯誤，今據改。

位，伯一位〔一〕，子、男同一位，凡五等也。公謂上公九命及二王後也。自天子以下，列尊卑之位，凡五等。君一位，卿一位，大夫一位，上士一位，中士一位，下士一位，凡六等。諸侯法天子，臣名亦有此六等，從君下至於士也。天子之制，地方千里，公侯皆方百里，伯七十里，子、男五十里，凡四等。不能五十里，不達於天子，附於諸侯，曰附庸。凡此四等，土地之等差也。天子封畿千里，諸侯方百里，象雷震也。小者不能特達於天子，因大國以名通，曰附庸也。天子之卿受地視侯，大夫受地視伯，元士受地視子、男。視，比也。天子之卿、大夫、士所受采地之制也。○采，音菜。大國地方百里，君十卿禄，卿禄四大夫，大夫倍上士，上士倍中士，中士倍下士，下士與庶人在官者同禄，禄足以代其耕也。公、侯之國爲大國，卿禄居於君禄十分之一也，大夫禄居於卿禄四分之一也〔二〕，上士之禄居大夫禄二分之一也，中士、下士轉相倍。庶人在官者，未命爲士者也，其禄比上農夫。士不得耕，以禄代耕也。次國地方七十里，君十卿禄，卿禄三大

〔一〕伯一位：底本原無此三字，而阮刻本有。按孟森校記謂「無此句，此爲此本最謬」，是，今據補。

〔二〕大夫禄居於卿禄四分之一也：底本原無此十二字，而阮刻本有。按孟森校記謂無此十二字「亦謬」，周廣業四考謂「疑誤」，是，今據補。

夫，大夫倍上士，上士倍中士，中士倍下士，下士與庶人在官者同禄，禄足以代其耕也。伯爲次國，大夫禄居卿禄三分之一也。小國地方五十里，君十卿禄，卿禄二大夫，大夫倍上士，上士倍中士，中士倍下士，下士與庶人在官者同禄，禄足以代其耕也。子、男爲小國，大夫禄居卿禄二分之一也。耕者之所獲，一夫百畝；百畝之糞，上農夫食九人，上次食八人，中食七人，中次食六人，下食五人。庶人在官者，其禄以是爲差。」獲，得也。一夫一婦佃田百畝，百畝之田加之以糞，是爲上農夫，其所得穀足以食九口。庶人在官者，食禄之等差，由農夫有上、中、下之次，亦有此五等，若今之斗食、佐史、除吏也。○食九，音嗣。下文及注「食九」並下章「疏食」皆同。佃，音甸。章指言：聖人制禄，上下差叙，貴有常尊，賤有等威。諸侯僭越，滅籍從私。孟子略記言其大綱，以答北宫子之問。

一〇·三

萬章問曰：「敢問友。」問朋友之道也。孟子曰：「不挾長，不挾貴，不挾兄弟而友。友也者，友其德也，不可以有挾也。長，年長。貴，貴勢。兄弟，兄弟有富貴者。不挾是乃爲友，謂相友以德也。○挾長，音協。下張丈切。注同。孟獻子，百乘之家也，有友五人焉：樂正裘，牧仲，其三人，則予忘之矣。獻子之與此五人者友也，無獻子之家者也。此五人者，亦有獻子之家，則不與之友矣。獻子，魯卿孟氏也，有百乘之賦。樂正裘、牧仲其五人者，皆賢人無位者也。此五人者，自有獻子之家富貴，而復有德，不肯與獻子友也。獻子以其富貴下此五人，五人屈禮而就也。**非惟百乘之家爲然也，雖小國之君亦有之。費惠公曰：『吾於子思，則師之矣；吾於顔般，則友之矣；王順、長息則事我者也。』**小國之君，若費惠公者也。王順、長息，德不能見師友，故曰事我者也。○費惠，音祕。顔般，音班。**非惟小國之君爲然也，雖大國之君亦有之。晉平公於亥唐也，入云則入，坐云則坐，食云則食；雖疏食菜羹，未嘗不飽，蓋不敢不飽也。然終於此而已矣。**大國之君，如晉平公者也。亥唐，晉賢人也，隱居陋巷者，平公常往造之，亥唐言入，平公乃入，言坐乃坐，言食乃食也。疏食，糲食也。不敢不飽，敬賢也。終於此，平公但以此禮下之而已。○造，七到切。糲，盧葛切。**弗與共天位也，弗與治天職也，弗與食天禄也，士之尊賢者也，非王公尊賢也。**位、職、禄，皆天之所以授賢者，而平公不與亥唐共之，而但卑身下之，是乃匹夫尊賢者之禮耳。王公尊賢，當與共天職矣。**舜尚見帝，帝館甥于貳室，亦饗舜，迭爲賓主，是天子而友匹夫也。**尚，上也。舜在畎畝之時，堯友禮之。舜上見堯，堯舍之於貳室。貳室，副宫也。堯亦就饗舜之所設，更迭爲賓主。禮謂妻父曰外舅，謂我舅者吾謂之甥。堯以女妻舜，故謂舜甥。卒與之天位，是天子之友匹夫也。○迭爲，徒結切。張云：「或作佚，誤。」更迭，音庚。妻舜，七計切。**用下敬上，謂之貴貴；用上敬下，謂之尊賢。貴貴尊賢，其義一也。」**下敬上，臣恭於君也；上敬下，君禮於臣也：皆禮所尚，故云其義一也。章指言：匹夫友賢，下之以德。王公友賢，授之以爵。大聖之行，千載爲法者也。

10·四　萬章曰：「敢問交際何心也？」際，接也。問交接道當執何心爲可者。孟子曰：「恭也。」當執恭敬爲心。曰：「『郤之郤之爲不恭』，何哉？」萬章問郤不受尊者禮，謂之不恭，何然也？○郤，正體「却」字，下皆同。或作「郤」，誤。曰：「尊者賜之，曰：『其所取之者義乎，不義乎？』而後受之，以是爲不恭，故弗郤也。」孟子曰，今尊者賜己，己問其所取此物寧以義乎？得無不義？乃後受之，以是爲不恭。故不當問尊者不義而郤之也。曰：「請無以辭郤之，以心郤之。曰：『其取諸民之不義也。』而以他辭無受，不可乎？」萬章曰：請無正以不義之辭郤也，心知其不義，以他辭讓，無受之，不可邪？曰：「其交也以道，其接也以禮，斯孔子受之矣。」孟子言其來求交己以道理，其接待己有禮者，若斯，孔子受之矣。言可受也。萬章曰：「今有禦人於國門之外者，其交以道，其餽也以禮，斯可受禦與？」禦人，以兵禦人而奪之貨，如是而以禮道來接己，斯可受乎？○餽，音饋，下皆同。與，音余。下「道與」「召與」「非與」皆同。曰：「不可。康誥曰：『殺越人于貨，閔不畏死，凡民罔不譈。』是不待教而誅者也。殷受夏，周受殷，所不辭也；於

今爲烈，如之何其受之？」孟子曰不可受也。康誥，尚書篇名，周公戒成王，康叔封。越、于，皆於也。殺於人，取於貨，閔然不知畏死者。譈，殺也，凡民無不得殺之者也。若此之惡，不待君之教命，遭人得討之，三代相傳以此法，不須辭問也。於今爲烈，烈，明法。如之何受其餽也。○譈，徒對切。**曰：「今之諸侯取之於民也，猶禦也。苟善其禮際矣，斯君子受之，敢問何説也？」**萬章曰：今諸侯賦税於民，不由其道，履畝彊求，猶禦人也。欲善其禮以接君子，君子欲受之，何説也？君子謂孟子。**曰：「子以爲有王者作，將比今之諸侯而誅之乎？其教之不改而後誅之乎？夫謂非其有而取之者盜也，充類至義之盡也。孔子之仕於魯也，魯人獵較，孔子亦獵較。獵較猶可，而況受其賜乎？」**孟子謂萬章曰：子以爲後如有聖人興作，將比地盡誅今之諸侯乎？將教之，其不改者乃誅之乎？言必教之，誅其不改者也。殷之衰，亦猶周之末。武王不盡誅殷之諸侯，滅國五十而已。知後王者亦不盡誅也。謂非其有而竊取之者爲盜。充，滿。至，甚也。滿其類大過至者，但義盡耳，未爲盜也。諸侯本當税民之類者，今大盡耳，亦不可比於禦。孔子隨魯人之獵較。獵較者，田獵相較，奪禽獸得之以祭，時俗所尚，以爲吉祥。孔子不違而從之，所以小同於世也。獵較尚猶可爲，況受其賜而不可也！○將比，丁毗失切，云：「比地而誅，猶言比屋而誅也。」亦毗志切。獵較，丁、張並音角。**曰：「然則孔子之仕也，非事道與？」**萬章問孔子之仕，非欲事行其道與？**曰：「事道也。」**孟子曰：孔子所仕者，欲事行其道。「事道奚獵較也？」萬章曰：孔子欲仕道，如何可獵較也？曰：「孔子先簿正祭器，不以四方之食供簿正。」孟子曰：孔子仕於衰世，不可卒暴改戾，故以漸正之，先爲簿書以正其宗廟祭祀之器，即其舊禮，取備於國中，不以四方珍食供其所簿正之器，度珍食難常有，乏絶則爲不敬，故獵較以祭也。○簿正，丁步古切。本多作「薄」，誤。卒，千忽切。度，丁大各切。曰：「奚不去也？」萬章曰：孔子不得行道，何爲不去？曰：「爲之兆也。兆足以行矣，而不行，而後去，是以未嘗有所終三年淹也。兆，始也。孔子每仕，常爲之正本造始，欲以次治之，而不見用，占其事始而退。足以行之矣而君不行也，然後則孔子去矣。終者，竟也。孔子未嘗得竟事一國也，三年淹留而不去者也。○爲之，于僞切。下「爲貧」「爲養」「本爲」「何爲也哉」「爲欲」「爲其」皆同。孔子有見行可之仕，有際可之仕，有公養之仕。於季桓子，見行可之仕也；於衛靈公，際可之仕也；於衛孝公，公養之仕也。」行可，冀可行道也。魯卿季桓子秉國之政，孔子仕之，冀可得因之行道也。際，接也。衛靈公接遇孔子以禮，故見之也。衛孝公以國君養賢者之禮養孔子，故宿留以答之矣。○宿留，音秀，下音霤。【章指】言：聖人憂民，樂行其道，苟善辭命，不忍逆距，不合則去，亦不淹久。蓋仲尼行止之節也。

一〇·五 孟子曰：「仕非爲貧也，而有時乎爲貧；娶妻非爲養也，而有時乎爲養。仕本爲行道濟民也，而有以居貧親老而仕者。娶妻本爲繼嗣也，而有以親執釜竈，不擇妻而娶者。○養，餘亮切。**爲貧者，辭尊居卑，辭富居貧。**爲貧之仕，當讓高顯之位，無求重禄。**辭尊居卑，辭富居貧，惡乎宜乎？抱關擊柝。**辭尊富者[二]，安所宜乎？宜居抱關擊柝監門之職也。柝，門關之木也。擊，椎之也。或曰柝，行夜所擊木也。傳曰：「魯擊柝，聞於邾。」○惡乎，音烏。後章「賢惡」同。柝，音託。椎，直追切。**孔子嘗爲委吏矣，曰：『會計當而已矣。』嘗爲乘田矣，曰：『牛羊茁壯長而已矣。』位卑而言高，罪也；立乎人之本朝，而道不行，耻也。」**孔子嘗以貧而禄仕。委吏，主委積倉庾之吏也，不失會計當直其多少而已。乘田，苑囿之吏也，主六畜之芻牧者也，牛羊茁壯肥好長大而已。茁茁，生長貌也，詩云：「彼茁者葭。」位卑不得高言豫朝事，故但稱職而已。立本朝，大道當行，不行爲己之耻。是以君子禄仕者，不處大位。○會計，古外切。乘田，音剩。茁，阻刮切。壯長，張丈切。委積，於僞切，下子智切。當直，音值。葭，音加。稱職，尺證切。章指言：國有道則能者處卿相，國無道則聖人居乘田。量時安卑，不受言責，獨善其身之道也。

[二] 辭尊富者：「富」原作「貧」，而阮刻本作「富」。按周廣業四考謂宋本誤作「貧」，孟森校記亦謂此誤，是，今據改。

一〇·六

萬章曰：「士之不託諸侯，何也？」託，寄也。謂若寄公食禄於所託之國也。孟子曰：「不敢也。諸侯失國，而後託於諸侯，禮也；士之託於諸侯，非禮也。」謂士位輕，本非諸侯敵體，故不敢比失國諸侯得爲寄公也。萬章曰：「君餽之粟，則受之乎？」士窮而無禄，君餽之粟，則可受之乎？曰：「受之。」孟子曰受之也。「受之何義也？」萬章曰：受粟何義也？曰：「君之於氓也，固周之。」氓，民也。孟子曰：君之於民，固當周其窮乏，況於士乎？○氓，音萌。曰：「周之則受，賜之則不受，何也？」萬章言士窮君周之則受，賜之則不受，何也？周者，謂周急禀貧民之常科也。賜者，謂禮賜横加也。曰：「不敢也。」孟子曰：士不敢受賜。曰：「敢問其不敢何也？」萬章問：何爲不敢？曰：「抱關擊柝者皆有常職以食於上。無常職而賜於上者，以爲不恭也。」孟子曰：有職事者，可食於上禄。士不仕，自以不任職事而空受賜，爲不恭，故不受也。曰：「君餽之，則受之，不識可常繼乎？」萬章曰：君禮餽賢臣，賢臣受之，不知可繼續而常來致之乎？將當輙更以君命將之也。曰：「繆公之於子思也，亟問，亟餽鼎肉。子思不悦。於卒也，摽使者出諸大門之外，北面稽首再拜而不受，曰：『今而後知君之犬馬畜伋。』蓋自是臺無餽也。孟子曰：魯繆公時尊禮子思，數問、數餽鼎肉。子思以君命煩，故不悦也。於卒者，末後復來時也。摽，麾也。麾使者出大門之外，再拜叩頭不受，曰今而後知君犬馬畜伋。伋，子思名也。責君之不優以不煩，而但數與之食物，若養犬馬。臺，賤官，主使令者。傳曰：「僕臣臺。」從是之後，臺不持餽來，繆公愠也。愠，恨也。○繆公，音穆。亟，去吏切，卷内並同。摽使，音杓，又音拋。下所吏切。數問，音朔，下同。愠，於問切。**悦賢不能舉，又不能養也，可謂悦賢乎？」**孟子譏繆公之雖欲有悦賢之意，而不能舉用使行其道，又不能優養終竟之，豈可謂能悦賢也？**曰：「敢問國君欲養君子，如何斯可謂養矣？」**萬章問國君養賢之法也。**曰：「以君命將之，再拜稽首而受。其後廩人繼粟，庖人繼肉，不以君命將之。子思以爲鼎肉使己僕僕爾亟拜也，非養君子之道也。**將者，行也。孟子曰：始以君命行，禮拜受之。其後倉廩之吏繼其粟，將盡復送，厨宰之人日送其肉，不復以君命者，欲使賢者不答以敬，所以優之也。子思所以非繆公者，以爲鼎肉使己數拜故也。僕僕，煩猥貌，謂其不得養君子之道也。○猥，於賄切。**堯之於舜也，使其子九男事之，二女女焉，百官牛羊倉廩備，以養舜於畎畝之中，後舉而加諸上位，故曰，王公之尊賢者也。」**堯之於舜如是，是王公尊賢之道也。九男以下，已説於上篇。上位，尊帝位也。○二女女焉，張云：「上如字，下去聲。」章指言：知賢之道，舉之爲上，養之爲次。不舉不養，賢惡肯歸？是以孟子上陳堯、舜之大法，下刺繆公之不弘也。

10·7 萬章曰：「敢問不見諸侯，何義也？」問諸侯聘請而夫子不見之，於義何取也？孟子曰：「在國曰市井之臣，在野曰草莽之臣，皆謂庶人。庶人不傳質爲臣，不敢見於諸侯，禮也。」在國謂都邑也，民會於市，故曰市井之人。在野，野居之人。莽亦草也。庶，衆也。衆庶之人，未得爲臣。傳，執也。見君之質，執雉之屬也。未爲臣，則不敢見之禮也。○質，丁讀如贄〔一〕。敢見，音現。注及下「往見」「見君」皆同。萬章曰：「庶人，召之役，則往役；君欲見之，召之，則不往見之，何也？」庶人召使給役事，則往供事。君召之見，不肯往見，何也？曰：「往役，義也；往見，不義也。且君之欲見之也，何爲也哉？」孟子曰：庶人法當給役，故往役，義也；庶人非臣也，不當見君，故往見，不義也。且君何爲欲見之而召之也？曰：「爲其多聞也，爲其賢也。」萬章曰：君以是欲見之也。曰：「爲其多聞也，則天子不召師，而況諸侯乎？爲其賢也，則吾未聞欲見賢而召之也。孟子曰：安有召師、召賢之禮，而可往見也？繆公亟見於子思，曰：『古千乘之

〔一〕丁讀如贄：「贄」底本原作「字」，抱經堂本、粵雅堂本同，而汲古閣本、通志堂本、四庫本、士禮居本等皆作「贄」，元盱郡翻刻宋廖瑩中世綵堂本孟子及日本覆宋本音注孟子亦作「贄」。按照孫奭音義音注慣例，若是「如字」，則徑作「丁如字」，通常無「讀」字。故底本當有誤，今據汲古閣本等改。

國以友士，何如？』子思不悦，曰：『古之人有言曰，事之云乎，豈曰友之云乎？』子思之不悦也，豈不曰：『以位，則子，君也；我，臣也；何敢與君友也？以德，則子事我者也，奚可以與我友？』千乘之君求與之友而不可得也，而況可召與？魯繆公欲友子思，子思不悦，而稱曰：古人曰見賢人當事之，豈云友之邪？孟子云：子思所以不悦者，豈不謂臣不可友君，弟子不可友師也。若子思之意，亦不可友，況乎可召之？齊景公田，招虞人以旌，不至，將殺之。『志士不忘在溝壑，勇士不忘喪其元。』孔子奚取焉哉？取非招不往也。」已説於上篇。曰：「敢問招虞人何以？」萬章問招虞人當何用也。曰：「以皮冠，庶人以旃，士以旂，大夫以旌。孟子曰：招禮若是。皮冠，弁也。旃，通帛也，因章曰旃。旂，旌有鈴者。旌，注旄首者。以大夫之招招虞人，虞人死不敢往；以士之招招庶人，庶人豈敢往哉？況乎以不賢人之招招賢人乎？以貴者之招招賤人，賤人尚不敢往，況以不賢人之招招賢人乎？不賢之招，不以禮也。欲見賢人而不以其道，猶欲其入而閉之門也。夫義，路也；禮，門也。惟君子能由是路，出入是門也。欲人之入而閉其門，何得而入乎？閉門由閉禮也。詩云：『周道如底，其直如矢；君子所履，小人所視。』」詩小雅大東之篇。底，平。矢，直。視，比也。周道平直，君子履直道，小人比而則之。以喻虞人能效君子守死善道也。○厎，詩作「砥」，同，之履切。**萬章曰：「孔子，君命召，不俟駕而行；然則孔子非與？」**俟，待也。孔子不待駕而應君命也，孔子爲之非與？**曰：「孔子當仕有官職，而以其官召之也。」**孟子言孔子所以不待駕者，孔子當仕位，有當職之事，君以其官名召之，豈得不顛倒？詩云：「顛之倒之，自公召之。」不謂賢者無位而君欲召見也。章指言：君子之志，志於行道，不得其禮，亦不苟往。於禮之可，伊尹三聘而後就湯。道之未洽，沮溺耦耕，接輿佯狂，豈可見也？○沮，七餘切。

一〇·八

孟子謂萬章曰：「一鄉之善士斯友一鄉之善士，一國之善士斯友一國之善士，天下之善士斯友天下之善士。鄉，一鄉之善者。國，國中之善者。天下，四海之內也，各以大小來相友，自爲疇匹也。**以友天下之善士爲未足，又尚論古之人。頌其詩，讀其書，不知其人，可乎？是以論其世也。是尚友也。」**好善者以天下之善士爲未足極其善道也。尚，上也。乃復上論古之人，頌其詩。詩歌頌之，故曰頌。讀其書，猶恐未知古人高下，故論其世以別之也。在三皇之世爲上，在五帝之世爲次，在三王之世爲下，是爲好上友之人也。○好善，呼報切，下同。章指言：好高慕遠，君子之道，雖各有倫，樂其崇茂。是以仲尼曰「無友不如己者」。高山仰止，景行行止。○景行，下孟切。

10.9 齊宣王問卿。孟子曰：「王何卿之問也？」王問何卿也。王曰：「卿不同乎？」曰：「不同。有貴戚之卿，有異姓之卿。」孟子曰卿不同。貴戚之卿，謂內外親族也。異姓之卿，謂有德命爲三卿也。王曰：「請問貴戚之卿。」問貴戚之卿如何？曰：「君有大過則諫；反覆之而不聽，則易位。」孟子曰：貴戚之卿，反覆諫君，君不聽，則欲易君之位，更立親戚之貴者。王勃然變乎色。王聞此言，愠怒而驚懼，故勃然變色。曰：「王勿異也。王問臣，臣不敢不以正對。」孟子曰：王勿怪也。王問臣，臣不敢不以其正義對。王色定，然後請問異姓之卿。王意解，顏色定，復問異姓之卿如之何？曰：「君有過則諫，反覆之而不聽，則去。」孟子言異姓之卿，諫君不從，三而待放，遂不聽之，則去而之他國也。章指言：國須賢臣，必擇忠良，親近貴戚，或遭殃禍。伊發有莘，爲殷興道，故云成湯立賢無方也。○莘，所巾切。爲殷興道，丁云：「言伊尹有莘之媵臣，發起於草萊，爲殷湯興其王道也。」

孟子卷第十一　趙氏注

告子章句上

告子者，告，姓也；子，男子之通稱也；名不害。兼治儒墨之道者，嘗學於孟子，而不能純徹性命之理。論語曰：「子罕言命。」謂性命之難言也。以告子能執弟子之問，故以題篇。

凡二十章

一一·一 **告子曰：「性，猶杞柳也，義，猶桮棬也；以人性爲仁義，猶以杞柳爲桮棬。」**告子以爲人性爲才幹，義爲成器，猶以杞柳之木爲桮棬也。杞柳，柜柳也。一曰杞，木名也，詩云：「北山有杞。」桮棬，桮素也。○桮棬，音杯。下丘園切，張云：「屈木爲之也。」丁云：「方言曰：『海岱之間謂盌爲棬。』盌音椀。」柜，丁音舉。**孟子曰：「子能順杞柳之性而以爲桮棬乎？將戕賊杞柳而後以爲桮棬也？**戕猶殘也，春秋傳曰：「戕舟發梁。」子能順完杞柳，不傷其性，而成桮棬乎？將以斤斧殘賊之，乃可以爲桮棬乎？言必殘賊也。○戕，音牆。**如將戕賊杞柳而以爲桮棬，則亦將戕賊人以爲仁義與？**孟子言以人身爲仁義，豈可復殘傷其形體乃成仁義邪？明不可比桮棬也。○義與，音餘。下「白與」「也與」「性與」「長與」「外與」「非與」「謂與」「若與」皆同。**率天下之人而禍仁義者，必子之言夫！」**以告子轉性以爲仁義，若轉木以成器，必殘賊之，故言率人以禍仁義者，必子之言。夫，嘆辭也。章指言：養性長義，順夫自然，殘木爲器，變而後成。告子道偏，見有不純，仁内義外，違人之端。孟子拂之，不假以言也。○長義，張丈切，下不出者皆同。拂之，丁扶勿切，戾也。下「曲拂」同此。拂之亦如字。

一一・二

告子曰：「性猶湍水也，決諸東方則東流，決諸西方則西流。人性之無分於善不善也，猶水之無分於東西也。」湍者，圜也，謂湍湍瀠水也。告子以喻人性若是水也，善惡隨物而化，無本善不善之性也。○湍，他端切。陸云：「湍，波流也。」無分，如字。丁扶問切，下同。瀠，字書作「瀯」，余傾切，波勢回貌。**孟子曰：「水信無分於東西，無分於上下乎？人性之善也，猶水之就下也。人無有不善，水無有不下。今夫水，搏而躍之，可使過顙；激而行之，可使在山。是豈水之性哉？其勢則然也。人之可使爲不善，其性亦猶是也。」**孟子曰：水誠無分於東西，故決之而往也，水豈無分於上下乎？水性但欲下耳。人性生而有善，猶水欲下也。所以知人皆有善性，似水無有不下者也。躍，跳。顙，額也。人以手跳水，可使過顙，激之可令上山，皆迫於勢耳，非水之性也。人之可使爲不善，非順其性也，亦妄爲利欲之勢所誘迫耳，猶是水也。言其本性非不善也。○搏，張補各切，云：「以手擊水。」丁作「摶」，音團。顙，蘇黨切。章指言：人之欲善，猶水好下，迫勢激躍，失其素真。是以守正性者爲君子，隨曲拂者爲小人也。○好下，呼報切，卷內皆同，惟下注「好人」「好耳」如字。

一一·三 **告子曰：「生之謂性。」**凡物生同類者皆同性。**孟子曰：「生之謂性也，猶白之謂白與？」**猶見白物，皆謂之同白，無異性也。**曰：「然。」**告子曰然。**「白羽之白也，猶白雪之白；白雪之白，猶白玉之白與？」**孟子以爲羽性輕，雪性消，玉性堅，雖俱白，其性不同。問告子，子以三白之性同邪？**曰：「然。」**告子曰然，誠以爲同也。**「然則犬之性猶牛之性，牛之性猶人之性與？」**孟子言犬之性豈與牛同所欲，牛之性豈與人同所欲乎？章指言：物雖有性，性各殊異。惟人之性，與善俱生，赤子入井，以發其誠。告子一之，知其麤矣，孟子精之，是在其中。

一一·四 **告子曰：「食色，性也。仁，內也，非外也；義，外也，非內也。」**人之甘食、悦色者，人之性也。仁由內出，義在外也，不從己身出也。**孟子曰：「何以謂仁內義外也？」**孟子怪告子是言也。**曰：「彼長而我長之，非有長於我也；猶彼白而我白之，從其白於外也，故謂之外也。」**告子言見彼人年長大，故我長敬之。長大者非在於我也，猶白色見於外也。**曰：「異於白馬之白也，無以異於白人之白也；不識長馬之長也，無以異於長人之長與？且謂長者義乎？長**

之者義乎？」孟子曰：長異於白。白馬、白人，同謂之白可也，不知敬老馬無異於敬老人邪？且謂老者爲有義乎？將謂敬老者爲有義乎？敬老者，己也，何以爲外也？曰：「吾弟則愛之，秦人之弟則不愛也，是以我爲悦者也，故謂之内。長楚人之長，亦長吾之長，是以長爲悦者也，故謂之外也。」告子曰：愛從己則己心悦，故謂之内。所悦喜老者在外，故曰外。曰：「耆秦人之炙，無以異於耆吾炙，夫物則亦有然者也，然則耆炙亦有外與？」孟子曰：耆炙同等，情出於中。敬楚人之老，與敬己之老，亦同己情性敬之。雖非己炙，同美，故曰物則有然者也。如耆炙之意，豈在外邪？言楚、秦，喻遠也。○耆，音嗜。本亦作「嗜」，下同。炙，之夜切。章指言：事雖在外，行其事者皆發於中。明仁義由内，所以曉告子之惑也。

一一·五

孟季子問公都子曰：「何以謂義内也？」季子亦以爲義外也。曰：「行吾敬，故謂之内也。」公都子曰：以敬在心而行之，故言内。「鄉人長於伯兄一歲，則誰敬？」季子曰：敬誰也？曰：「敬兄。」公都子曰：當敬兄也。「酌則誰先？」季子曰：酌酒則先酌誰？曰：「先酌鄉人。」公都子曰：當先鄉人。「所敬在此，所長在彼，果在外，非由内也。」季子曰：所敬者兄也，所酌者鄉人也。如此，義果在外不由内也。果猶竟也。公都子不能答，以告孟子。公都子無以答季子之問。孟子曰：「敬叔父乎？敬弟乎？彼將曰：『敬叔父。』曰：『弟爲尸，則誰敬？』彼將曰：『敬弟。』子曰：『惡在其敬叔父也？』彼將曰：『在位故也。』子亦曰：『在位故也。庸敬在兄，斯須之敬在鄉人。』」孟子使公都子答季子如此，言弟以在尸位，故敬之；鄉人在賓位，故先酌之耳。庸，常也。常敬在兄，斯須之敬在鄉人也。○惡在，音烏。季子聞之，曰：「敬叔父則敬，敬弟則敬，果在外，非由内也。」隨敬所在而敬之，果在外。公都子曰：「冬日則飲湯，夏日則飲水，然則飲食亦在外也？」湯、水雖異名，其得寒、温者中心也。雖隨敬之所在，亦中心敬之，猶飲食從人所欲，豈可復謂之外也？章指言：凡人隨形，不本其原。賢者達情，知所以然。季子信之，猶若告子。公都受命，然後乃理。

二·六

公都子曰：「告子曰：『性無善無不善也。』公都子道告子以爲人性在化，無本善不善也。或曰：『性可以爲善，可以爲不善。是故文武興，則民好善；幽厲興，則民好暴。』公都子曰：或人以爲可教以善、不善，亦由告子之意也。故文、武聖化之起，民皆喜爲善；幽、厲虐政之起，民皆好暴亂。或曰：『有性善，有性不善。是故以堯爲君而有象；以瞽瞍爲父而有舜；以紂爲兄之子，且以爲君，而有微子啓、王子比干。』公都子曰：或人者以爲人各有性，善惡不可化移。堯爲君，象爲臣，不能使之爲善；瞽瞍爲父，不能化舜爲惡；紂爲君，又與微子、比干有兄弟之親，亦不能使此二子爲不仁：是亦各有性也。今曰性善，然則彼皆非與？」公都子曰：告子之徒，其論如此，今孟子曰人性盡善，然則彼之所言皆非邪？孟子曰：「乃若其情，則可以爲善矣，乃所謂善也。若夫爲不善，非才之罪也。若，順也。性與情相爲表裏，性善勝情，情則從之。孝經曰「此哀戚之情」，情從性也。能順此情，使之善者，真所謂善也。若隨人而强作善者，非善者之善也。若爲不善者，非所受天才之罪，物動之故也。○强，其丈切。惻隱之心，人皆有之；羞惡之心，人皆有之；恭敬之心，人皆有之；是非之心，人皆有之。惻隱之心，仁也；羞惡之心，義也；恭敬之心，禮也；是非之心，智也。仁義禮智，非由外鑠我也，我固有之也，弗思耳矣。

故曰：『求則得之，舍則失之。』或相倍蓰而無筭者，不能盡其才者也。仁、義、禮、智，人皆有其端，懷之於内，非從外消鑠我也。求存之，則可得而用之；舍縱之，則亡失之矣。故人之善、惡，或相倍蓰，或至於無筭者，不得相與計多少，言其絶遠也。所以惡乃至是者，不能自盡其才性也。故使有惡人，非天獨與此人惡性。其有下愚不移者，譬如被疾不成之人，所謂童昏也。○羞惡，丁烏故切。舍則，音捨。下「舍魚」「舍生」「舍其」「舍貴」「舍大」皆同。蓰，音師，又音灑，山綺切。解見滕文公章句。詩曰：『天生蒸民，有物有則。民之秉夷，好是懿德。』孔子曰：『爲此詩者，其知道乎！故有物必有則；民之秉夷也，故好是懿德。』」詩大雅蒸民之篇。言天生衆民，有物則有所法則，人法天也。民之秉夷，夷，常也，常好美德，孔子謂之知道。故曰人皆有善也。章指言：天之生人，皆有善性，引而趨之，善惡異衢。高下相懸，賢愚舛殊，尋其本者，乃能一諸。

二·七　孟子曰：「富歲，子弟多賴；凶歲，子弟多暴，非天之降才爾殊也，其所以陷溺其心者然也。富歲，豐年也。凶歲，飢饉也。子弟，凡人之子弟也。賴，善。暴，惡也。非天降下才性與之異也，以飢寒之阨陷溺其心，使爲惡者也。○阨，音厄。今夫麰麥，播種而耰之，其地同，樹之時又同，浡然而生，至於日至之時，皆熟矣。雖有不同，則地有肥磽，雨露之養、人事之不齊也。麰麥，大麥也。詩云：「詒我來麰。」言人性之同，如此麰麥，其不同者，人事、雨澤有不足，地之有肥、磽耳。磽，薄也。○麰，音牟。耰，丁音憂，壅苗根也。浡，音勃。磽，苦交切。故凡同類者，舉相似也，何獨至於人而疑之？聖人，與我同類者。聖人亦人也，其相覺者，以心知耳。蓋體類與人同，故舉相似也。○相覺，丁音教，義訓爲校。故龍子曰：『不知足而爲屨，我知其不爲蕢也。』屨之相似，天下之足同也。龍子，古賢者也。雖不知足小大，作屨者猶不更作蕢。蕢，草器也。以屨相似，天下之足略同故也。○蕢，音匱。口之於味，有同耆也；易牙先得我口之所耆者也。如使口之於味也，其性與人殊，若犬馬之與我不同類也，則天下何耆皆從易牙之於味也？至於味，天下期於易牙，是天下之口相似也。人口之所耆者相似，故皆以易牙爲知味，言口之同也。惟耳亦然。至於聲，天下期於師曠，是天下之耳相似也。耳亦猶口也，天下皆以師曠爲知聲之微妙也。惟目亦然。至於子都，天下莫不知其姣也。不知子都之姣者，無目者也。目亦猶耳也。子都，古之姣好者也。詩云：「不見子都，乃見狂且。」儻無目者，乃不知子都好耳，言目之同耳。○姣，古卯切。狂且，丁子餘切，云：「且，助句辭。」故曰，口之於味也，有同耆焉；耳之於聲也，有同聽焉；目之於色也，有同美焉。至於心，獨無所同然乎？言人之心性皆同也。心之所同然者何也？謂理也，義也。聖人先得我心之所同然耳。故理義之悦我心，猶芻豢之悦我口。」心所同耆者，義理也。理者，得道之理。聖人先得理義之要耳。理義之悦心，如芻豢之悦口，誰不同也。草牲曰芻，穀養曰豢。章指言：人禀性俱有好憎，耳目口心，所悦者同。或爲君子，或爲小人，猶辨麥不齊，雨露使然也。孟子言是，所以勖而進之。

二·八

孟子曰：「牛山之木嘗美矣，以其郊於大國也，斧斤伐之，可以爲美乎？是其日夜之所息，雨露之所潤，非無萌蘖之生焉，牛羊又從而牧之，是以若彼濯濯也。人見其濯濯也，以爲未嘗有材焉，此豈山之性也哉？牛山，齊之東南山也。邑外謂之郊。息，長也。濯濯，無草木之貌。牛山未嘗盛美，以在國郊，斧斤牛羊使之不得有草木耳，非山之性無草木也。○蘖，五割切。雖存乎人者，豈無仁義之心哉？其所以放其良心者，亦猶斧斤之於木也，旦旦而伐之，可以爲美乎？其日夜之所息，平旦之氣，其好惡與人相近也者幾希。存，在也。言雖在人之性，亦猶此山之有草木也，人豈無仁義之心邪？其日夜之思，欲息長仁義，平旦之志氣，其好惡，凡人皆有與賢人相近之心。幾，豈也。豈希，言不遠也。○好惡，丁呼報切，下烏路切。下「所惡」同。則其旦晝之所爲，有梏亡之矣。梏之反覆，則其夜氣不足以存；夜氣不足以存，則其違禽獸不遠矣。人見其禽獸也，而以爲未嘗有才焉者，是豈人之情也哉？旦晝，晝日也。其所爲萬事有梏亂之，使亡失其日夜之所息也。梏之反覆，利害干其心，其夜氣不能復存也。人見惡人禽獸之行，以爲未嘗有善才性，此非人之情也。○有梏亡之，丁云：「梏，古沃切，謂悔吝利害也。言利害之亂其性，猶桎梏之刑其身，故喻之。」之行，下孟切。下「其行」同。故苟得其養，無物不長；苟失其養，無物不消。孔子曰：『操則存，舍則亡；出入無時，莫知其鄉。』惟心之謂與？」誠得其養，若雨露於草木，法度於仁義，何有不長也；誠失其養，若斧斤牛羊之消草木，利欲之消仁義，何有不盡也。孔子曰：持之則在，縱之則亡，莫知其鄉。鄉猶里，以喻居也。獨心爲若是也。章指言：秉心持正，使邪不干，猶止斧斤，不伐牛山，山則木茂，人則稱仁也。

一一·九

孟子曰：「無或乎王之不智也。王，齊王也。或，怪也。時人有怪王不智而孟子不輔之，故言此也。雖有天下易生之物也，一日暴之，十日寒之，未有能生者也。吾見亦罕矣，吾退而寒之者至矣，吾如有萌焉何哉？種易生之草木五穀，一日暴温之，十日陰寒以殺之，物何能生？我亦希見於王，既見而退，寒之者至，謂左右佞諂順意者多。譬諸萬物，何由得有萌牙生也？○易，以豉切。暴，步卜切。今夫弈之爲數，小數也；不專心致志，則不得也。弈，博也，或曰圍棊。論語曰：「不有博弈者乎？」數，技也。雖小技，不專心則不得也。弈秋，通國之善弈者也。使弈秋誨二人弈，其一人專心致志，惟弈秋之爲聽。一人雖聽之，一心以爲有鴻鵠將至，思援弓繳而射之，雖與之俱學，弗若之矣。爲是其智弗若與？曰：非然也。」有人名秋，通一國皆謂之善弈，曰弈秋。使教二人弈，其一人惟秋所善而聽之，其一人念欲射鴻鵠，故不如也。爲是謂其智不如也，曰：非也，以不致志也。故齊王之不智，亦若是。○繳，音灼。射，食亦切。爲是，于僞切。下「爲宫」同。章指言：弈爲小數，不精不能。一人善之，十人惡之，雖竭其道，何由智哉？詩云「濟濟多士，文王以寧」，此之謂也。

二·一〇 孟子曰：「魚，我所欲也，熊掌亦我所欲也；二者不可得兼，舍魚而取熊掌者也。生亦我所欲也，義亦我所欲也；二者不可得兼，舍生而取義者也。熊掌，熊蹯也，以喻義。魚以喻生也。○蹯，音煩。生亦我所欲，所欲有甚於生者，故不爲苟得也；死亦我所惡，所惡有甚於死者，故患有所不辟也。如使人之所欲莫甚於生，則凡可以得生者，何不用也？使人之所惡莫甚於死者，則凡可以辟患者，何不爲也？有甚於生者，謂義也，義者不可苟得。有甚於死者，謂無義也，不苟辟患也。莫甚於生，則苟利而求生矣。莫甚於死，則可辟患不擇善，何不爲耳？○不辟，音避，下同。由是則生而有不用也，由是則可以辟患而有不爲也，是故所欲有甚於生者，所惡有甚於死者。非獨賢者有是心也，人皆有之，賢者能勿喪耳。有不用，不用苟生也。有不爲，不爲苟惡而辟患也。有甚於生，義甚於生也。有甚於死，惡甚於死也。凡人皆有是心，賢者能勿喪亡之也。一簞食，一豆羹，得之則生，弗得則死，嘑爾而與之，行道之人弗受；蹴爾而與之，乞人不屑也。人之餓者，得此一器食可以生，不得則死。嘑爾，猶呼爾咄啐之貌也。行道之人，道中凡人以其賤己，故不肯受也。蹴，蹋也。以足踐蹋與之，乞人不絜之，亦由其小，故輕而不受也。○嘑，呼故切。蹴爾，張取六切。或作「踓」，音同。咄啐，丁都忽切，叱也；下七内切，呼也。萬鍾則不辯禮義而受之。萬鍾於我何加焉？爲宮室之美、妻妾之奉、所識窮乏者得我與？言一簞食則貴禮，至於萬鍾則不復辯別有禮義與不。鍾，量器也。萬鍾於己身何加益哉？己身不能獨食萬鍾也。豈不爲廣美宮室，供奉妻妾，施與所知之人窮乏者？○不辯，丁本作「變」，云：「於義當爲『辯』，辯，別也。」得我與，張云：「平聲，亦如字。」鄉爲身死而不受，今爲宮室之美爲之；鄉爲身死而不受，今爲妻妾之奉爲之；鄉爲身死而不受，今爲所識窮乏者得我

而爲之，是亦不可以已乎？此之謂失其本心。」鄉者不得簞食而食則身死，尚不受也。今爲此三者爲之，是不亦可以止乎！所謂失其本心也。○鄉爲，丁云：「並去聲。」下「今爲」「爲指」「鄉爲」「其但爲」「亦爲」皆同。章指言：舍生取義，義之大者也。簞食、萬鍾，用有輕重，縱彼納此，蓋違其本，凡人皆然，君子則否，所以殊也。

一一·一一 **孟子曰：「仁，人心也；義，人路也。舍其路而弗由，放其心而不知求，哀哉！**不行仁義者，不由路，不求心者也，可哀憫哉！**人有雞犬放，則知求之；有放心而不知求。學問之道無他，求其放心而已矣。」**人知求雞狗，莫知求其心者，惑也。學問所以求之。章指言：由路求心，爲得其本，追逐雞狗，務其末也。學以求之，詳矣。

一一·一二 **孟子曰：「今有無名之指屈而不信，非疾痛害事也，如有能信之者，則不遠秦楚之路，爲指之不若人也。**無名之指，手之第四指也，蓋以其餘指皆有名。無名指者，非手之用指也，雖不疾痛妨害於事，猶欲信之，不遠秦、楚，爲指不若人故也。○不信，音伸，下同。**指不若人，則知惡之；心不若人，則不知惡。此之謂不知類也。」**心不若人，可惡之大者也，而反惡指，故曰不知其類也。類，事也。○惡之，烏路切，下同。章指言：舍大惡小，不知其要。憂指忘心，不鄉於道。是以君子惡之也。

一一·一三 孟子曰：「拱把之桐梓，人苟欲生之，皆知所以養之者。至於身，而不知所以養之者，豈愛身不若桐梓哉？弗思甚也。」拱，合兩手也。把，以一手把之也。桐、梓，皆木名也，人皆知灌漑而養之。至於養身之道，當以仁義，而不知用，豈於身不若桐、梓哉？不思之甚也。○漑，古代切。

章指言：莫知養身而養樹木，失事違務，不得所急，所以誡未達者也。

一一·一四 孟子曰：「人之於身也，兼所愛。兼所愛，則兼所養也。無尺寸之膚不愛焉，則無尺寸之膚不養也。人之所愛則養之，於身也，一尺一寸之膚養相及也。所以考其善不善者，豈有他哉？於己取之而已矣。考知其善否，皆在己之所養也。體有貴賤，有大小。無以小害大，無以賤害貴。養其小者爲小人，養其大者爲大人。養小則害大，養賤則害貴。小，口腹也。大，心志也。頭頸，貴者也。指拇，賤者也。不可舍貴養賤也。務口腹者爲小人，治心志者爲大人。今有場師，舍其梧檟，養其樲棘，則爲賤場師焉。場師，治場圃者。場以治穀。圃，園也。梧，桐；檟，梓：皆木名。樲棘，小棘，所謂酸棗也。言此以喻人舍大養小，故曰賤場師也。○檟，音賈。樲，音貳。養其一指而失其肩背，而不知也，則爲狼疾人也。謂醫養人疾，治其一指，而不知其肩背之有疾，以至於害之，此爲狼藉亂不知治疾之人也。飲食之人，則人賤之矣，爲其養小以失大也。飲食之人無有失也，則口腹豈適爲尺寸之膚哉？」飲食之人，人所以賤之者，爲其養口腹而失道德耳。如使不失道德，存仁義以往，不嫌於養口腹也。故曰口腹豈但爲肥長尺寸之膚邪？亦爲懷道者也。章指言：養其行，治其正，俱用智力，善惡相厲，是以君子居處思義，飲食思禮也。

一一·一五 公都子問曰：「鈞是人也，或爲大人，或爲小人，何也？」鈞，同也。言有大有小，何也？孟子曰：「從其大體爲大人，從其小體爲小人。」大體，心思禮義。小體，縱恣情慾。曰：「鈞是人也，或從其大體，或從其小體，何也？」公都子言人何獨有從小體也。曰：「耳目之官不思，而蔽於物。物交物，則引之而已矣。心之官則思，思則得之，不思則不得也。此天之所與我者。先立乎其大者，則其小者弗能奪也。此爲大人而已矣。」孟子曰：人有耳目之官不思，故爲物所蔽。官，精神所在也。謂人有五官六府。物，事也。利慾之事來交引其精神，心官不思善，故失其道而陷爲小人也。此乃天所與人情性，先立乎其大者，謂生而有善性也。小者，情欲也。善勝惡，則惡不能奪。章指言：天與人性，先立其大，心官思之，邪不乖越，故謂之大人也。

一一·一六 孟子曰：「有天爵者，有人爵者。仁義忠信，樂善不倦，此天爵也；公卿大夫，此人爵也。天爵以德，人爵以祿。○樂善，音洛。下「自樂」「而樂」皆同。古之人修其天爵，而人爵從之。今之人修其天爵，以要人爵；既得人爵，而棄其天爵，則惑之甚者也，人爵從之，人爵自至也。以要人爵，要，求也。得人爵，棄天爵，惑之甚也。○以要，音邀，注及下同。終亦必亡而已矣。」棄善忘德，終必亡之。章指言：古修天爵，自樂之也；今要人爵，以誘時也；得人棄天，道之忌也；惑以招亡，小人事也。

一一·一七 孟子曰：「欲貴者，人之同心也。人人有貴於己者，弗思耳。人之所貴者，非良貴也。趙孟之所貴，趙孟能賤之。人皆同欲貴之心，人人自有貴者在己身，不思之耳。在己者，謂仁義廣譽也。凡人之所貴富，故曰非良貴者。趙孟，晉卿之貴者也，能貴人，又能賤人。人所自有者，他人不能賤之也。詩云：『既醉以酒，既飽以德。』言飽乎仁義也，所以不願人之膏粱之味也；令聞廣譽施於身，所以不願人之文繡也。」詩大雅既醉之篇。言飽德者，飽仁義之於身，身之貴者也，不願人膏粱矣。膏粱，細粱如膏者也。文繡，繡衣服也。○聞，音問。章指言：所貴在身，人不知求。膏粱文繡，己之所優。趙孟所貴，何能比之。是以君子貧而樂也。

一一·一八 孟子曰：「仁之勝不仁也，猶水勝火。今之爲仁者，猶以一杯水救一車薪之火也；不熄，則謂之水不勝火，此又與於不仁之甚者也，亦終必亡而已矣。」水勝火，取水足以制火，一杯水何能勝一車薪之火也，以此謂水不勝火。爲仁者亦若是，則與作不仁之甚者也。亡猶無也，亦終必無仁矣。○熄，音息。章指言：爲仁不至，不反諸己。謂水勝火，熄而後已。不仁之甚，終必亡矣。爲道不卒，無益於賢也。

一一·一九 **孟子曰：「五穀者，種之美者也；苟爲不熟，不如荑稗。夫仁，亦在乎熟之而已矣。」**熟，成也。五穀雖美，種之不成，不如荑稗之草其實可食。爲仁不成猶是也。○荑，音蹄。稗，蒲賣切。熟，成也。

章指言：功毁幾成，人在慎終。五穀不熟，荑稗是勝。是以爲仁必其成也。○幾，丁音祈，又音機。

一一·二〇 **孟子曰：「羿之教人射，必志於彀；學者亦必志於彀。**羿，古之工射者。彀，張也。弩向包的者〔一〕，用思要時也。學者志道，猶射者之張也。○彀，古候切。思，丁息二切。**大匠誨人必以規矩，學者亦必以規矩。」**大匠，攻木之工。規所以爲圜也，矩所以爲方也。誨，教也。教人必須規矩，學者以仁義爲法式，亦猶大匠以規矩者也。章指言：事各有本，道有所隆；彀張規矩，以喻爲仁；學不爲仁，猶是二教，失其法而行之也。

〔一〕 彀張也弩向包的者：此注費解，異文亦多。阮刻本作「彀張弩付的者」，阮元校勘記云：「十行本『付』字模糊，閩、監、毛如此，廖、孔、韓作『彀張也張弩向的』，考文引『彀張』云『古本下有也字』。又引『弩付的者』云『付作向』。」孟森校記云：「此本同古本而多『包』字。各本異同多矣，獨未見『包』字，則此本之異也。四考：宋本有『包』字，疑『向』之誤而複。」按「付」「包」二字皆當爲「向」字形近之訛，趙注原文似以作「彀張也張弩向的者」於義爲長。今仍其舊，出校而不改。

孟子卷第十二　趙氏注

告子章句下　凡十六章

一二·一 任人有問屋廬子曰：「禮與食孰重？」任國之人問孟子弟子屋廬連，問二者何者爲重？○任，張音壬。曰：「禮重。」答曰：禮重。「色與禮孰重？」曰：「禮重。」重如上也。曰：「以禮食，則飢而死；不以禮食，則得食，必以禮乎？親迎，則不得妻；不親迎，則得妻，必親迎乎？」任人難屋廬子，云若是則必待禮乎？○迎，張魚慶切，下同。難，乃旦切，卷末「可難」同。屋廬子不能對，明日之鄒以告孟子。孟子曰：「於！答是也何有？於，音烏，歎辭也。何有爲不可答也？○於，丁、張並音烏，歎辭也，斷句。不揣其本，而齊其末，方寸之木可使高於岑樓。金重於羽者，豈謂一鉤金與一輿羽之謂哉？取食之重者與禮之輕者而比之，奚翅食重？取色之重者與禮之輕者而比之，奚翅色重？孟子言夫物當揣量其本，以齊等其末。知其大小輕重乃可言也。不節其數，累積方寸之木，可使高於山耶？金重於羽，謂多少同而金重耳，一帶鉤之金，豈重一車羽耶[一]？如取食、色之重者，比禮之輕者，何翅食、色重哉！翅，辭也。若言何其不重也。○揣，初委切。翅，張云：「翅與啻同，古字通用，施智切。」往應之曰：『紾兄之臂而奪之食，則得食；不紾，則不得食，則將紾之乎？踰東家牆而摟其處子，則得妻；不摟，則不得妻，則將摟之乎？』」教屋廬子往應任人如是。紾，戾也。摟，牽也。處子，處女也。則是禮重，食、色輕者也。○紾，張音軫，又徒展切。摟，音婁，後章同。章指言：臨事量宜，權其輕重；以禮爲先，食、色爲後；若有偏殊，從其大者。屋廬子未達，故譬摟、紾也。

三·二

曹交問曰：「人皆可以爲堯舜，有諸？」孟子曰：「然。」曹交，曹君之弟，交，名也。答曰然者，言人皆有仁義之心，堯、舜行仁義而已。「交聞文王十尺，湯九尺，今交九尺四寸以長，食粟而已，如何則可？」交聞文王與湯皆長而聖，今交亦長，獨但食粟而已，當如何？○長，張如字。曰：「奚有於是？亦爲之而已矣。有人於此，力不能勝一匹雛，則爲無力人矣；今曰

[一] 金重於羽謂多少同而金重耳一帶鉤之金豈重一車羽耶：底本原作「金重於羽耶」五字，文意明顯有誤。周廣業四考謂宋本脱十八字。今據阮刻本補入「謂多少同而金重耳一帶鉤之金豈重一車羽」十八字。

舉百鈞，則爲有力人矣。則舉烏獲之任，是亦爲烏獲而已矣。夫人豈以不勝爲患哉？弗爲耳。孟子曰：何有於是言乎？仁義之道，亦當爲之乃爲賢耳。人言我力不能勝一小雛，則謂之無力之人。言我能舉百鈞，百鈞，三千斤也，則謂之有力之人矣。烏獲，古之有力人也，能移舉千鈞。人能舉其所任，是爲烏獲才也。夫一匹雛不舉，豈患不能勝哉？但不爲之耳。○匹雛，張如字，下士于切。丁作「疋雛」，云：「案注云疋雛『小雛』也，即『疋』訓『小』，而詁訓及諸書『疋』訓『耦』，訓『小』無文。今案方言：『疋，小也。』音節蓋與『疋』字相似，後人傳寫誤耳。」徐行後長者謂之弟，疾行先長者謂之不弟。夫徐行者，豈人所不能哉？所不爲也。長者，老者也。弟，順也。人誰不能徐行者，患不肯爲也。○後長，張丈切。下「先長」「年長」「長君」皆同。堯舜之道，孝弟而已矣。子服堯之服，誦堯之言，行堯之行，是堯而已矣。子服桀之服，誦桀之言，行桀之行，是桀而已矣。」孝弟而已，人所能也。堯服衣服不踰禮也，堯言仁義之言〔一〕，堯行孝弟之行。桀服譎詭非常之服，桀言不行仁義之言，桀行淫虐之行也。爲堯似堯，爲桀似桀。○之行，下孟切。下「堯行」「桀行」「之行」「循行」

〔一〕堯言仁義之言：「仁」原作「行」，而阮刻本作「仁」。按「仁義之言」與下「孝弟之行」對舉，於義爲長。今據阮刻本改。

「身行」「過行」皆同。曰：「交得見於鄒君，可以假館，願留而受業於門。」交欲學於孟子，願因鄒君假館舍、備門徒也。○得見，音現。下「享見」「見顏」「見於」皆同。曰：「夫道若大路然，豈難知哉？人病不求耳。子歸而求之，有餘師。」孟子言堯舜之道，較然若大路，豈有難知，人苦不肯求耳。子歸曹而求行其道。有餘師，師不少也，不必留此學也。○較，音角。章指言：天下大道，人並由之，病於不爲，不患不能。是以曹交請學，孟子辭焉。蓋詩三百，一言以蔽之。

三·三

公孫丑問曰：「高子曰：小弁，小人之詩也。」孟子曰：「何以言之？」曰：「怨。」高子，齊人也。小弁，小雅之篇，伯奇之詩也。怨者，怨親之過，故謂之小人。○小弁，音盤，下同。曰：「固哉，高叟之爲詩也！有人於此，越人關弓而射之，則己談笑而道之；無他，疏之也。其兄關弓而射之，則己垂涕泣而道之；無他，戚之也。小弁之怨，親親也。親親，仁也。固矣夫，高叟之爲詩也！」固，陋也。高子年長，孟子曰：陋哉！高父之爲詩也。疏越人，故談笑。戚，親也。親其兄，故號泣而道之，怪怨之意也。伯奇，仁人，而父虐之，故作小弁之詩曰：「何辜於天？」親親而悲怨之辭也。重言固陋，傷高叟不達詩人之意甚也。○爲詩，丁云：「爲猶解說也。」關弓，丁、張並音彎。射，食亦切，下同。重，直用切。曰：「凱風何以不怨？」詩邶風凱風之篇也。公孫丑曰：凱風亦孝子之詩，何以獨不怨？○邶，音佩。曰：「凱風，親之過小者也；小弁，親之過大者也。親之過大而不怨，是愈疏也；親之過小而怨，是不可磯也。愈疏，不孝也；不可磯，亦不孝也。孔子曰：『舜其至孝矣，五十而慕。』」孟子曰：凱風言「莫慰母心」，母心不悦也，知親之過小也。小弁曰「行有死人，尚或墐之」，而曾不閔己，知親之過大也。愈，益也。過已大矣，而孝子不怨思其親之意何爲如是！是益疏之道也，故曰不孝。磯，激也。過小耳，而孝子感激，輒怨其親，是亦不孝也。孔子以舜年五十而思慕其親不殆，稱曰孝之至矣。孝之不可以已也，知高叟譏小弁爲不得矣。○磯，音機。墐，音僅，丁云：「路旁冢也。」章指言：生之膝下，一體而分，喘息呼吸，氣通於親，當親而疏，怨慕號天。是以小弁之怨，未足爲愆也。

三·四 宋牼將之楚，孟子遇於石丘，曰：「先生將何之？」宋牼，宋人名牼，學士年長者，故謂之先生。石丘，地名也。道遇，問欲何之。○牼，口莖切。曰：「吾聞秦楚構兵，我將見楚王說而罷之。楚王不悦，我將見秦王說而罷之。二王我將有所遇焉。」牼自謂往說二王，必有所遇，得從其志。○說而，音稅，下皆同。曰：「軻也請無問其詳，願聞其指。說之將何如？」孟子敬宋牼，自稱其名曰軻。不敢詳問，願聞其指，欲如何說之？曰：「我將言其不利也。」牼曰：我將爲二王言興兵之不利也。○將爲，于僞切。下「爲其」「爲人」「自爲」「爲湯」「城爲之」皆同。曰：「先生之志則大矣，先生之號則不可。先生以利說秦楚之王，秦楚之王悦於利，以罷三軍之師，是三軍之士樂罷而悦於利也。爲人臣者懷利以事其君，爲人子者懷利以事其父，爲人弟者懷利以事其兄，是君臣、父子、兄弟終去仁義，懷利以相接，然而不亡者，未之有也。孟子曰：先生志誠大矣，所稱名號不可用也。二王悦利罷三軍，三軍士樂之而悦利，則舉國尚利以相接待，而忘仁義，則其國亡矣。○樂罷，音洛。下「樂聞」「樂賢」「安樂」皆同。先生以仁義説秦楚之王，秦楚之王悦於仁義，而罷三軍之師，是三軍之士樂罷而悦於仁義也。爲人臣者懷仁義以事其君，爲人子者懷仁義以事其父，爲人弟者懷仁義以事其兄，是君臣、父子、兄弟去利，懷仁義以相接也，然而不王者，未之有也。何必曰利？」以仁義之道，不忍興兵，三軍之士悦，國人化之，咸以仁義相接，可以致王，何必以利爲名也？

章指言：上之所欲，下以爲俗，俗化於善，久而致平；俗化於惡，久而致傾。是以君子創業，慎其所以爲名也。

一三·五

孟子居鄒，季任爲任處守，以幣交，受之而不報。任，薛之同姓小國也。季任，任君季弟也。任君朝會於鄰國，季任爲之居守其國也，致幣帛之禮以交孟子，受之而未報也。處於平陸，儲子爲相，以幣交，受之而不報。平陸，齊下邑也。儲子，齊相也，亦致禮以交孟子而未答也。他日，由鄒之任，見季子；由平陸之齊，不見儲子。屋廬子喜曰：「連得閒矣！」問曰：「夫子之任，見季子；之齊，不見儲子〔一〕，爲其爲相與？」連，屋廬子名也。見孟子答此二人有異，故喜曰：連今日乃得一見夫子與之閒隙也。俱答二人，獨見季子、不見儲子者，以季子當君國子民之處，儲子爲相，故輕之邪？○閒，音閑。相與，息亮切，下「爲相」「相得」皆同。下音餘，下「得與」同。隙，去逆切。曰：「非也。書曰：『享多儀，儀不及物，曰不享。惟不役志於享。』爲其不成享也。」孟子曰：非也。非以儲子爲相，故不見。尚書洛誥篇曰「享多儀」，言享見之禮多儀法也。物，事也。儀不及事，謂有闕也，故曰不成享禮。儲子本禮不足，故我不見也。屋廬子悅。或問之，屋廬子曰：「季子不得之鄒，儲子得之平陸。」屋廬子已曉其意，聞義而服，故悅也。人問之曰：何爲若是？屋廬子曰：季子守國，不得越境至鄒，不身造孟子可也；儲子爲相，得循行國中，但遥交禮〔二〕，爲其不尊賢，故答而不見。○造，七到切。章指言：君子交接，動不違禮，享見之儀，亢答不差。是以孟子或見或不答，以其宜也。

〔一〕 不見儲子：「不見」二字爲經文無疑，而底本原刻作雙行小字，誤成注文版式，孟森校記謂此乃「誤脱一字而補之耳」，所説有理，徑正。

〔二〕 但遥交禮：「遥」原作「游」，孟森校記謂當誤。按阮刻本作「遥」，於義爲長，今據改。

三·六

淳于髡曰：「先名實者，爲人也；後名實者，自爲也。夫子在三卿之中，名實未加於上下而去之，仁者固如此乎？」淳于，姓；髡，名也，齊之辯士。名者，有道德之名。實者，治國惠民之功實也。齊，大國，有三卿，謂孟子嘗處此三卿之中矣。未聞名實，下濟於民，上匡其君，而速去之。仁者之道，固當然邪？○髡，音坤。孟子曰：「居下位，不以賢事不肖者，伯夷也；五就湯，五就桀者，伊尹也；不惡汙君，不辭小官者，柳下惠也。三子者不同道，其趨一也。」伊尹爲湯見貢於桀，桀不用而歸湯，湯復貢之，如此者五。思濟民，冀得施行其道也。此三人雖異道，所履者一也。○不惡，烏路切。下「所惡」「惡爲」皆同。汙，烏路切。趨，張讀如趣，言其趣向正道無異也。下注同。「一者何也？」髡問一者何也？曰：「仁也。君子亦仁而已矣，何必同？」孟子言君子進退行止，未必同也，趨於履仁而已。髡譏其速去，故引三子以喻意也。曰：「魯繆公之時，公儀子爲政，子柳、子思爲臣，魯之削也滋甚；若是乎賢者之無益於國也！」髡曰：魯繆公時，公儀休爲執政之卿。子柳，泄柳也；子思，孔伋也。二人皆師傅之臣，不能救魯之見削奪，亡其土地者多。若是賢者無所益於國家者，何用賢爲？○繆公，音穆。下注、「秦繆」同。曰：「虞不用百里奚而亡，秦繆公用之而霸。不用賢則亡，削何可得與？」孟子云：百里奚所去國亡，所在國霸，無賢國亡，何但得削？豈可不用賢也！曰：「昔者王豹處於淇，而河西善謳；緜駒處於高唐，而齊

右善歌；華周、杞梁之妻善哭其夫而變國俗。有諸內，必形諸外。爲其事而無其功者，髠未嘗覩之也。是故無賢者也；有則髠必識之。」王豹，衛之善謳者。淇，水名。衛詩竹竿之篇曰：「泉源在左，淇水在右。」碩人之篇曰：「河水洋洋，北流活活。」衛地濱於淇水，在北流河之西，故曰處於淇而河西善謳，所謂鄭衛之聲也。緜駒，善歌者也。高唐，齊西邑。緜駒處之，故曰齊右善歌。華周，華旋也；杞梁，杞殖也。二人，齊大夫，死於戎事者。其妻哭之哀，城爲之崩，國俗化之，則效其哭。髠曰：如是歌、哭者尚能變俗，有中則見外。爲之而無功者，髠不聞也。有功乃爲賢者，不見其功，故謂之無賢者也。如有之，則髠必識知之。○華周，胡化切，注同。**曰：「孔子爲魯司寇，不用，從而祭，燔肉不至，不稅冕而行。不知者以爲爲肉也，其知者以爲爲無禮也。乃孔子則欲以微罪行，不欲爲苟去。君子之所爲，衆人固不識也。」**孟子言孔子爲魯賢臣。不用，不能用其道也。從魯君而祭於宗廟，當賜大夫以胙，燔肉不至。膊炙者爲燔。詩云：「燔炙芬芬，反歸其舍。」未及稅解祭之冕而行，出適他國。不知者以爲不得燔肉而慍也，知者以爲爲君無禮，乃欲以微罪行。燔肉不至我黨，從祭之禮不備，有微罪乎？乃聖人之妙旨，不欲爲誠，欲急去也。衆人固不能知君子之所爲，謂髠不能知賢者之志也。○不稅，音脫，注同。以爲爲肉，下「爲」字于僞切。下「爲無」「爲君」「爲魯一戰」「爲君」「爲惡」「爲之」「爲人」「奚爲」皆同。膊炙，普各切。下之石切。章指言：見機而作，不俟終日，孔子將行，冕不及稅。庸人不識，課以功實。淳于雖辯，終亦屈服，正者勝也。

三·七

孟子曰：「五霸者，三王之罪人也；五霸者，大國秉直道以率諸侯，齊桓、晉文、秦繆、宋襄、楚莊是也。三王，夏禹、殷湯、周文王是也。○五霸，丁云：「案先儒說五霸不同，有以夏伯昆吾、商伯大彭、豕韋、周伯齊桓、晉文爲五霸。今此注以齊桓、晉文、秦穆、宋襄、楚莊爲五霸。」今之諸侯，五霸之罪人也；今之大夫，今之諸侯之罪人也。謂當孟子之時諸侯及大夫也。諸侯，臣，總謂之大夫。罪人之事，下別言之。天子適諸侯曰巡狩，諸侯朝於天子曰述職。春省耕而補不足，秋省斂而助不給。入其疆，土地辟，田野治，養老尊賢，俊傑在位，則有慶，慶以地。入其疆，土地荒蕪，遺老失賢，掊克在位，則有讓。一不朝，則貶其爵；再不朝，則削其地；三不朝，則六師移之。是故天子討而不伐，諸侯伐而不討。五霸者，摟諸侯以伐諸侯者也，故曰，五霸者，三王之罪人也。巡狩、述職，皆以助人民。慶，賞也。養老尊賢，能者在位，賞之以地，益其地也。掊克不良之人在位，則責讓之。不朝至三，討之以六師。移之，就之也。討者，上討下也。伐者，敵國相征伐也。五霸强摟牽諸侯以伐諸侯，不以王命也，於三王之法，乃罪人也。○地辟，音闢。下「辟土」同。掊克，丁薄侯切，深也，聚斂也。五霸，桓公爲盛。葵丘之會，諸侯束牲載書而不歃血。初命曰：『誅不孝，無易樹子，無以妾爲妻。』再命曰：『尊賢育才，以彰有德。』三命曰：『敬老慈幼，無忘賓旅。』四命曰：『士無世官，官事無攝，取士必得，無專殺大夫。』五命曰：『無曲防，無遏糴，無有封而不告。』曰：『凡我同盟之人，既盟之後，言歸于好。』今之諸侯皆犯此五禁，故曰，今之諸侯，五霸之罪人也。齊桓公，五霸之盛者也，與諸侯會于葵丘，束縛其牲，但加載書，不復歃血。言畏桓公，不敢負也。不得專誅不孝。樹，立也。已立世子，不得擅易也。不得立愛妾爲嫡也。尊賢養才，所以彰明有德之人。敬老愛少，恤矜孤寡，賓客羈旅勿忘忽也。仕爲大臣，不得世官，賢臣乃得世禄也。官事無攝，無曠庶僚也。取士必得賢，立之無方也。無專殺大夫，不得以私怒行誅戮也。無敢違王法而以己曲意設防禁也，無遏止穀糴不通鄰國也，無以私恩擅有所封賞而不告盟主也。言歸于好，無構怨也。桓公施此五命，而今諸侯皆犯之，故曰罪人也。○歃，所洽切。糴，音狄。于好，呼報切。下「好戰」「好善」皆同。長君之惡其罪小，逢君之惡其罪大。今之大夫皆逢君之惡，故曰，今之大夫，今之諸侯之罪人也。」君有惡命，臣長大而宣之，其罪在不能距逆君命，故曰小也。逢，迎也。君之惡心未發，臣以諂媚逢迎，而導君爲非，故曰罪大。今諸侯之大夫皆逢君之惡，故曰罪人也。○長君，張丈切。丁又如字。章指言：王道寖衰，轉爲罪人，孟子傷之，是以博思古法，匡時君也。

一二·八

魯欲使慎子爲將軍。孟子曰：「不教民而用之，謂之殃民。殃民者，不容於堯舜之世。一戰勝齊，遂有南陽，然且不可。」慎子，善用兵者。不教民以仁義而用之戰鬭，是使民有殃禍也。堯舜之世，皆行仁義，故好戰殃民者，不能自容也。就使慎子能爲魯一戰取齊南陽之地，且猶不可。山南曰陽，岱山之南，謂之南陽也。慎子勃然不悦，曰：「此則滑釐所不識也！」滑釐，慎子名。不悦，故曰我所不知此言何謂也？○滑釐，丁、張並音骨，下力之切。曰：「吾明告子。天子之地方千里；不千里，不足以待諸侯。諸侯之地方百里；不百里，不足以守宗廟之典籍。周公之封於魯，爲方百里也；地非不足，而儉於百里。太公之封於齊也，亦爲方百里也；地非不足也，而儉於百里。今魯方百里者五，子以爲有王者作，則魯在所損乎，在所益乎？徒取諸彼以與此，然且仁者不爲，況於殺人以求之乎？孟子見慎子不悦，故曰：明告子，天子諸侯地制如是。諸侯當來朝聘，故言守宗廟。典籍，謂先祖常籍法度之文也。周公、太公，地尚不能滿百里，儉而不足也。後世兼侵小國，今魯乃五百里矣。有王者作，若文王、武王者，子以爲魯在所損之中邪？在所益之中也。言其必見損也。但取彼與此爲無傷害，仁者尚不肯爲，況戰鬭殺人以求廣土地乎！君子之事君也，務引其君以當道，志於仁而已。」言君子事君之法，牽引其君以當正道者，仁也。志仁而已，欲使慎子輔君以仁。章指言：招攜懷遠，貴以德禮。既其用兵，廟勝爲上，戰勝爲下，明賤戰也。

一二·九 孟子曰："今之事君者曰：'我能爲君辟土地，充府庫。'今之所謂良臣，古之所謂民賊也。辟土地，侵鄰國也。充府庫，重賦斂也。今之所謂良臣者，於古之法爲民賊傷民，故謂之賊也。君不鄉道，不志於仁，而求富之，是富桀也。爲惡君聚斂以富之，爲富桀也，謂若夏桀也。○鄉道，音向，下同。'我能爲君約與國，戰必克。'今之所謂良臣，古之所謂民賊也。連諸侯以戰，求必勝也。君不鄉道，不志於仁，而求爲之强戰，是輔桀也。説與上同。由今之道，無變今之俗，雖與之天下，不能一朝居也。"今之道非善道，今之世俗漸惡久矣，若不變更，雖得天下之政而治之，不能自安一朝之間居其位也。○變更，音庚。章指言：善爲國者，必藏於民；賊民以往，其餘何觀；變俗移風，非樂不化；以亂濟民，不知其善也。

一二·一〇 白圭曰："吾欲二十而取一，何如？"白圭，周人也。節以貨殖，欲省賦利民，使二十而税一。孟子曰："子之道，貉道也。萬室之國〔一〕，一人陶，則可乎？"貉，夷貉之人，在荒服者也。貉之税，二十而取一。萬家之國，使一人陶瓦器，則可乎？以此喻白圭所言也。○貉，音陌。曰："不可，

〔一〕萬室之國："國"原作"邑"，孟森校記謂據下文"且不可以爲國"，當以"國"字爲合。按趙注作"萬家之國"，阮刻本亦作"國"，於義爲長，今據改。

器不足用也。」白圭曰：一人陶，則瓦器不足以供萬室之用也。曰：「夫貉，五穀不生，惟黍生之；無城郭、宫室、宗廟、祭祀之禮，無諸侯幣帛饔飧，無百官有司，故二十取一而足也。貉在北方，其氣寒，不生五穀。黍早熟，故獨生之也。無中國之禮，如此之用，故可二十取一而足也。○饔飧，音雍孫。今居中國，去人倫，無君子，如之何其可也？陶以寡，且不可以爲國，況無君子乎？欲輕之於堯舜之道者，大貉小貉也；欲重之於堯舜之道者，大桀小桀也。」今之居中國，當行禮義，而欲效夷貉無人倫之叙、無君子之道，豈可哉！陶器者少，尚不可以爲國，況無君子之道乎？堯舜以來，什一而税，足以行禮，故以此爲道。今欲輕之，二十税一者，夷貉爲大貉，子爲小貉也。欲重之，過什一，則夏桀爲大桀，子爲小桀也。章指言：先王典禮，萬世可遵；什一供貢，下富上尊。裔土簡惰，二十而税；夷狄有君，不足爲貴。圭欲法之，孟子斥之以王制也。

三·二

白圭曰：「丹之治水也愈於禹。」丹，名；圭，字也。當諸侯時有小水，白圭爲治除之，因自謂過禹也。孟子曰：「子過矣。禹之治水，水之道也，是故禹以四海爲壑。今吾子以鄰國爲壑。水逆行謂之洚水，洚水者，洪水也，仁人之所惡也。吾子過矣。」子之所言過矣。禹除中國之害，以四海爲溝壑以受其害水，故後世賴之。今子除水，近注之鄰國，觸於洚水之名，仁人惡爲之，自以爲愈於禹，子亦過甚矣。○洚，張音絳，又下江切。丁胡貢切。章指言：君子除害，普爲人也；白圭蠁鄰，亦以狹矣。是故賢者志其大者、遠者也。

三·二三 孟子曰：「君子不亮，惡乎執？」亮，信也。易曰：「君子履信思順。」若爲君子之道，舍信將安執之？○惡乎執，音烏。本亦無「乎」字。舍，音捨。章指言：論語曰「自古皆有死，民無信不立」，重信之至也。

三·二三 魯欲使樂正子爲政。樂正子，克也，魯君欲使之執政於國。孟子曰：「吾聞之，喜而不寐。」喜其人道德得行，爲之喜而不寐。公孫丑曰：「樂正子强乎？」曰：「否。」「有知慮乎〔一〕？」曰：「否。」「多聞識乎？」曰：「否。」丑問樂正子有此三問之所能乎？孟子皆曰否，不能有此也。○知，音智。「然則奚爲喜而不寐？」丑問無此三者，何爲喜而不寐？曰：「其爲人也好善。」孟子言樂正子之爲人也能好善，故爲之喜。「好善足乎？」丑問人但好善，足以治國乎？曰：「好善優於天下，而況魯國乎？夫苟好善，則四海之内皆將輕千里而來告之以善；夫苟不好善，則人將曰：『訑訑，予既已知之矣。』訑訑之聲音顔色距人於千里之外。孟子曰：好善樂聞善言，是采用之也。以此治天下，可以優之，虞舜是也，何況於魯不能治乎！人誠好善，四海之士

〔一〕有知慮乎：「知」原作「智」，二字古通用。按阮刻本等皆作「知」，音義亦出「知」字，今據改。

皆輕行千里以善來告之；誠不好善，則其人將曰訑訑，賤他人之言。訑訑者，自足其智，不嗜善言之貌。**訑訑之人，**發聲音，見顔色，人皆知其不欲受善言也。道術之士聞之，止於千里之外而不來也。○訑訑，張吐禾切，云：「蓋言辭不正，欺罔於人，自誇大之貌。」丁云：「此字音他，又達可切。說文云：『欺也。』字作『訑』者，音怡。訑訑，自足其智，不嗜善言之貌。今諸本皆作『訑』，即不合注意，當借讀爲『詑』，音怡。」見顔，音現，下「見於」同。**士止於千里之外，則讒諂面諛之人至矣。與讒諂面諛之人居，國欲治，可得乎？」**懷善言之士止於千里之外，不肯就之，則邪惡順意之人至矣。與邪惡居，欲使國治，豈可得乎？ 章指 言：好善從人，聖人一概，禹聞讜言，答之而拜。訑訑吐之，善人亦逝，善去惡來，道若合符。詩曰：「雨雪瀌瀌，見晛聿消。」此之謂也。○雨雪，于付切。瀌瀌，符驕切，又彼苗切。見晛，如字，丁音現；下奴見切。

三·四

陳子曰：「古之君子何如則仕？」陳臻問：古之君子得何禮可以仕也？**孟子曰：「所就三，所去三。迎之致敬以有禮；言，將行其言也，則就之。禮貌未衰，言弗行也，則去之。其次，雖未行其言也，迎之致敬以有禮，則就之。禮貌衰，則去之。其下，朝不食，夕不食，飢餓不能出門户，君聞之，曰：『吾大者不能行其道，又不能從其言也，使飢餓於我土地，吾耻之。』周之，亦可受也，免死而已矣。」**所去就，謂下事也。禮者，接之以禮也。貌者，顏色和順，有樂賢之容。禮衰，不敬也；貌衰，不悅也。其下者，困而不能與之祿，則當去。矜其困而周之，苟免死而已。此三就三去之道。窮餓而去不疑也，故不言去，免死而留，爲死故也。權時之宜，嫌其疑也，故載之也。○周之，與「賙」同，救贍也。章指言：士雖正道，亦有量宜，聽言爲上，禮貌次之，困而免死，斯爲下矣。備此三科，亦無疑也。

三·二五

孟子曰：「舜發於畎畝之中，傅說舉於版築之間，膠鬲舉於魚鹽之中，管夷吾舉於士，孫叔敖舉於海，百里奚舉於市。故天將降大任於是人也，必先苦其心志，勞其筋骨，餓其體膚，空乏其身，行拂亂其所爲，所以動心忍性，曾益其所不能。舜耕歷山，三十徵庸。傅說築傅巖，武丁舉以爲相。膠鬲，殷之賢臣，遭紂之亂，隱遁爲商，文王於鬻販魚鹽之中得其人，舉之以爲臣也。士，獄官也。管夷吾自魯囚執於士官，桓公舉以爲相國。孫叔敖隱處耕於海濱，楚莊王舉之以爲令尹。百里奚亡虞適秦，隱於都市，而以爲相也。言天將降下大事以任聖賢，必先勤勞其身，餓其體而瘠其膚，使其身乏資絕糧，所行不從拂戾而亂之者，所以動驚其心，堅忍其性，使不違仁，困而知勤，曾益其素所以不能行。○傅說，音悅。後卷「傅說」皆放此。膠鬲，張音隔。拂亂，丁音佛。忍性，張如字，丁音刃，注同。曾益，張云：「曾與增同。」丁云：「依注，曾讀當作增，依字訓義亦通也。」鬻，字或作「育」，音同。**人恒過，然後能改；困於心，衡於慮，而後作；徵於色，發於聲，而後喻。**人常以有謬思過行，不得福，然後乃更其所爲，以不能爲能也。困瘁於心。衡，横也，横塞其慮於胷臆之中，而後作爲奇計異策、憤激之説也。徵驗見於顔色，若屈原憔悴，漁父見而怪之。發於聲而後喻，若甯戚商歌，桓公異之。○瘁，音萃。屈，九勿切。**入則無法家拂士，出則無敵國外患者，國恒亡。然後知生於憂患而死於安樂也。」**入，謂國内也。無法度大臣之家、輔拂之士。出，謂國外也。無敵國可難，無外患可憂，則凡庸之君驕慢荒怠，國常以此亡也。故知能生於憂患，死於安樂也。死，亡也。安樂怠惰，使人亡其知能也。○拂，音弼。知生，丁依注音智，注同。陸如字，云：「言憂患者以生全、安樂者得死亡也。」章指言：聖賢困窮，天堅其志。次賢感激，乃奮其慮。凡人佚樂，以喪知能。賢愚之叙也。

三·一六

孟子曰：「教亦多術矣，予不屑之教誨也者，是亦教誨之而已矣。」教人之道多術。予，我也。屑，絜也。我不絜其人之行，故不教誨之。其人感此，退自修學而爲仁義，是亦我教誨之一道也。章指言：學而見賤，耻之大者，激而厲之，能者以改。教誨之方，或折或引，同歸殊塗，成之而已。○折，丁之設切。

孟子卷第十三　　趙氏注

盡心章句上

盡心者，人之有心，爲精氣主，思慮可否，然後行之。猶人法天，天之執持維綱以正二十八舍者，北辰也。論語曰：「北辰居其所，而衆星共之。」心者，人之北辰也。曰存其心，養其性，所以事天也，故以「盡心」題篇。○共，求用切。亦作「拱」，居勇切。

凡四十七章

一三·一 **孟子曰：「盡其心者，知其性也。知其性，則知天也。**性有仁、義、禮、智之端，心以制之，惟心爲正。人能盡極其心，以思行善，則可謂知其性矣。知其性，則知天道之貴善者也。**存其心，養其性，所以事天也。**能存其心，養育其正性，可謂仁人。天道好生，仁人亦好生。天道無親，惟仁是與。行與天合，故曰所以事天。○好生，呼報切。下「所好」「好善」「好以」「好利」「好仁」「之好」皆同。行與，下孟切。下「之行」「改行」「善行」「行有」「百行」皆同。**殀壽不貳，修身以俟之，所以立命也。」**貳，二也。仁人之行，一度而已。雖見前人或殀或壽，終無二心改易其道。殀若顔淵，壽若邵公，皆歸之命。修正其身，以待天命，此所以立命之本也。○殀，與「夭」同。章指言：盡心竭性，足以承天。殀壽禍福，秉心不違。立命之道，惟是爲珍。

一三・二 **孟子曰：「莫非命也，順受其正。**莫，無也。人之終，無非命也。命有三名，行善得善曰受命，行善得惡曰遭命，行惡得惡曰隨命。惟順受命爲受其正也。○命有三名，丁云：「案此三命事出孝經援神契。」**是故知命者不立乎巖牆之下。**知命者欲趨於正，故不立巖牆之下，恐壓覆也。**盡其道而死者，正命也；**盡修身之道，以壽終者，爲得正命也。**桎梏死者，非正命也。」**畏壓、溺死〔一〕，禮所不弔，故曰非正命也。○壓，烏甲切。章指言：人必趨命，貴受其正。巖牆之疑，君子遠之。○遠，于願切。下「遠辱」同。

一三・三 **孟子曰：「求則得之，舍則失之，是求有益於得也，求在我者也。**謂修仁行義，事在於我。我求則得，我舍則失，故求有益於得也。○舍，音捨。下「是舍」「舍大」皆同。**求之有道，得之有命，是求無益於得也，求在外者也。」**謂賢者修其天爵而人爵從之，故曰求之有道也。修天爵者，或得或否，故言得之有命也。爵禄須知己，知己者在外，非身所專，是以云求無益於得也，求在外也。章指

〔一〕畏壓溺死：底本原無「死」字，文意欠明。按阮刻本有「死」字，於義爲長，今據補。

言：爲仁由己，富貴在天，故孔子曰：「如不可求，從吾所好。」

一三·四 **孟子曰：「萬物皆備於我矣。反身而誠，樂莫大焉。**物，事也。我，身也。普謂人爲成人已往，皆備知天下萬物，常有所行矣。誠者，實也。反自思其身所施行，能皆實而無虚，則樂莫大焉。○樂莫，音洛。下「樂在」「樂善」「樂其」「所樂」「樂道」「樂義」「之樂」「樂風」「樂爲」「而樂」「樂而」「三樂」「樂也」「所樂」「樂之」皆同。**强恕而行，求仁莫近焉。」**當自强勉以忠恕之道，求仁之術，此最爲近。

章指言：每必以誠，恕己而行，樂在其中，仁之至也。

一三·五 **孟子曰：「行之而不著焉，習矣而不察焉，終身由之而不知其道者，衆也。」**人皆有仁義之心，日自行之於其所愛，而不能著明其道以施於大事；仁妻愛子亦以習矣，而不能察知可推以爲善也。由，用也。終身用之，以爲自然，不究其道可成君子，此衆庶之人也。

章指言：人有仁端，達之以爲道。凡夫用之，不知其爲實也。

一三·六 **孟子曰：「人不可以無耻。**人不可以無所羞耻也。論語曰：「行己有耻。」**無耻之耻，無耻矣。」**人能耻己之無所耻，是爲改行從善之人，終身無復有耻辱之累也。

章指言：耻身無分，獨無所耻，斯必遠辱，不爲憂矣。

一三·七 **孟子曰：「耻之於人大矣，爲機變之巧者，無所用耻焉。**耻者爲不正之道，正人之所耻爲也。

今造機變阱陷之巧以攻戰者，非古之正道也。取爲一切可勝敵也，宜無以錯於廉耻之心也。○錯，音措。**不耻不若人，何若人有？」**不耻不如古之聖人，何有如賢人之名也？章指言：不慕大人，何能有耻？是以隰朋愧不及黄帝，佐齊桓以有勳；顔淵慕虞舜，仲尼嘆「庶幾」之云。

一三·八 **孟子曰：「古之賢王好善而忘勢。**樂善而自卑，若高宗得傅説而禀命。**古之賢士何獨不然？樂其道而忘人之勢。**何獨不然，何獨不有所樂有所忘也。樂道守志，若許由洗耳，可謂忘人之勢矣。**故王公不致敬盡禮，則不得亟見之。見且由不得亟，而況得而臣之乎！」**亟，數也。若伯夷非其君不事，伊尹樂堯舜之道，不致敬盡禮，可數見之乎？作者七人，隱各有方〔一〕，豈可得而臣之？○亟見，去吏切，下同。數也，音朔，下同。章指言：王公尊賢，以貴下賤之義也；樂道忘勢，不以富貴動心之分也。各崇所尚，則義不虧矣。○下賤，去聲。

一三·九 **孟子謂宋句踐曰：「子好游乎？吾語子游。人知之，亦囂囂；人不知，亦囂囂。」**宋，姓也；句踐，名也。好以道德游，欲行其道者。囂囂，自得無欲之貌。○句，古侯切。語，魚據切。囂囂，五高反，又許驕切。**曰：「何如斯可以囂囂矣？」**句踐問何執守可囂囂也。**曰：「尊德樂義，則**

〔一〕 隱各有方：「方」原作「万」，顯誤。按孟森校記謂「方」乃版刻蝕作「万」，是，今據阮刻本改。

可以囂囂矣。尊，貴也。孟子曰：能貴德而履之，樂義而行之，則可以囂囂無欲矣。**故士窮不失義，達不離道。窮不失義，故士得己焉；達不離道，故民不失望焉。**窮不失義，不爲不義而苟得，故得己之本性也。達不離道，思利民之道，故民不失其望也。○離，力智切，下同。**古之人，得志，澤加於民；不得志，修身見於世。窮則獨善其身，達則兼善天下。」**古之人得志君國，則德澤加於民人。不得志，謂賢者不遭遇也，見，立也。獨治其身以立於世間，不失其操也，是故獨善其身。達謂得行其道，故能兼善天下也。○見於，音現。章指言：内定常滿，囂囂無憂，可出可處，故云以游。修身立世，賤不失道，達善天下，乃用其寶。句踐好游，未得其要，孟子言之，然後乃喻。

一三·一〇 **孟子曰：「待文王而後興者，凡民也。若夫豪傑之士，雖無文王猶興。」**凡民，無異知者也，故須文王之大化，乃能自興起以趨善道。若夫豪傑才知千萬於凡人者，雖不遭文王，猶能自起以善守身正行，不陷溺也。○才知，音智。下「術知」同。章指言：小人待化，乃不辟邪；君子特立，不爲俗移，故稱豪傑自興也。○辟，音僻。

一三·一一 **孟子曰：「附之以韓、魏之家，如其自視欿然，則過人遠矣。」**附，益也。韓、魏，晉六卿之富者也。言人既自有家，復益以韓、魏百乘之家，其富貴已美矣。而其人欿然不足，自知仁義之道不足也，此則過人甚遠矣。○欿，張音坎。字林云：「欲得也。」今詳此義，内顧不足而有所然也。下注「滿欿」同。

章指言：人情富盛，莫不驕矜。若能欲然謂不如人，非但免過，卓絶乎凡也。

一三·一二 **孟子曰：「以佚道使民，雖勞不怨。**謂教民趨農，役有常時，不使失業，當時雖勞，後獲其利，則佚矣，若「亟其乘屋」之類也，故曰不怨。○亟，音棘。**以生道殺民，雖死不怨殺者。」**謂殺大辟之罪者，以坐殺人故也。殺此罪人者，其意欲生民也。故雖伏罪而死，不怨殺者。○大辟，音闢。章指言：勞人欲以佚之，殺人欲以生之，則民無怨讟也。

一三·一三 **孟子曰：「霸者之民驩虞如也，王者之民皞皞如也。殺之而不怨，利之而不庸，民日遷善而不知爲之者。**霸者行善恤民，恩澤暴見易知，故民驩虞樂之也。王者道大法天，浩浩而德難見也。殺之不怨，故曰殺人而不怨也。庸，功也。利之使趨時而農，六畜繁息，無凍餓之老，而民不知獨是王者之功。修其庠序之教，使日遷善，亦不能覺知誰爲之者。言化大也。○驩虞，丁云：「義當作『歡娱』，古字通用耳。」皞皞，張云：「皞與昊同。」說文：「胡老切。」義與「浩」同，古字通用。**夫君子所過者化，所存者神，上下與天地同流，豈曰小補之哉？」**君子通於聖人，聖人如天。過此世能化之，存在此國，其化如神，故言與天地同流也。天地化物，歲成其功，豈曰使成人知其小補益也。○所過者化所存者神，陸云：「言君子所過人者，在於政化；存其身者，在於神明。」章指言：王政浩浩，與天地同道；霸者德小，民人速覩，是以賢者志其大者也。

一三·一四 **孟子曰：「仁言不如仁聲之入人深也，**仁言，政教法度之言也。仁聲，樂聲雅、頌也。仁言之政雖明，不如雅、頌感人心之深也。**善政不如善教之得民也。**善政使民不違上，善教使民尚仁義，心易得也。**善政，民畏之；善教，民愛之。善政得民財，善教得民心。」**畏之，不逋怠，故賦役舉而財聚於一家也。愛之，樂風化而上下親，故歡心可得也。章指言：明法審令，民趨君命，崇寬務化，民愛君德，故曰移風易俗，莫善於樂。

一三·一五 **孟子曰：「人之所不學而能者，其良能也；所不慮而知者，其良知也。**不學而能，性所自能。良，甚也。是人之所能甚也。知亦猶是能也。**孩提之童無不知愛其親者，及其長也，無不知敬其兄也。**孩提，二三歲之間，在襁褓，知孩笑可提抱者也。少知愛親，長知敬兄，此所謂良能良知也。○襁褓，丁紀享切。説文云：「負兒衣也。」博物志曰：「織縷爲之，廣八寸，長一尺二寸，以負小兒於背上。」下音保。聲類曰：「褓者，小兒被子也。」少知，詩妙切，下「少而」同。長知，張丈切，下「敬長」「挾長」皆同。**親親，仁也；敬長，義也；無他，達之天下也。」**人仁義之心，少而皆有之，欲爲善者無他。達，通也。但通此親親敬長之心，施之天下人而已。章指言：本性良能，仁義是也。達之天下，恕乎己也。

一三·一六 **孟子曰：「舜之居深山之中，與木石居，與鹿豕游，其所以異於深山之野人者幾希。**舜耕歷山之時，居木石之間。鹿豕近人，若與人游也。希，遠也。當此之時，舜與野人相去豈遠哉！**及其聞一善言，見一善行，若決江河，沛然莫之能禦也。」**舜雖外與野人同其居處，聞人一善言則從之，見人一善行則識之，沛然不疑，辟若江河之流〔一〕，無能禦止其所欲行。章指言：聖人潛隱，辟若神龍，亦能飛天，亦能小同，舜之謂也。○辟若，丁音譬。下「辟若」同。

一三・一七 **孟子曰：「無爲其所不爲，無欲其所不欲，如此而已矣。」**無使人爲己所不欲爲者，無使人欲己之所不欲者，每以身況之如此，則人道足也。章指言：己所不欲，勿施於人，仲尼之道也。

一三・一八 **孟子曰：「人之有德、慧、術、知者，恒存乎疢疾。**人所以有德行智慧道術才智者，在於有疢疾之人。疢疾之人，又力學，故能成德。○疢，丑刃切。**獨孤臣孽子，其操心也危，其慮患也深，故達。」**此即人之疢疾也。自以孤微，懼於危殆之患而深慮之，勉爲仁義，故至於達也。○孽，魚列切。章指言：孤孽自危，故能顯達。膏粱難正，多用沈溺。是故在上不驕，以戒諸侯也。

一三・一九 **孟子曰：「有事君人者，事是君則爲容悦者也；**事君，求君之意，爲苟容以悦君而已。**有安社**

〔一〕辟若江河之流：底本原無句首「辟」字。按阮元校勘記云：「各本同，孔本上有『辟』字，案：此采音義也。……故知此文上舊有『辟』字。浦校同。」阮説是，今據補。

稷臣者，以安社稷爲悦者也；忠臣志在安社稷而後悦也。有天民者，達可行於天下而後行之者也；天民，知道者也。可行而行，可止而止。有大人者，正己而物正者也。」大人，大丈夫不爲利害動移者也。正己物正，象天不言而萬物化成也。章指言：容悦凡臣，社稷股肱，天民行道，大人正身。凡此四科，優劣之差。

一三·二〇 孟子曰：「君子有三樂，而王天下不與存焉。父母俱存，兄弟無故，一樂也；仰不愧於天，俯不怍於人，二樂也；得天下英才而教育之，三樂也。天下之樂不得與此三樂之中。兄弟無故，無他故。不愧天，又不怍人，心正無邪也。育，養也。教養英才，成之以道，皆樂也。○王，于況切。不與，音豫。怍，音昨。君子有三樂，而王天下不與存焉。」孟子重言，是美之也。○重，直用切。章指言：保親之養，兄弟無他，誠不愧天，育養英才，賢人能之，樂過萬乘。孟子重焉，一章再云也。

一三·二一 孟子曰：「廣土衆民，君子欲之，所樂不存焉；中天下而立，定四海之民，君子樂之，所性不存焉。廣土衆民，大國諸侯也。所樂不存，樂行禮也。中天下而立，謂王者。所性不存，謂性仁義也。君子所性，雖大行不加焉，雖窮居不損焉，分定故也。大行，行政於天下。窮居不失性也，分定故不變。○分定，扶問切。下「之分」同。君子所性，仁、義、禮、智根於心，其生色也睟然，見於面，盎於背，施於四體，四體不言而喻。」四者根生於心，色見於面。睟然，潤澤之貌也。

盎視其背而可知，其背盎盎然，盛流於四體。四體有匡國之綱，雖口不言，人以曉喻而知之也。○睟然見，丁上音粹，下音現。盎，張烏曩切，下注同。又烏浪切。陸云：「盎於背，如負之於背。」章指言：臨涖天下，君國子民，君子之樂，尚不與存。仁義內充，身體履方，四支不言，蟠辟用張。心邪意溺，進退無容，於是之際，知其不同也。○蟠辟，音盤，下音闢。

一三·二二 孟子曰：「伯夷辟紂，居北海之濱，聞文王作，興曰：『盍歸乎來，吾聞西伯善養老者。』太公辟紂，居東海之濱，聞文王作，興曰：『盍歸乎來，吾聞西伯善養老者。』已說於上篇。○辟，音避。天下有善養老，則仁人以爲己歸矣。天下有能若文王者，仁人將復歸之矣。五畝之宅，樹牆下以桑，匹婦蠶之，則老者足以衣帛矣。五母雞，二母彘，無失其時，老者足以無失肉矣。百畝之田，匹夫耕之，八口之家足以無飢矣。五雞、二彘，八口之家畜之，足以爲畜產之本也。○衣帛，於既切。所謂西伯善養老者，制其田里，教之樹畜，導其妻子使養其老。五十非帛不煖，七十非肉不飽。不煖不飽，謂之凍餒。文王之民無凍餒之老者，此之謂也。」所謂無凍餒者，教導之使可以養老者耳，非家賜而人益之也。章指言：王政普大，教其常業，各養其老，使不凍餒。二老聞之，歸身自託，「衆鳥不羅，翔鳳來集」，亦斯類也。

一三·二三 孟子曰：「易其田疇，薄其稅斂，民可使富也。食之以時，用之以禮，財不可勝用也。

易，治也。疇，一井也。教民治其田疇，薄其稅斂，不踰什一，則民富矣。食取其征賦以時，用之以常禮，不踰禮以費財也，故畜積有餘，財不可勝用也。○易其，以豉切。**民非水火不生活，昏暮叩人之門户求水火，無弗與者，至足矣。聖人治天下，使有菽粟如水火。菽粟如水火，而民焉有不仁者乎？」**水火能生，人有不愛者，至饒足故也。菽粟饒多若是，民皆輕施於人，何有不仁者也？○焉有，於虔切。輕施，始豉切。章指言：教民之道，富而節用，蓄積有餘，焉有不仁，故曰「倉廩實知禮節」也。

一三·二四

孟子曰：「孔子登東山而小魯，登太山而小天下，故觀於海者難爲水，游於聖人之門者難爲言。所覽大者意大，觀小者志小也。**觀水有術，必觀其瀾。**瀾，水中大波也。**日月有明，容光必照焉。**容光，小郤也。言大明照幽微也。○小郤，丁去逆切，義與隙同。**流水之爲物也，不盈科不行；君子之志於道也，不成章不達。」**盈，滿也。科，欿也。流水滿欿乃行，以喻君子學必成章，乃仕進也。章指言：弘大明者無不照，包聖道者成其仁。是故賢者志大，宜爲君子。

一三·二五

孟子曰：「雞鳴而起，孳孳爲善者，舜之徒也；雞鳴而起，孳孳爲利者，蹠之徒也。欲知舜與蹠之分，無他，利與善之間也。」蹠，盜蹠也。蹠、舜之分，以此別之。○孳，張云：「與孜同，古字通用。」下文同。蹠，張云：「蹠與跖同，之石切。」別之，彼列切。章指言：好善從舜，好利從蹠，明明求之，常若不足，君子、小人，各一趣也。

一三·二六 孟子曰：「楊子取爲我，拔一毛而利天下，不爲也。楊子，楊朱也。爲我，爲己也。拔己一毛以利天下之民，不爲也。○爲我，于僞切。注「爲己」及下「爲其」「爲之」「不爲」皆同。墨子兼愛，摩頂放踵利天下，爲之。墨子，墨翟也。兼愛他人，摩突其頂下至於踵，以利天下，己樂爲之也。○放踵，丁方往切，至也；下之隴切。摩突，丁徒忽切，穿突也。子莫執中。子莫，魯之賢人也，其性中和專一者也。○子莫執中，陸云：「言子等無執中。」執中爲近之。執中無權，猶執一也。執中和，近聖人之道，然不權。聖人之重權。執中而不知權，猶執一介之人，不得時變也。所惡執一者，爲其賊道也，舉一而廢百也。」所以惡執一者，爲其不知權，以一知而廢百道也。○所惡，烏路切，注同。章指言：楊、墨放蕩，子莫執一，聖人量時，不取此術，孔子行止，唯義所在。

一三·二七 孟子曰：「飢者甘食，渴者甘飲，是未得飲食之正也，飢渴害之也。飢渴害其本所以知味之性，令人强甘之。○强，其丈切。豈惟口腹有飢渴之害？人心亦皆有害。爲利欲所害，亦猶飢渴得之。人能無以飢渴之害爲心害，則不及人不爲憂矣。」人能守正，不爲邪利所害，雖謂富貴之事不及逮人，猶爲君子。不爲善人所憂患也。章指言：飢不妄食，忍情抑欲；賤不失道，不爲苟求。能無心害，夫將何憂？

一三·二八 孟子曰：「柳下惠不以三公易其介。」介，大也。柳下惠執弘大之志，不耻汙君，不以三公榮位易其大量也。○其介，陸云：「介謂特立之行。」章指言：柳下惠不恭，用志大也，無可無否，以賤爲貴也。

一三·二九 孟子曰：「有爲者辟若掘井，掘井九軔而不及泉，猶爲棄井也。」有爲，爲仁義也。軔，八尺也。雖深而不及泉，喻有爲者中道而盡棄前行也。○掘，衢物切，又其月切。軔，丁音刃，云：「義與仞同，借用耳。」先儒以七尺爲仞，注云：「八尺曰軔。」章指言：爲仁由己，必在究之，九軔而輟，無益成功。論之「一簣」，義與此同。○論之一簣，丁音匱。論謂論語也。

一三·三〇 孟子曰：「堯舜，性之也；湯武，身之也；五霸，假之也。性之，性好仁，自然也。身之，體之行仁，視之若身也。假之，假仁以正諸侯也。久假而不歸，惡知其非有也。」五霸若能久假仁義，譬若假物久而不歸，安知其不真有也。○惡知，音烏。下「惡在」「惡得」皆同。章指言：仁在性體，其次假借，用而不已，實何以易，在其勉之也。

一三·三一 公孫丑曰：「伊尹曰：『予不狎于不順，放太甲于桐，民大悦。太甲賢，又反之，民大悦。』賢者之爲人臣也，其君不賢，則固可放與？」丑怪伊尹賢者而放其君，何也？○放與，音餘。下「禁與」「予與」皆同。孟子曰：「有伊尹之志，則可；無伊尹之志，則篡也。」大臣秉忠，志若伊尹，欲寧殷國，則可放惡而不即立君，宿留冀改而復之。如無伊尹之忠，見間乘利，篡心乃生，何可放也！○宿留，音秀霤。章指言：憂國忘家，意在出身，志在寧君，放惡攝政，伊周有焉。凡人志異，則生篡心也。

一三·三 公孫丑曰：「詩曰：『不素餐兮。』君子之不耕而食，何也？」詩魏國伐檀之篇也。無功而食，謂之素餐。世之君子有不耕而食者，何也？○餐，七丹切。孟子曰：「君子居是國也，其君用之，則安富尊榮；其子弟從之，則孝悌忠信。『不素餐兮』，孰大於是？」君子能使人化其道德，移其習俗，君安國富而保其尊榮，子弟孝悌而樂忠信，不素餐之功，誰大於是？何爲不可以食祿！章指言：君子正己，以立於世，世美其道，君臣是貴，所過者化，何素餐之謂也？

一三·三 王子墊問曰：「士何事？」齊王子名墊也，問士當何事爲事也。○墊，丁念切。孟子曰：「尚志。」尚，上也。士當貴上於用志也。曰：「何謂尚志？」曰：「仁義而已矣。殺一無罪非仁也，非其有而取之非義也。居惡在？仁是也；路惡在？義是也。居仁由義，大人之事備矣。」孟子言志之所尚，仁義而已矣。不殺無罪、不取非有者爲仁義，欲知其所當居者仁爲上，所由者義爲貴，大人之事備也。章指言：人當尚志，志於善也；善之所由，仁與義也。欲使王子無過差也。

一三·四 孟子曰：「仲子，不義與之齊國而弗受，人皆信之，是舍簞食豆羹之義也。仲子，陳仲子，處於陵者，人以爲廉，謂以不義而與之齊國，必不受之。孟子以爲仲子之義，若上章所道簞食豆羹無禮則不受，萬鍾則不辯禮義而受之也。人莫大焉亡親戚君臣上下。以其小者信其大者，奚可哉？」人當以禮義爲正，陳仲子避兄離母，不知仁義親戚上下之敘，何可以其小廉信以爲大哉〔一〕？章指言：事有輕重，行有大小，以大包小可也；以小信大，未之聞也。

一三·三五 桃應問曰：「舜爲天子，皋陶爲士，瞽瞍殺人，則如之何？」桃應，孟子弟子。問皋陶爲士官主執罪人，瞽瞍惡暴而殺人，則皋陶如何？○陶，音姚。孟子曰：「執之而已矣。」孟子曰：皋陶執之耳。「然則舜不禁與？」桃應以爲舜爲天子，使有司執其父，不禁止之邪？曰：「夫舜惡得而禁之？夫有所受之也。」夫，辭也。孟子曰：夫舜惡得禁之？夫天下乃受之於堯，當爲天理民，王法不曲，豈得禁之也！「然則舜如之何？」應問舜爲之將如何。曰：「舜視棄天下猶棄敝蹝也。竊負而逃，遵海濱而處，終身訢然，樂而忘天下。」孟子曰：舜視棄天下如捐棄敝蹝。蹝，草履可蹝者也。敝，喻不惜。舜必負父而遠逃，終身訢然，忽忘天下之爲貴也。○蹝，所綺切，注皆同。訢，音忻。章指言：奉法承天，政不可枉，大孝榮父，遺棄天下，虞舜之道，趨將若此。孟子之言，揆聖意也。

一三·三六 孟子自范之齊，望見齊王之子，喟然嘆曰：「居移氣，養移體，大哉居乎！夫非盡人之

〔一〕何可以其小廉信以爲大哉：「小」原作「不」，與文意不合，孟森校記謂誤，是，今據阮刻本改。

子與？」范，齊邑，王庶子所封食也。孟子之范，見王子之儀，聲氣高涼，不與人同。還至齊，謂諸弟子，喟然而嘆，曰：居尊則氣高，居卑則氣下。居之移人氣志使之高涼，若供養之移人形身使充盛也。「大哉居乎」者，言當慎所居，人必居仁也。凡人與王子豈非盡是人之子也，王子居尊勢，故儀聲如是也。○喟，丘愧切。章指言：人性皆同，居使之異。君子居仁，小人處利。譬猶王子，殊於衆品也。

一三·三七 **孟子曰：「王子宮室、車馬、衣服多與人同，而王子若彼者，其居使之然也。況居天下之廣居者乎？**言王子宮室、乘服皆人之所用之耳，然而王子若彼高涼者，居勢位故也，況居廣居！謂行仁義，仁義在身，不言而喻也。○乘，音剩。**魯君之宋，呼於垤澤之門。守者曰：『此非吾君也，何其聲之似我君也？』此無他，居相似也。」**垤澤，宋城門名也。人君之聲相似者，以其俱居尊勢，故音氣同也。以城門不自肯夜開，故君自發聲。○呼，丁火故切。垤，大結切。章指言：輿服器用，人用不殊；尊貴居之，志氣以舒。是以居仁由義，盎然內優；胷中正者，眸子不瞀也。○瞀，丁云：「案開元文字音茂，目不明也。」張亡角切。

一三·三八 **孟子曰：「食而弗愛，豕交之也；愛而不敬，獸畜之也。恭敬者，幣之未將者也。恭敬而無實，君子不可虛拘。」**人之交接，但食之而不愛，若養豕也。愛而不敬，若人畜禽獸，但愛而不能敬也。且恭敬者如有幣帛，當以行禮，而未以命將行之也。恭敬貴實，如其無實，何可虛拘致君子之心也。○食而，丁音嗣。畜之，張許六切。章指言：取人之道，必以恭敬，恭敬貴實，虛則不應。實者言敬愛也。

一三·三九 **孟子曰：「形色，天性也。**形謂君子體貌嚴尊也。尚書洪範：「一曰貌。」色謂婦人妖麗之容。詩云：「顔如蕣華。」此皆天假施於人也。○蕣，音舜。**惟聖人然後可以踐形。」**踐，履居之也。易曰：「黄中通理。」聖人内外文明，然後能以正道履居此美形，不言居色主名，尊陽抑陰之義也。章指言：體德正容，大人所履；有表無裏，謂之柚梓。是以聖人乃堪踐形也。○柚梓，丁云：「上以究切，似橙而醋；下音臻，從木莘，字亦作『榛』，榛似栗而小。引此二物者，皆謂内不稱外。」

一三·四〇 **齊宣王欲短喪。公孫丑曰：「爲朞之喪，猶愈於已乎？」**齊宣王以三年之喪爲太長久，欲減而短之，因公孫丑使自以其意問孟子：既不能三年喪，以朞年差愈於止而不行喪者。**孟子曰：「是猶或紾其兄之臂，子謂之姑徐徐云爾，亦教之孝悌而已矣。」**紾，戾也。孟子言有人戾其兄之臂，爲不順也，而子謂之曰：且徐徐云爾。是豈以徐之爲差者乎？不若教之以孝悌，勿復戾其兄之臂也。今欲行其朞喪，亦猶曰徐徐之類也。○紾，音軫，又徒展切。**王子有其母死者，其傅爲之請數月之喪。公孫丑曰：「若此者，何如也？」**丑曰：王之庶夫人死，迫於適夫人，不得行其喪親之數，其傅爲請之於君，欲使得行數月喪，如之何？**曰：「是欲終之而不可得也。雖加一日愈於已，**

謂夫莫之禁而弗爲者也。」孟子曰：如是王子欲終服其子禮而不能者也，加益一日則愈於止，況數月乎？所謂不當者，謂無禁自欲短之，故譏之也。章指言：禮斷三年，孝者欲益。富貴怠厭，思減其日。君子正言，不可阿情。丑欲朞之，故譬以紾兄徐徐也。

一三·四一 **孟子曰：「君子之所以教者五：**教民之道有五品。**有如時雨化之者，**教之漸漬而沾洽也。○漬，子廉切，亦如字。**有成德者，有達財者，有答問者，有私淑艾者。**私，獨。淑，善。艾，治也。君子獨善其身，人法其仁，此亦與教法之道無差也。○達財，陸云：「達財，周恤之，一本作『才』」，說云：以有善才，就開其性理也。」艾，丁音乂，治也。張五泰切，養也。**此五者，君子之所以教也。」**申言之，孟子貴重此教之道。章指言：教人之術，莫善五者。養育英才，君子所珍。聖所不倦，其惟誨人乎！

一三·四二 **公孫丑曰：「道則高矣，美矣，宜若登天然，似不可及也。何不使彼爲可幾及而日孳孳也？」**丑以爲聖人之道大高遠，將若登天，人不能及也。何不少近人情，令彼凡人可庶幾，使日孳孳自勉也。○幾及，音機。**孟子曰：「大匠不爲拙工改廢繩墨，羿不爲拙射變其彀率。君子引而不發，躍如也。中道而立，能者從之。」**大匠不爲新學拙工故爲之改鑿廢繩墨必正也，羿不爲新學拙射者變其彀率之法也。彀，弩張嚮表率之正體，望之極思用巧之時，不可變也。君子謂於射則引弓彀弩而不發，以待彀偶也。於道則中，道德之中，不以學者不能故卑下其道，將以須於能者往取之也。○彀率，古候切。丁云：「率，循也。謂轂張其弩，又當循其射道，令必中於表。」陸云：「率，法也。躍如，心願中也，能者從之，當勤求也，則讀爲律。」躍如也，丁云：「躍如，猶言卓爾。」陸云：「躍如，心願中。」章指言：曲高和寡，道大難追。然而履正者不枉，執德者不回，故曰人能弘道。丑欲下之，非也。○和，胡卧切。

一三·四三 **孟子曰：「天下有道，以道殉身；天下無道，以身殉道；未聞以道殉乎人者也。」**殉，從也。天下有道，得行王政，道從身施功實也。天下無道，道不得行，以身從道，守道而隱。不聞以正道從俗人也。章指言：窮達卷舒，屈伸異變。變流從顧，守者所慎。故曰金石獨止，不殉人也。

一三·四四 **公都子曰：「滕更之在門也，若在所禮，而不答，何也？」**滕更，滕君之弟，來學於孟子也。言國君之弟而樂在門人中，宜答見禮，而夫子不答，何也？○滕更，張音庚。**孟子曰：「挾貴而問，挾賢而問，挾長而問，挾有勳勞而問，挾故而問，皆所不答也。滕更有二焉。」**挾，接也。接己之貴勢，接己之有賢才，接己長老，接己當有功勞之恩，接己與師有故舊之好，凡恃此五者而以學問，望師之待以異意而教之，皆所不當答。滕更有二焉，接貴接賢，故不答矣。○挾，音協。章指言：學尚虚己，師誨貴平〔一〕。是以滕更恃二，孟子弗應。

〔一〕師誨貴平：「平」原作「乎」，文意不通，孟森校記謂誤，是，今據阮刻本改。

一三·四五 **孟子曰：「於不可已而已者，無所不已。於所厚者薄，無所不薄也。其進鋭者，其退速。」**已，棄也。於義所不當棄而棄之，則不可；所以不可而棄之，使無罪者咸恐懼也。於義當厚而反薄之，何不薄也。不憂見薄者，亦皆自安矣。不審察人而過進，不肖越其倫，悔而退之必速矣。當翔而後集，慎如之何。章指言：賞僭及淫，刑濫傷善。「不僭不濫」，詩人所紀。是以季文三思，何後之有？

一三·四六 **孟子曰：「君子之於物也，愛之而弗仁；**物，謂凡物可以養人者也，當愛育之，而不知人仁，若犧牲不得不殺也。**於民也，仁之而弗親。**臨民以非己族類，故不得與親同也。**親親而仁民，仁民而愛物。」**先親其親戚〔一〕，然後仁民，仁民然後愛物，用恩之次也。章指言：君子布德，各有所施，事得其宜，故謂之義也。

一三·四七 **孟子曰：「知者無不知也，當務之爲急；仁者無不愛也，急親賢之爲務。**知者，知所務善也。仁者，務愛賢也。○知者，音智。注「知者」及下文「之知」皆同。**堯、舜之知而不徧物，急先務也；堯、舜之仁不徧愛人，急親賢也。**物，事也。堯、舜不徧知百工之事，不徧愛衆人。先愛賢使治民，不二三自往親加恩惠也。○徧，正體「遍」字。**不能三年之喪，而緦、小功之察；放飯流**

〔一〕先親其親戚：上「親」字原作「視」，與文意不合，顯誤，今據阮刻本改。

歠，而問無齒決，是之謂不知務。」尚不能行三年之喪，而復察緦麻、小功之禮。放飯，大飯也。流歠，長歠也。齒決，斷肉置其餘也。於尊者前賜食，大飯長歠，不敬之大者；齒決，小過耳。言世之先務，舍大譏小，若此之類也。○歠，昌悅切。章指言：振裘持領，正羅維綱。君子百行，先務其崇。是以堯、舜親賢，大化以隆道爲要也。

孟子卷第十四　趙氏注

盡心章句下　凡三十八章

〔四·一〕**孟子曰：「不仁哉梁惠王也！仁者以其所愛，及其所不愛；不仁者以其所不愛，及其所愛。」**梁，魏都也。以，用也。仁者用恩於所愛之臣民，王政不偏，普施德教，所不親愛者并蒙其恩澤也。用不仁之政加於所不親愛，則有災傷，加所愛之臣民亦并被其害。惠王好戰殺人，故孟子曰不仁哉。○王好，呼報切。下「好戰」「好仁」「好生」「好名」「之好」「好禮」「好善」皆同。**公孫丑曰：「何謂也？」**丑問及所愛之狀何謂也。**「梁惠王以土地之故，糜爛其民而戰之，大敗，將復之，恐不能勝，故驅其所愛子弟以殉之，是之謂以其所不愛及其所愛也。」**孟子言惠王貪利鄰國之土地而戰，其民死亡於野，骨肉糜爛而不收兵，大敗而欲復戰，恐士卒少不能用勝，故復驅其所愛近臣及子弟而以殉之。殉，從也。所愛從其所不愛而往趨死亡，故曰及其所愛也。東敗於齊，長子死焉。○卒少，子忽切。後章注「卒以」同。長子，張丈切。章指言：發政施仁，一國被恩；好戰輕民，災及所親。著此魏王，以戒人君也。

一四·二 **孟子曰：「春秋無義戰。彼善於此，則有之矣。征者，上伐下也。敵國不相征也。」**春秋所載戰伐之事，無應王義者也。彼此相覺有善惡耳，孔子舉毫毛之善，貶纖芥之惡，故皆録之於春秋也。上伐下謂之征，諸侯敵國不得相征。五霸之世，諸侯相征，於三王之法，不得其正者也。○相覺，音教，義與「校」同。章指言：春秋撥亂，時多戰爭，事實違禮，以文反正。征伐誅討，不自王命，故曰無義戰也。

一四·三 **孟子曰：「盡信書，則不如無書。吾於武成，取二三策而已矣。仁人無敵於天下，以至仁伐至不仁，而何其血之流杵也？」**書，尚書。經有所美，言事或過，若康誥曰「冒聞于上帝」，甫刑曰「帝清問下民」，梓材曰「欲至于萬年」，又曰「子子孫孫永保民」。人不能聞天，天不能問民，萬年永保，皆不可得爲書，豈可案文而皆信之哉！武成，逸書之篇名，言武王誅討，戰鬭殺人，血流春杵。孟子言武王以至仁伐至不仁，殷人簞食壺漿而迎其師，何乃至於血流漂杵乎？故吾取武成兩三簡策可用者耳，其過辭則不取也。章指言：文之有美過實，聖人不改，録其意也。非獨書云，詩亦有言「嵩高極天，則百斯男」，亦已過矣，是故取於武成二三而已。

一四·四 孟子曰：「有人曰：『我善爲陳，我善爲戰。』大罪也。國君好仁，天下無敵焉。南面而征，北夷怨；東面而征，西夷怨，曰：『奚爲後我？』此人欲勸諸侯以攻戰也，故謂之有罪。好仁無敵，四夷怨望遲，願見征，何爲後我？已說於上篇。○爲陳，音陣。武王之伐殷也，革車三百兩，虎賁三千人。王曰：『無畏！寧爾也，非敵百姓也。』若崩厥角，稽首。征之爲言正也，各欲正己也，焉用戰？」革車，兵車也。虎賁，武士爲小臣者也。書云：「虎賁綴衣，趣馬小尹。」三百兩，三百乘也。武王令殷人曰：無驚畏，我來安正爾也。百姓歸周，若崩厥角，額角犀厥地〔一〕，稽首拜命，亦以首至地也。各欲令武王來征己之國，安用善戰陳者！○百兩，丁音亮。虎賁，丁音奔。先儒言如猛虎之奔。焉用，於虔切。贅衣，丁之稅切。趣馬，千走切。額角犀厥地，丁云：「額即額字。犀音西，義與『棲遲』同，息也，久也，字從尸。下『辛』或作『犀牛』字，誤也。」章指言：民思明君，若旱望雨。以仁伐暴，誰不欣喜！是以殷民厥角，周師歌舞。焉用善戰，故云罪也。

一四·五 孟子曰：「梓匠輪輿能與人規矩，不能使人巧。」梓匠輪輿之功，能以規矩與人。人之巧在心，

〔一〕額角犀厥地：此句底本作「犀至地」三字，而阮刻本作「額角犀厥地」，音義則出「額角犀厥地」五字。按此句異文既多，歷來衆說紛紜，莫衷一是，今據阮刻本改「至」爲「厥」，以與音義一致。

拙者雖得規矩，不以成器也。章指言：規矩之法，喻若典禮，人不志仁，雖誦憲籍，不能以善。善人修道，公輸守繩，政成器美，惟度是應，得其理也。

一四·六 **孟子曰：「舜之飯糗茹草也，若將終身焉。及其爲天子也，被袗衣，鼓琴，二女果，若固有之。」**糗，飯乾糒也。袗，畫也。果，侍也。舜耕、陶之時，飯糗茹草，若將終身如是。及爲天子，被畫衣黼黻絺繡也；鼓琴以協音律也；以堯二女自侍，亦不佚豫，如固自當有之也。○糗，去久切。茹，音汝。袗，之忍切。陸云：「袗，衣之美者。」糒，音備，丁音敗。畫，胡卦切，下同。章指言：阨窮不憫，貴而思降，凡人所難，虞舜所隆，聖德所以殊也。

一四·七 **孟子曰：「吾今而後知殺人親之重也：殺人之父，人亦殺其父；殺人之兄，人亦殺其兄。然則非自殺之也，一間耳。」**父仇不同天，兄仇不同國，以惡加人，人必加之，知其重也。一間者，我往彼來間一人耳，與自害其親何異哉！○一間，張音澗，亦如字。章指言：恕以行仁，遠禍之端；暴以殘民，招咎之患。是以君子好生惡殺，反諸身也。○遠，于願切。惡殺，烏路切。下「惡似」「惡莠」「惡佞」「惡利」「惡鄭」「惡紫」「惡鄉」「所惡」皆同。

一四·八 **孟子曰：「古之爲關也，將以禦暴；今之爲關也，將以爲暴。」**古之爲關，將以禦暴亂，譏閉非常也。今之爲關，反以征税出入之人，將以爲暴虐之道也。章指言：修理關梁，譏而不征。如以税斂，非其式程。懼將爲暴，故載之也。

一四·九 **孟子曰：「身不行道，不行於妻子；使人不以道，不能行於妻子。」**身不自履行道德，而欲使人行道德，妻子不肯行之，言無所則效。使人不順其道理，不能使妻子順之，而況於他人者乎？章指言：率人之道，躬行爲首。故論語曰：「其身不正，雖令不從。」

一四·一〇 **孟子曰：「周于利者，凶年不能殺；周于德者，邪世不能亂。」**周達於利，營苟得之利而趨生，雖凶年不能殺之。周達於德，身欲行之，雖遭邪世，不能亂其志也。章指言：務利蹈姦，務德蹈仁，舍生取義，其道不均也。○舍生，音捨。下「舍而」「舍其」「舍身」皆同。

一四·一一 **孟子曰：「好名之人能讓千乘之國，苟非其人，簞食豆羹見於色。」**好不朽之名者，輕讓千乘，子臧、季札之儔是也。誠非好名者，爭簞飯豆羹變色，訟之致禍，鄭子公染指黿羹之類是也。○見於，音現。下注「見上」同。黿羹，丁音元。左傳作「黿」。章指言：廉貪相殊，名亦卓異，故聞伯夷之風，懦夫有立志也。

一四·一二 **孟子曰：「不信仁賢，則國空虛；無禮義，則上下亂；無政事，則財用不足。」**不親信仁賢，仁賢去之，國無賢人，則曰空虛也。無禮義以正尊卑，則上下之序泯亂。無善政以教人農時，貢賦則不入，故財用不足。章指言：親賢正禮，明其五教，爲政之源，聖人以三者爲急也。

一四·一三 孟子曰：「不仁而得國者，有之矣；不仁而得天下，未之有也。」不仁得國者，謂若象封有庳，叔鮮、叔度封於管、蔡，以親親之恩而得國也。雖有誅亡，其世有土。丹朱、商均，天下元子，以其不仁，天下不與，故不得有天下也。○庳，音鼻。章指言：王者當天，然後處之。桀、紂、幽、厲，雖得猶失，不以善終，不能世祀，不爲得也。

一四·一四 孟子曰：「民爲貴，社稷次之，君爲輕。是故得乎丘民而爲天子，君輕於社稷，社稷輕於民。丘，十六井也。天下丘民皆樂其政，則爲天子，殷湯、周文是也。○皆樂，音洛。下「樂五」「樂者」「樂道」「般樂」皆同。得乎天子爲諸侯，得天子之心，封以爲諸侯。得乎諸侯爲大夫。得諸侯之心，諸侯封以爲大夫。諸侯危社稷，則變置。諸侯爲危社稷之行，則變更立賢諸侯也。○之行，下孟切。下「之行」「德行」「正行」「穢行」「人行」「行與」「其行」「污行」皆同。更，古衡切，下同。犧牲既成，粢盛既絜，祭祀以時，然而旱乾水溢，則變置社稷。」犧牲已成肥腯，粢稻已成絜精，祭祀社稷常以春秋之時，然而其國有旱乾水溢之災，則毁社稷而更置也。○盛，音成。腯，徒忽切。章指言：得民爲君，得君爲臣，民爲貴也。先黜諸侯，後毁社稷，君爲輕也。重民敬祀，治之所先，故列其次而言之。

一四·一五 孟子曰：「聖人，百世之師也，伯夷、柳下惠是也。伯夷之清，柳下惠之厚，聖人之一概也。故聞伯夷之風者，頑夫廉，懦夫有立志；聞柳下惠之風者，薄夫敦，鄙夫寬。奮乎百世之上，百世之下，聞者莫不興起也。非聖人而能若是乎？而況於親炙之者乎？」頑，貪。懦，弱。鄙，狹也。百世，言其遠也。興起，志意興起也。非聖人之行，何能感人若是！踰聞尚然，況親見勳炙者也〔一〕？○勳炙，字與「熏」同。章指言：伯夷、柳下，變貪厲薄，千載聞之，猶有感激，謂之聖人，美其德也。

一四·一六 孟子曰：「仁也者，人也。合而言之，道也。」能行仁恩者，人也。人與仁合而言之，可以謂之有道也。章指言：仁恩須人，人能弘道也。

一四·一七 孟子曰：「孔子之去魯，曰：『遲遲吾行也』，去父母國之道也。去齊，接淅而行，去他國之道也。」遲遲，接淅，説已見上篇。○接淅，先歷切。解見萬章章句。章指言：孔子周流不遇，則之他國遠逝。惟魯斯戀，篤於父母國之義也。

一四·一八 孟子曰：「君子之戹於陳、蔡之間，無上下之交也。」君子，孔子也。論語曰：「君子之道三，我無能焉。」孔子乃尚謙，不敢當君子之道，故可謂孔子爲君子也。孔子所以戹於陳、蔡之間者，其國君臣皆

〔一〕 況親見勳炙者也：「勳」底本原作「熏」，而音義出「勳」，阮刻本作「薰」。按薰、熏、勳三者同音通用，今據音義改，以求一致。

惡，上下無所交接，故戹也。○戹，或作厄，同。章指言：君子固窮，窮不變道。上下無交，無賢援也。

一四·一九 **貉稽曰：「稽大不理於口。」**貉，姓；稽，名。仕者也，爲衆口所訕。理，賴也。謂孟子曰：稽大不賴人之口，如之何？○貉，丁云：「貊、鶴二音。既是人姓，當音鶴。纂文曰：『俗人姓也。』」張亡百切。説文云：「北方人，豸種也。」訕，所諫切。**孟子曰：「無傷也。士憎茲多口。**審己之德，口無傷也。離於凡人而爲士者，益多口。**詩云：『憂心悄悄，慍于群小。』孔子也。『肆不殄厥慍，亦不殞厥問。』文王也。」**詩邶風柏舟之篇，曰「憂心悄悄」，憂在心也；「慍于群小」，怨小人聚而非議賢者也。孔子論此詩，孔子亦有武叔之口，故曰孔子之所苦也。大雅緜之篇，曰「肆不殄厥慍」，殄，絶；慍，怒也。「亦不殞厥問」，殞，失也。言文王不殄絶畎夷之慍怒，亦不能殞失文王之善聲問也。○殄，徒典切。章指言：正己信心，不患衆口；衆口諠譁，大聖所有。况於凡品之所能禦，故答貉稽曰無傷也。

一四·二〇 **孟子曰：「賢者以其昭昭使人昭昭，今以其昏昏使人昭昭。」**賢者治國，法度昭昭，明於道德，是躬化之道可也。今之治國，法度昏昏，亂潰之政也，身不能治，而欲使他人昭明，不可得也。章指言：以明昭闇，闇者以開；以闇責明，闇者愈迷。賢者可遵，譏今之非也。

一四·二一 **孟子謂高子曰：「山徑之蹊間，介然用之而成路；爲間不用，則茅塞之矣。今茅塞子之心矣。」**高子，齊人也，嘗學於孟子，鄉道而未明，去而學於他術。孟子謂之曰：山徑，山之領。有微蹊，介然人遂用之不止，則蹊成爲路；爲間，有間也，謂廢而不用，則茅草生而塞之，不復爲路。以喻高子學於仁義之道，當遂行之而反中止，比若山路。故曰茅塞子之心也。○蹊間，張如字。爲間，皆如字，注同。鄉道，音嚮。章指言：聖人之道，學而時習。仁義在身，當常被服。舍而不修，猶茅是塞。明爲善之不可倦也。

一四·二二　**高子曰：「禹之聲尚文王之聲。」孟子曰：「何以言之？」**高子以爲禹之尚貴聲樂過於文王。**曰：「以追蠡。」**高子曰：禹時鐘在者，追蠡也。追，鐘鈕也，鈕擘齧處深矣。蠡蠡，欲絶之貌也。文王之鐘不然。以禹爲尚樂也。○追蠡，音堆，下音禮。鈕，音紐。**曰：「是奚足哉？城門之軌，兩馬之力與？」**孟子曰：是何足以爲禹尚樂乎？先代之樂器，後王皆用之，禹在文王之前千有餘歲，用鐘日久，故追欲絶耳。譬若城門之軌齧，其限切深者，用之多耳，豈兩馬之力使之然乎？兩馬者，春秋外傳曰：「國馬足以行關，公馬足以稱賦。」○兩馬，如字。丁云：「古人駕車以兩馬，軌謂限之轍跡也。」孟子意言城門限跡切深，以日久遠，爲車所轢多故也，豈是一時兩馬駕車而過之使然？力與，音餘。下「來與」同。章指言：前聖後聖，所尚者同。三王一體，何得相踰。欲以追蠡，未達一隅。孟子言之，將啓其蒙。

一四·二三　**齊饑。陳臻曰：「國人皆以夫子將復爲發棠，殆不可復。」**棠，齊邑也。孟子嘗勸齊王發棠邑之倉，以振貧窮，時人賴之。今齊人復饑，陳臻言一國之人皆以爲夫子復若發棠時勸王也，殆不可復言之也。**孟子曰：「是爲馮婦也。晉人有馮婦者，善搏虎，卒爲善士。則之野，有衆逐虎。虎負嵎，莫之敢攖。望見馮婦，趨而迎之。馮婦攘臂下車。衆皆悦之，其爲士者笑之。」**馮，姓；婦，名也。勇而有力，能搏虎。卒，後也。善士者，以善搏虎有勇名也，故進以爲士。之於野外，復見逐虎者。攖，迫也，虎依陬而怒，無敢迫近者也。馮婦耻不如前，見虎走而迎之，攘臂下車，欲復搏之。衆人悦其勇猛，其士之黨笑其不知止也。故孟子謂陳臻人欲復使我如發棠時言之於君，是則我爲馮婦也，必爲知者所笑也。○搏，補各切。嵎，音愚。攖，丁於盈切，從手。埤蒼云：「攖，梏也。」此注云「迫也」。依陬，子于切，又子侯切，隅也。章指言：可爲則從，不可則凶，言善見用，得其時也。非時逆指，猶若馮婦，暴虎無已，必有害也。

一四·二四

孟子曰：「口之於味也，目之於色也，耳之於聲也，鼻之於臭也，四肢之於安佚也，性也，有命焉，君子不謂性也。口之甘美味，目之好美色，耳之樂音聲，鼻之喜芬香。臭，香也，易曰：「其臭如蘭。」四體謂之四枝，四枝解倦，則思安佚不勞苦。此皆人性之所欲也，得居此樂者，有命禄，人不能皆如其願也。凡人則觸情從欲而求可樂，君子之道則以仁義爲先、禮節爲制，不以性欲而苟求之也，故君子不謂性也。○解倦，音懈。從欲，音縱，又如字。**仁之於父子也，義之於君臣也，禮之於賓**

主也，知之於賢者也，聖人之於天道也，命也，有性焉，君子不謂命也。」仁者得以恩愛施於父子，義者得以義理施於君臣，好禮者得以禮敬施於賓主〔一〕，知者得以明知知賢達善，聖人得以天道王於天下，此皆命禄，遭遇乃得居而行之，不遇者不得施行。然亦才性有之，故可用也。凡人則歸之命禄，任天而已，不復治性。以君子之道，則修仁行義，修禮學知，庶幾聖人亹亹不倦，不但坐而聽命，故曰君子不謂命也。○知之，音智。注「明知」「學知」「小知」皆同。王於，于況切。亹亹，音尾。章指言：尊德樂道，不追佚性。治性勤禮，不專委命。君子所能，小人所病。究言其事，以勸戒也。

一四·二五

浩生不害問曰：「樂正子何人也？」浩生，姓；不害，名。齊人也。見孟子聞樂正子爲政於魯而喜，故問樂正子何等人也？**孟子曰：「善人也，信人也。」**樂正子爲人有善有信也。**「何謂善？何謂信？」**不害問善、信之行謂何？**曰：「可欲之謂善，有諸己之謂信，充實之謂美，充實而有光輝之謂大，大而化之之謂聖，聖而不可知之之謂神。樂正子，二之中、四之下也。」**己之所欲，乃使人欲之，是爲善人。己所不欲，勿施於人也。有之於己，乃謂人有之，是爲信人。不意不信也。充實善信，使之不虚，是爲美人，美德之人也。充實善信而宣揚之，使有光輝，是爲大人。大行其道，使天

〔一〕好禮者得以禮敬施於賓主：底本原脱「者得以禮」四字，與上下文意不合，今據阮刻本補。

下化之，是爲聖人。有聖知之明，其道不可得知，是爲神人。人有是六等，樂正子能善能信，在二者之中，四者之下也。○不意，音億，又如字。章指言：神聖以下，優劣異差，樂正好善，應下二科，是以孟子爲之喜也。○爲之，于僞切。下「爲已」「是爲」「本爲」「非爲」皆同。

一四·二六 孟子曰：「逃墨必歸於楊，逃楊必歸於儒。歸，斯受之而已矣。墨翟之道，兼愛無親疏之別，最爲違禮。楊朱之道，爲己愛身，雖違禮，尚得不敢毁傷之義。逃者去也，去邪歸正，故曰歸。去墨歸楊，去楊歸儒，則當受而安之也。今之與楊、墨辯者，如追放豚，既入其苙，又從而招之。」苙，蘭也。招，罥也。今之與楊、墨辯爭道者，譬如追放逸之豕豚，追而還之入蘭則可，又復從而罥之，太甚。以言去楊、墨歸儒則可，又復從而罪之，亦云太甚。○苙，丁音立，欄也，圈也。蘭，與「欄」字同。罥，涓兖切，謂羂其足也。章指言：驅邪反正，正斯可矣。來者不綏，追其前罪。君子甚之，以爲過也。

一四·二七 孟子曰：「有布縷之征，粟米之征，力役之征。征，賦也。國有軍旅之事，則横興此三賦也。布，軍卒以爲衣也。縷，紩鎧甲之縷也。粟米，軍糧也。力役，民負荷斯養之役也。○横興，胡孟切。下「横暴」同。紩，音秩。鎧，苦愛切，又苦亥切。斯養，斯義同「廝」，賤役也。君子用其一，緩其二。用其二而民有殍，用其三而父子離。」君子爲政，雖遭軍旅，量其民力，不竝此三役，更發異時。急一緩二，民不苦之。若竝用二，則路有餓殍。若竝用三，分崩不振，父子離析，忘禮義矣。○殍，皮表切，張音葶。章指言：原心量力，政之善者；繇役竝興，以致離殍；養民輕斂，君子道也。

一四·二八 **孟子曰：「諸侯之寶三：土地，人民，政事。寶珠玉者，殃必及身。」**諸侯正其封疆，不侵鄰國，鄰國不犯，寶土地也；使民以時，民不離散，寶人民也；修其德教，布其惠政，寶政事也。若寶珠玉，求索和氏之璧〔一〕、隋侯之珠，與强國争之，强國加害，殃及身也。章指言：寶此三者，以爲國珍；寶於争玩，以殃其身。諸侯如兹，永無患也。

一四·二九 **盆成括仕於齊，孟子曰：「死矣盆成括！」**盆成，姓；括，名也。嘗欲學於孟子，問道未達而去，後仕於齊。孟子聞而嗟嘆，曰：死矣盆成括！知其必死。**盆成括見殺，門人問曰：「夫子何以知其將見殺？」**門人問孟子，何以知之也？**曰：「其爲人也小有才，未聞君子之大道也，則足以殺其軀而已矣。」**孟子答門人，言括之爲人，小有才慧，而未知君子仁義謙順之道，適足以害其身也。章指言：小知自私，藏怨之府。大雅先人，福之所聚。勞謙終吉，君子道也。

一四·三〇 **孟子之滕，館於上宫。**館，舍也。上宫，樓也。孟子舍止賓客所館之樓上也。**有業屨於牖上，館**

〔一〕求索和氏之璧：「氏」字底本原作「民」，明顯誤刻，今據阮刻本改。

人求之弗得。或問之曰：「若是乎從者之廋也？」屨，屝屨也〔一〕。業，織之有次，業而未成也。置之窗牖之上，客到之後，求之不得。有來問孟子者，曰：是客從者之廋？廋，匿也。孟子與門徒相隨，從車數十，故曰侍從者所竊匿也。○從者，才用切。下「從車」同。廋，或作「廋」，同，音搜。屝，符費切。曰：「子以是爲竊屨來與？」孟子謂館人曰：子以是衆人來隨事我，本爲欲竊屨故來邪？曰：「殆非也。」館人曰：殆非爲是來事夫子也。自知問之過。「夫予之設科也，往者不追，來者不距。苟以是心至，斯受之而已矣。」孟子曰：夫我設教授之科，教人以道德也，其去者亦不追呼，來者亦不距逆，誠以是學道之心來至我，則斯受之，亦不知其取之與否？君子不保異心也。見館人言殆非爲是來，亦云不能保知，謙以答之。章指言：教誨之道，受之如海，百川移流，不得有距。雖獨竊屨，非己所絕。順答小人，小人自咎，所謂造次必於是也。○造，七報切。

一四·三一

孟子曰：「人皆有所不忍，達之於其所忍，仁也；人皆有所愛，不忍加惡，推之以通於所不愛，皆令被德，此仁人也。人皆有所不爲，達之於其所爲，義也。人皆有不喜爲，謂貧賤也；通之於其所喜爲，謂富貴也。抑情止欲，使若所不喜爲此者，義人也。人能充無欲害人之心，而仁不可

〔一〕屝屨也：「屝」原作「扉」，阮刻本同。按音義亦出「屝」字，阮元校勘記謂作「扉」者誤，是，今據改。

勝用也；人皆有不害人之心，能充大之以爲仁，仁不可勝用也。人能充無穿踰之心，而義不可勝用也；穿牆踰屋，姦利之心也。人既無此心，能充大之以爲義，義不可勝用。人能充無受爾汝之實，無所往而不爲義也。爾汝之實，德行可輕賤，人所爾汝者也。既不見輕賤，不爲人所爾汝，能充大而以自行，所至皆可以爲義也。士未可以言而言，是以言餂之也；可以言而不言，是以不言餂之也。是皆穿踰之類也。」餂，取也。人之爲士者，見尊貴者未可與言而强與之言，欲以言取之也，是失言也。見可與言者而不與之言，不知賢人可與之言，而反欲以不言取之，是失人也。是皆趨利入邪無知之人，故曰穿踰之類也。○餂之，丁曰：「注云：『餂，取也。』今案字書及諸書，並無此『餂』字。郭璞方言注云：『音忝，謂挑取物也，其字從金。』今此字從食，與方言不同，蓋傳寫誤也，學者宜詳。本亦作『鉆』，奴兼切。」章指言：善恕行義，充大其美，無受爾汝，何施不可。取人不知，失其臧否，比之穿踰，善亦遠矣。○臧否，音鄙。

一四·三　孟子曰：「言近而指遠者，善言也；守約而施博者，善道也。君子之言也，不下帶而道存焉。言近指遠，近言正心，遠可以事天也；守約施博，約守仁義，大可以施德於天下也：二者可謂善言善道也。正心守仁，皆在胷臆，吐口而言之，四體不與焉。故曰不下帶。○不與，音豫。下「與並」同。君子之守，修其身而天下平。身正物正，天下平矣。人病舍其田而芸人之田，所求於人者

重，而所以自任者輕。」芸，治也。田以喻身，舍身不治，而欲責人治，求人大重，自任大輕。章指言：言道之善，以心爲原，當求諸己，而責於人。君子尤之，況以妄芸，言失務也。

一四·三三 **孟子曰：「堯、舜，性者也；湯、武，反之也。**堯、舜之體性自善者也。殷湯、周武，反之於身，身安乃以施人，謂加善於民。**動容周旋中禮者，盛德之至也。**人動作容儀周旋中禮者，盛德之至。○中禮，張仲切，或如字。**哭死而哀，非爲生者也。**死者有德，哭者哀也。**經德不回，非以干祿也。言語必信，非以正行也。**經，行也。體德之人，行其節邪，非以求祿位也。庸言必信，非必欲以正行爲名也，性不忍欺人也。**君子行法，以俟命而已矣。」**君子順性蹈德，行其法度，夭壽在天，待命而已矣。章指言：君子之行，動合禮中；不惑禍福，修身俟終。堯、舜之盛，湯、武之隆，不是過也。

一四·三四 **孟子曰：「說大人，則藐之，勿視其巍巍然。**大人，謂當時之尊貴者也。孟子言說此大人之法，心當有以輕藐之，勿敢視之巍巍富貴若此，而不畏之，則心舒意展，言語得盡。○說大，音稅，下注同。藐之，丁音邈，藐然輕易之貌。又音眇。魏魏，音巍。丁云：「當作巍。」**堂高數仞，榱題數尺，我得志，弗爲也。**仞，八尺也。榱題，屋霤也。高堂數仞，振屋數尺，奢汏之室，使我得志，不居此堂也。大屋無尺丈之限，故言數仞也。○榱題，丁楚危切。爾雅曰：「桷謂之榱。」題，頭也。霤，力救切。汏，音泰。**食前方丈，侍妾數百人，我得志，弗爲也。**極五味之饌食，列於前方一丈，侍妾衆多至數百人也。**般樂飲酒，驅騁田獵，後車千乘，我得志，弗爲也。**般，大也。大作樂而飲酒，驅騁田獵，後車千乘，般于游田也。○般，音盤。**在彼者，皆我所不爲也；在我者，皆古之制也。吾何畏彼哉？」**在彼貴者驕佚之事，我所耻爲也。在我所行，皆古聖人所制之法，謂恭儉也。我心何爲當畏彼人乎哉！章指言：富貴而驕，自遺咎也。茅茨采椽，聖堯表也。以賤説貴，懼有蕩心。心謂彼陋，以寧我神。故以所不爲爲之寶玩也。○自遺，以醉切。

一四·三五 **孟子曰：「養心莫善於寡欲。其爲人也寡欲，雖有不存焉者，寡矣；**養，治也。寡，少也。欲，欲利也。雖有少欲而亡者，謂遭横暴，若單豹卧深山而遇飢虎之類也，然亦寡矣。○單豹，音善。**其爲人也多欲，雖有存焉者，寡矣。」**謂貪而不亡，蒙先人德業，若晉欒黶之類也，然亦少矣，不存者衆也。○黶，乙斬切。章指言：清淨寡慾，德之高者；畜聚積實，穢行之下。廉者招福，濁者速禍，雖有不然，蓋非常道，是以正路不可不由也。

一四·三六 **曾晳嗜羊棗，而曾子不忍食羊棗。公孫丑問曰：「膾炙與羊棗孰美？」**羊棗，棗名也。曾子以父嗜羊棗，父没之後，惟念其親不復食羊棗，故身不忍食也。公孫丑怪之，故問羊棗孰與膾炙美也？○晳，音錫。炙，之夜切。不復，扶又切。**孟子曰：「膾炙哉！」**言膾炙固美也，何比於羊棗！**公孫丑曰：「然則曾子何爲食膾炙而不食羊棗？」曰：「膾炙所同也，羊棗所獨也。諱名不**

諱姓，姓所同也，名所獨也。」孟子言膾炙雖美，人所同嗜。獨曾子父嗜羊棗耳，故曾子不忍食也。譬如諱君父之名，不諱其姓。姓與族同之，名所獨也，故諱之也。章指言：情禮相扶，以禮制情；人所同然，禮則不禁。曾參至孝，思親異心，羊棗之感，終身不嘗。孟子嘉焉，故上章稱曰：豈有非義而曾子言之者也。

一四·三七

萬章問曰：「孔子在陳，曰：『盍歸乎來！吾黨之士狂簡進取，不忘其初。』孔子在陳，何思魯之狂士？」孔子戹陳，不遇賢人，上下無所交，蓋歎息思歸，欲見其鄉黨之士也。簡，大也。狂者，進取大道而不得其正者也。不忘其初，孔子思故舊也。周禮「五黨爲州，五州爲鄉」，故曰吾黨之士也。萬章怪孔子何爲思魯之狂士也。**孟子曰：「孔子『不得中道而與之，必也狂獧乎！狂者進取，獧者有所不爲也』。孔子豈不欲中道哉？不可必得，故思其次也。」**中道，中正之大道也。狂者能進取，獧者能不爲不善。時無中道之人，以狂、獧次善者，故思之。○狂獧，丁音絹，與「狷」同。**「敢問何如斯可謂狂矣？」**萬章曰：人行何如斯則可謂之狂也？**曰：「如琴張、曾皙、牧皮者，孔子之所謂狂矣。」**孟子言人行如此三人者，孔子謂之狂也。琴張，子張也。子張之爲人，踸踔譎詭，論語曰「師也僻」，故不能純善而稱狂也。又善鼓琴，號曰琴張。曾皙，曾參父也。牧皮，行與二人同，皆事孔子學者也。○踸踔，丁敕甚切；下敕效切，又敕角切。譎，音決。詭，過委切。**「何以謂之**

狂也？」萬章問何以謂此人爲狂？曰：「其志嘐嘐然，曰：『古之人，古之人。』夷考其行，而不掩焉者也。嘐嘐，志大言大者也。重言「古之人」，欲慕之也。夷，平也。考察其行，不能掩覆其言，是其狂也。○嘐嘐，火包切。重言，直用切，下同。狂者又不可得，欲得不屑不絜之士而與之，是獧也，是又其次也。屑，絜也。不絜，污穢也。既不能得狂者，欲得有介之人，能耻賤汙行不絜者，則可與言矣。是獧人次於狂者也。孔子曰：『過我門而不入我室，我不憾焉者，其惟鄉原乎！鄉原，德之賊也。』」憾，恨也。人過孔子之門不入，則孔子恨之，獨鄉原不入者無恨心耳，以其賊德故也。曰：「何如斯可謂之鄉原矣？」萬章問鄉原之惡云何？曰：「何以是嘐嘐也？言不顧行，行不顧言，則曰：『古之人，古之人。行何爲踽踽涼涼？生斯世也，爲斯世也，善斯可矣。』閹然媚於世也者，是鄉原也。」孟子言鄉原之人言何以是嘐嘐，若有大志也？其言行不顧，則亦稱曰「古之人、古之人」。行何爲踽踽涼涼？」有威儀如無所施之貌也。鄉原者，外欲慕古之人，而其心曰古之人何爲空自踽踽涼涼，而生於今之世無所用之乎？以爲生斯世，但當取爲人所善善人則可矣，其實但爲合衆之行。媚，愛也，故閹然大見愛於世也。若是者，謂之鄉原也。○言不顧行行不顧言古之人行，張云：「三『行』並去聲。」注及下「行合」「爲行」「之行」「士行」皆同。何爲踽踽，張云：「爲，于僞切；踽，俱禹切。爲，又如字。」閹然，音奄。萬子曰：「一鄉皆稱原人焉，無所往而不爲原人，

孔子以爲德之賊，何哉？」萬子即萬章也，孟子録之，以其不解於聖人之意，故謂之萬子。子，男子之通稱也。美之者，欲以責之也。萬子言人皆以爲原善，所至亦謂之善人。若是，孔子以爲賊德，何爲也？○不解，音蟹。**曰：「非之無舉也，刺之無刺也，同乎流俗，合乎汙世，居之似忠信，行之似廉絜，衆皆悦之，自以爲是，而不可與入堯舜之道，故曰『德之賊』也。**孟子言鄉原之人能匿蔽其惡，非之無可舉者，刺之無可刺者，志同於流俗之人，行合於汙亂之世。爲人謀，居其身若似忠信，行其身若似廉絜，爲行矣衆皆悦美之，其人自以所行爲是，而無仁義之實，故不可與入堯、舜之道也。無德而人以爲有德，故曰德之賊也。○汙世，音烏，又烏故切。**孔子曰：惡似而非者：惡莠，恐其亂苗也；惡佞，恐其亂義也；惡利口，恐其亂信也；惡鄭聲，恐其亂樂也；惡紫，恐其亂朱也；惡鄉原，恐其亂德也。**似真而非真者，孔子之所惡也。莠之莖葉似苗；佞人詐飾，似有義者；利口辯辭，似若有信；鄭聲淫，人之聽似若美樂；紫色似朱，朱，赤也；鄉原惑衆，似有德者：此六似者，皆孔子之所惡也。○莠，音誘。**君子反經而已矣。經正，則庶民興；庶民興，斯無邪慝矣。」**經，常也。反，歸也。君子治國家歸其常經，謂以仁、義、禮、智道化之，則衆民興起而家給人足矣。倉廩實而知禮節，安有爲邪惡之行也！○慝，吐得切。章指言：士行有科，人有等級，中道爲上，狂、獧不合。似是而非，色厲内荏，鄉原之惡，聖人所甚。反經身行，民化於己，子率而正，孰敢不正也？○子率，如字，又所類反。

一四·三八

孟子曰：「由堯舜至於湯，五百有餘歲；若禹、皋陶，則見而知之；若湯，則聞而知之。言五百歲聖人一出，天道之常也。亦有遲速，不能正五百歲，故言有餘歲也。見而知之，謂輔佐也。通於大賢次聖者，亦得與在其間。親見聖人之道而佐行之，言易也。聞而知之者，聖人相去卓遠，數百歲之間變故衆多，踰聞前聖所行，追而遵之，以致其道，言難也。由湯至於文王，五百有餘歲，若伊尹、萊朱，則見而知之；若文王，則聞而知之。伊尹，摯也。萊朱，亦湯賢臣也，一曰仲虺是也。春秋傳曰：「仲虺居薛，爲湯左相。」是則伊尹爲右相，故二人等德也。○虺，虛鬼切。由文王至於孔子，五百有餘歲，若太公望、散宜生，則見而知之；若孔子，則聞而知之。太公望，吕尚也，號曰師尚父。散宜生，文王四臣之一也。吕尚有勇謀而爲將，散宜生有文德而爲相，故以相配而言之也。○散宜，素但切。尚父，如字。爲將，即亮切。由孔子而來至於今，百有餘歲，去聖人之世若此其未遠也，近聖人之居若此其甚也，然而無有乎爾，則亦無有乎爾。」至今者，至今之世，當孟子時也。聖人之間，必有大賢名世者，百有餘年，適可以出，未爲遠而無有也。鄒、魯相近，傳曰「魯擊柝聞於邾」，近之甚也。言己足以識孔子之道，能奉而行之，既不遭值聖人，若伊尹、吕望之爲輔佐，猶可應備名世，如傅説之中出於殷高宗也。然而世謂之無有，此乃天不欲使我行道也。故重言之，知天意之審也。言「則亦」者，非實無有也，則亦當使爲無有也。「乎爾」者，歎而不怨之辭也。○然而無有乎爾則亦無有乎爾，陸本作「然而無乎爾，則亦有乎爾」，云：「孟子意自以當之。鄒魯相鄰，故曰近聖人之居。『無乎爾』『有乎爾』，疑之也。此意以況絶筆於獲麟也。」柝，音託。

章指言：天地剖判，開元建始，三皇以來，人倫攸叙，弘析道德，班垂文采，莫貴乎聖人。聖人不出，名世承間，雖有斯限，蓋有遇不遇焉。是以仲尼至「獲麟」而止筆，孟子以「無有乎爾」終其篇章，斯亦一契之趣也。○剖，普后切。

孟子篇敘

○此趙氏述孟子七篇所以相次叙之意也。

孟子篇叙者，言孟子七篇所以相次叙之意也。孟子以爲聖王之盛，惟有堯舜！堯舜之道，仁義爲上，故以「梁惠王『問利國』對以『仁義』」爲首篇也。仁義根心，然後可以大行其政，故次以「公孫丑問『管晏之政』答以『曾西之所羞』」也。政莫美於反古之道，滕文公樂反古，故次以「『文公爲世子』始有從善思禮之心」也。奉禮之謂明，明莫甚於離婁，故次以「離婁之明」也。明者當明其行，○行，下孟切，下同。行莫大於孝，故次以「萬章問舜往于田號泣」也。孝道之本，在於情性，故次以「告子論情性」也。情性在内而主於心，故次以「盡心」也。盡己之心，與天通道，道之極者也，是以終於「盡心」也。篇所以七者，天以七紀，璿璣運度，七政分離，聖以布曜，故法之也。章所以二百六十有一者，三時之日數也；不敢比易當期之數，○期，音朞。故取其三時；三時者，成歲之要時，故法之也。三萬四千六百八十五字者，可以行五常之道，施七政之紀，故法五七之數而不敢盈也。文章多少，擬其大數，不必適等，猶詩三百五篇而論曰「詩三百」也。章有大小，分章賦篇，篇趣五千，以卒其文，無所取法，猶論四百八十六章，章次大小，各當其事，亦無所法也。蓋所以佐明六藝之文義，崇宣先聖之指務，王制拂邪之隱括，○括，古活切。立德立言之程式也。洋洋浩浩，具存乎斯文矣！

附録一　孟子版本提要及研究序跋選録

一、孟子正義十四卷四庫提要

【孟子正義十四卷】漢趙岐注，其疏則舊本題宋孫奭撰。岐字邠卿，京兆長陵人，初名嘉，字臺卿。永興二年辟司空掾，遷皮氏長。延熹元年，中常侍唐衡兄玹爲京兆尹，與岐夙隙，岐避禍，逃避四方，乃自改名字。後遇赦，得出，拜并州刺史。又遭黨錮十餘歲。中平元年，徵拜議郎，舉墩煌太守，後遷太僕，終太常。事迹具後漢書本傳。奭字宗古，博平人，太宗端拱中九經及第，仁宗時官至兵部侍郎、龍圖閣學士，事迹具宋史本傳。是注即岐避難北海時在孫賓家夾柱中所作。漢儒注經，多明訓詁名物，惟此注箋釋文句，乃似後世之口義，與古學稍殊。然孔安國、馬融、鄭玄之注論語，今載於何晏集解者，體亦如是。蓋易、書文皆最古，非通其訓詁則不明；詩、禮語皆徵實，非明其名物亦不解；論語、孟子詞旨顯明，惟闡其義理而止，所謂言各有當也。其中如謂宰予、子貢、有若緣孔子聖德高美而盛稱之，孟子知其太過，故貶謂之污下之類，紕謬殊甚；以屈原憔悴爲「徵於色」，以甯戚扣角爲「發於聲」之類，亦比擬不倫。然朱子作孟子集注、或問，於岐說不甚掊擊；至於書中人名，惟盆成括、告子不從其學於孟子之說，季孫、子叔不從其二弟子之說，餘皆從之；書中字義，惟「折枝」訓「按摩」之類不取其說，餘亦多取之。蓋其說雖不及後來之精密，而開闢荒蕪，俾後來得循途而深造，其功要不可泯也。胡爌拾遺録據李善文選注引孟子曰：「墨子兼愛，摩頂致於踵」，趙岐曰：「致，至也」，知今本經文及注均與唐本不同。今證以孫奭音義所音，岐注亦多不相應，語詳孟子音義條下。蓋已非舊本。至於盡心下篇「夫子之設科也」，注稱「孟子曰夫我設教授之科」云云，則顯爲「予」字，今本乃作「夫子」；又「萬子曰」句，注稱「萬子，萬章也」，則顯爲「子」字，今本乃作「萬章」，是又注文未改而經文誤刊者矣。其疏雖稱孫奭作，而朱子語録則謂邵武士人假託，蔡季通識其人。今考宋史邢昺傳，稱昺於咸平二年受詔與杜鎬、舒雅、孫奭、李慕清、崔偓佺等校定周禮、儀禮、公羊、穀梁春秋傳、孝經、論語、爾雅義疏，不云有孟子正義。涑水紀聞載奭所定著，有論語、孝經、爾雅正義，亦不云有孟子正義。其不出奭手，確然可信。其疏皆敷衍語氣，如鄉塾講章，故朱子語録謂其全不似疏體，不曾解出名物制度，只繞纏趙岐之説。至岐注好用古事爲比，疏多不得其根據，如注謂非禮之禮，若陳質娶妻而長拜之；非義之義，若藉交報讎。此誠不得其出典。案藉交報讎，似謂藉交游之力以報讎，如朱家、郭解，非有人姓藉名交也。疑不能明，謹附識於此。至於單豹養其内而虎食其外，事出莊子，亦不能舉，則弇陋太甚。朱彝尊經義考摘其欲見西施者人輸金錢一文事，詭稱史記。今考，注以尾生爲不虞之譽，以陳不瞻爲求全之毁，疏亦竝稱史記。尾生事實見莊子，陳不瞻事實見説苑，案説苑作「陳不占」，蓋古字同音假借。皆史記所無。如斯之類，益影撰無稽矣。以久列學官，姑仍舊本録之爾。（選自四庫全書總目提要卷三五　經部三五　四書類一）

二、孫奭孟子音義序

夫總群聖之道者，莫大乎六經；紹六經之教者，莫尚乎孟子。自昔仲尼既没，戰國初興，至化陵遲，異端並作，儀、衍肆其詭辯，楊、墨飾其淫辭，遂致王公納其謀以紛亂於上，學者循其踵以蔽惑於下，猶洚水懷山，時盡昏墊，繁蕪塞路，孰可芟夷？惟孟子挺名世之才，秉先覺之志，拔邪樹正，高行厲辭，導王化之源以救時弊，開聖人之道以斷群疑。其言精而贍，其旨淵而通，致仲尼之教獨尊於千古，非聖賢之倫，安能至於此乎！其書由炎漢之後盛傳於世，爲之注者，則有趙岐、陸善經；爲之音者，則有張鎰、丁公著。自陸善經已降，其所訓説，雖小有異同，而共宗趙氏。今既奉敕校定，仍據趙注爲本，惟是音釋，宜在討論。臣今詳二家撰録，俱未精當，張氏則徒分章句，漏略頗多，丁氏則稍識指歸，譌謬時有，若非刊正，詎可通行！謹與尚書虞部員外郎同判國子監臣王旭、諸王府侍講太常博士國子監直講臣馬龜符、鎮寧軍節度推官國子學説書臣吴易直、前江陰軍江陰縣尉國子學説書臣馮元等，推究本文，參考舊注，採諸儒之善，削異説之煩，證以字書，質諸經訓，疏其疑滯，備其闕遺，集成音義二卷。雖仰測至言，莫窮於奥妙，而廣傳博識，更俟於發揮。謹上。（選自孟子音義卷首）

三、孫奭孟子正義序

夫摠群聖之道者，莫大乎六經；紹六經之教者，莫尚乎孟子。自昔仲尼既没，戰國初興，至化陵遲，異端竝作，儀、衍肆其詭辯，楊、墨飾其淫辭，遂致王公納其謀以紛亂於上，學者循其踵以蔽惑於下，猶洚水懷山，時盡昏墊，繁蕪塞路，孰可芟夷？惟孟子挺名世之才，秉先覺之志，拔邪樹正，高行厲辭，導王化之源以救時弊，開聖人之道以斷群疑。其言精而贍，其旨淵而通，致仲尼之教獨尊於千古，非聖賢之倫，安能至於此乎！其書由炎漢之後盛傳於世，爲之注者，則有趙岐、陸善經；爲之音者，則有張鎰、丁公著。自陸善經已降，其所訓説，雖小有異同，而共宗趙氏。惟是音釋二家，撰録俱未精當，張氏則徒分章句，漏落頗多；丁氏則稍識指歸，僞謬時有。若非再加刊正，詎可通行？臣奭前奉敕與同判國子監王旭、國子監直講馬龜符、國子學説書吴易直、馮元等作音義二卷，已經進呈。今輒罄淺聞，隨趙氏所説，仰效先儒釋經，爲之正義。凡理有所滯，事有所遺，質諸經訓，與之增明。雖仰測至言，莫窮於奥妙，而廣傳博識，更俟於發揮。謹上。（選自孟子注疏卷首）

四、孟子音義二卷四庫提要

【孟子音義二卷】宋孫奭撰。唐陸德明經典釋文於群經皆有音義，獨闕孟子。奭奉敕校定趙岐注，因刊正唐張鎰孟子音義及丁公著孟子手音二書，兼引陸善經孟子注，以成此書。其序文前半，與世傳奭孟子正義序同。蓋正義僞序，即緣此序而點竄也。書中所釋，稱「一遵趙注」，而以今本校之，多不相符。如梁惠王篇上曰集穆、曰大平、曰譎，篇下曰恂、曰無墮、曰夫將；公孫丑篇上曰介者，篇下曰素餐、曰藉道、曰危行、曰食功；滕文公篇上曰景行、曰論語、曰力行近仁、曰師知，篇下曰素餐、曰涅、曰駢蹎、曰周公卬思；離婁篇上曰踣、曰恐栗、曰三省、曰而錯、曰桐子，篇下曰不比、曰由天、曰風諭、曰見幾、曰好言、曰忮、曰之行、曰行其、曰五伯、曰辟害、曰跌、曰汙；萬章篇上曰百行、曰舍小，篇下曰沮溺、曰景行、曰伊發有莘；告子篇上曰長義、曰好下、曰幾成，篇下曰雨雪、曰瀌瀌、曰見晛、曰或折；盡心篇上曰遠之、曰下賤、曰邪辟、曰辟若、曰蟠辟、曰論之、曰瞀、曰柚梓、曰和寡，篇下曰遠禍、曰惡殺、曰舍生、曰爲之、曰造、曰臧否、曰自遺、曰子率、曰剖其末、曰孟子；篇叙曰其行、曰當期、曰括。凡六十有九條，皆今本注文所無。惟孟子注之單行者，世有傳鈔宋本，尚可稽考。僞正義删改其文，非復趙岐原書，故與音義不相應也。因是書可以證岐注之舊，並可以證奭疏之僞，則其有功典籍，亦不細矣。

案宋禮部韻略所附條式，自元祐中即以論語、孟子試士，是當時已尊爲經。而晁氏讀書志，孟子仍列儒家。至陳氏書録解題，始與論語同入經部。蓋宋尊孟子，始王安石。元祐諸人，務與作難，故司馬光疑孟、晁説之詆孟作焉。非攻孟子，攻安石也。白珽湛淵静語所記，言之頗詳。晁公武不列於經，猶説之之家學耳。陳振孫雖改晁氏之例，列之於經，然其立説，乃以程子爲詞，則亦非尊孟子，仍尊程子而已矣。考趙岐孟子題詞，漢文帝時已以論語、孝經、孟子同置博士。而孫奭是編，實大中祥符間奉敕校刊孟子所修。然則表章之功，在漢爲文帝，在宋爲真宗；訓釋之功，在漢爲趙岐，在宋爲孫奭。固不始於王安石，亦不始於程子。紛紛門户之愛憎，皆逐其末也。（選自四庫全書總目提要卷三五　經部三五　四書類　一）

五、朱熹孟子序説

史記列傳曰：「孟軻，騶人也，受業子思之門人。道既通，游事齊宣王，宣王不能用。適梁，梁惠王不果所言，則見以爲迂遠而闊於事情。當是之時，秦用商鞅，楚、魏用吴起，齊用孫子、田忌。天下方務於合從連衡，以攻伐爲賢。而孟軻乃述唐、虞、三代之德，是以所如者不合。退而與萬章之徒序詩、書，述仲尼之意，作孟子七篇。」

韓子曰：「堯以是傳之舜，舜以是傳之禹，禹以是傳之湯，湯以是傳之文、武、周公，文、武、周公傳之孔子，孔子傳之孟軻。軻之死，不得其傳焉。荀與楊也，擇焉而不精，語焉而不詳。」

又曰：「孟氏，醇乎醇者也。荀與楊，大醇而小疵。」

又曰：「孔子之道大而能博，門弟子不能徧觀而盡識也，故學焉而皆得其性之所近。其後離散，分處諸侯之國，又各以其所能授弟子，源遠而末益分。惟孟軻師子思，而子思之學出於曾子。自孔子没，獨孟軻氏之傳得其宗。故求觀聖人之道者，必自孟子始。」

又曰：「楊子雲曰：『古者楊、墨塞路，孟子辭而闢之，廓如也。』夫楊、墨行，正道廢。孟子雖賢聖，不得位。空言無施，雖切何補！然賴其言，而今之學者尚知宗孔氏，崇仁義，貴王賤霸而已。其大經大法，皆亡滅而不救，壞爛而不收。所謂存十一於千百，安在其能廓如也？然向無孟氏，則皆服左衽而言侏離矣。故愈嘗推尊孟氏，以爲功不在禹下者，爲此也。」

或問於程子曰：「孟子還可謂聖人否？」程子曰：「未敢便道他是聖人，然學已到至（愚按：『至』字恐當作『聖』字）處。」

程子又曰：「孟子有功於聖門，不可勝言。仲尼只説一個『仁』字，孟子開口便説『仁義』；仲尼只説一個『志』，孟子便説許多『養氣』出來。只此二字，其功甚多。」

又曰：「孟子有大功於世，以其言性善也。」

又曰：「孟子性善、養氣之論，皆前聖所未發。」

又曰：「學者全要識時。若不識時，不足以言學。顏子陋巷自樂，以有孔子在焉。若孟子之時，世既無人，安可不以道自任！」

又曰：「孟子有些英氣。才有英氣，便有圭角，英氣甚害事。如顏子，便渾厚不同，顏子去聖人只毫髮間。孟子大賢，亞聖之次也。或曰：『英氣見於甚處？』曰：『但以孔子之言比之，便可見。』且如冰與水精非不光，比之玉，自是有温潤含蓄氣象，無許多光耀也。」

楊氏曰：「孟子一書，只是要正人心，教人存心養性，收其放心。至論仁、義、禮、智，則以惻隱、善惡、辭讓、是非之心爲之端。論邪説之害，則曰：『生於其心，害於其政。』論事君，則曰：『格君心之非』，『一正君而國定』。千變萬化，只説從心上來。人能正心，則事無足爲者矣。大學之修身、齊家、治國、平天下，其本只是正心、誠意而已。心得其正，然後知性之善。故孟子遇人便道性善。歐陽永叔卻言『聖人之教人，性非所先』，可謂誤矣！人性上不可添一物，堯舜所以爲萬世法，亦是率性而已。所謂率性，循天理是也。外邊用計用數，假

饒立得功業，只是人欲之私。與聖賢作處，天地懸隔。」（選自孟子集注卷首）

六、戴震孟子字義疏證序

余少讀論語，端木氏之言曰：「夫子之文章可得而聞也，夫子之言性與天道不可得而聞也。」讀易，乃知言性與天道在是。周道衰，堯、舜、禹、湯、文、武、周公致治之法，煥乎有文章者，棄爲陳跡。孔子既不得位，不能垂諸制度禮樂，是以爲之正本溯源，使人於千百世治亂之故，制度禮樂因革之宜，如持權衡以御輕重，如規矩準繩之於方圜平直，言似高遠而不得不言。自孔子言之，實言前聖所未言；微孔子，孰從而聞之！故曰「不可得而聞」。

是後私智穿鑿者，亦警於亂世，或以其道全身而遠禍，或以其道能誘人心有治無亂；而謬在大本，舉一廢百；意非不善，其言祇足以賊道，孟子於是不能已於與辯。當是時，群共稱孟子好辯矣。孟子之書，有曰「我知言」，曰「游於聖人之門者難爲言」。蓋言之謬，非終於言也，將轉移人心；心受其蔽，必害於事，害於政。彼目之曰小人之害天下後世也，顯而共見；目之曰賢智君子之害天下後世也，相率趨之以爲美言，其入人心深，禍斯民也大，而終莫之或寤。辯惡可已哉！

孟子辯楊、墨；後人習聞楊、墨、老、莊、佛之言，且以其言汨亂孟子之言，是又後乎孟子者之不可已也。苟吾不能知之亦已矣，吾知之而不言，是不忠也，是對古聖人賢人而自負其學，對天下後世之仁人而自遠於仁也。吾用是懼，述孟子字義疏證三卷。韓退之氏曰：「道於楊、墨、老、莊、佛之學而欲之聖人之道，猶航斷港絶潢以望至於海也。故求觀聖人之道，必自孟子始。」嗚呼，不可易矣！休甯戴震。（選自孟子字義疏證卷首）

七、毛扆孟子音義跋

余在京師，得宋本孟子音義，發而讀之，其條目有孟子篇叙，注云：「此趙氏述孟子七篇所以相次叙之意。」茫然不知所謂！書賈又挾北宋板章句求售，亦係蜀本大字，皆章丘李氏開先藏書也，卷末有篇叙之文，狂喜叫絶！令僮子影寫攜歸，附於音釋之後，後人勿易視之也。虞山毛扆識。（選自三經音義本孟子音義卷末）

八、黄丕烈重雕蜀大字本孟子音義跋

孟子音義二卷，近時非無傳本，然欲求宋本面貌，邈不可見矣。余偶得影宋鈔本，爲虞山錢遵王述古堂藏書，即以付梓。其用爲校勘者，復假香嚴書屋藏本，係汲古閣影宋鈔，與此同出一源。卷中有一二誤字，兩本多同，當是宋刊原有。且文意顯然，讀者自辨，弗敢改易，致失其真。毛本有斧季跋云：「余在京師，得宋本孟子音義，發而讀之，其條目有孟子篇叙，注云：『此趙氏述孟子七篇所以相次叙之意。』茫然不知所謂！書賈又挾北宋板章句求售，亦係蜀本大字，皆章丘李氏開先藏書也，卷末有篇叙之文，狂喜叫絶！令僮子影寫攜歸，附於音釋之後，後人勿易視之也。」據斧季所云，是最後一葉本非音義所有，故毛本於此葉首一行有『孟子卷第十四』六大字，錢鈔已削之，非其舊矣。因著於此。再香嚴本尚有孝經今文音義、論語音義各一卷，與孟子音義合裝一册。兹就余所有刻之，餘二種尚須倩工模寫，願以異日。聞此三種宋刻真本在揚州某家，五硯樓主人曾見之，親爲余言云。嘉慶己巳仲夏之月四日黄丕烈書于學耕堂。（選自士禮居叢書本孟子音義卷末）

九、阮元孟子注疏校勘記序

漢人孟子注存於今者，惟趙岐一家。趙岐之學以較馬、鄭、許、服諸儒稍爲固陋，然屬書、離辭、指事、類情，於詁訓無所戾。七篇之微言大義藉是可推，且章别爲指，令學者可分章尋求，於漢傳注别開一例，功亦勤矣！唐之張鎰、丁公著始爲之音，宋孫奭採二家之善，補其闕遺，成音義二卷。本未曾作正義也，未詳何人擬他經爲正義十四卷，於注義多所未解，而妄説之處全抄孫奭音義，略加數語，署曰「孫奭疏」，朱子所云邵武一士人爲之者是也。又盡删章指矣。而疏内又往往詮釋其所削，於十三卷自稱其例曰：「凡於趙注有所要者，雖於文段不録，然於事未嘗敢棄之。」而不明其可議有如此者。自明以來學官所貯，注疏本而已，疏之悠繆不待言，而經注之訛舛闕逸莫能諟正。吴中舊有北宋蜀大字本、宋劉氏丹桂堂巾箱本、相州岳氏本、盱郡重刊廖瑩中世綵堂本皆經注善本也，賴吴寬、毛扆、何焯、何煌、朱奂、余蕭客先後傳校，迄休寧戴震授曲阜孔繼涵、安邱韓岱雲鋟版，於是經注譌可正、闕可補，而注疏本有十行者亦較它注疏本爲善。今屬元和生員李鋭合諸本，臚其同異；元爲辨其是非，以經注本正注疏本，以注疏十行本正明之閩本、北監本、汲古閣本，爲校勘記十四卷。章指及篇叙既學者所罕見，則備載之，音義亦校訂附後，俾爲趙氏之學者得有所參考折衷。日本孟子考文所據僅足利本、古本二種，今則所據差廣，考孟子者殆莫能捨是矣。阮元記。

十、朱華臨重校宋本十三經注疏跋

宫保阮制軍前撫江右時，出所藏宋十行本以嘉惠士林，嘉慶丙子仲春開雕，閲十有九月，至丁丑仲秋板成，爲卷四百一十有六，爲葉一萬一千八百有奇。董其事者，武寧明經盧君來庵也。嗣宫保陞任兩廣制軍，來庵以創始者樂於觀成，板甫就，急思印本呈制軍，以慰其遺澤西江之意。局中襄事者未及細校，故書一出，頗有淮風别雨之譌，覽者憾之！後來庵游幕湘南，以板移置府學明倫堂，遠近購書者皆就印焉。時余司其事，披覽所及，心知有舛誤處，而自揣見聞寡陋、藏書不富，未敢輕爲改易。今夏制軍自粤郵書，以倪君模所校本一册寄示，適奉新余君成教亦以所校本寄省。倪君所校計共九十三條，余君所校計共三十八條，予因合二君所校之本詳加勘對，親爲檢查督工，逐條更正，是書益增美備，於此想見宫保尊經教士之心歷十餘年而不倦，隔數千里而不忘。而宇内好古之士，旁搜博採，相與正訛糾繆，豈非經學昌明之盛事哉！倘四方君子更有考訂所及補目前未備者，隨其所得，郵寄省垣，俾得彙梓更正，亦皆有補於後學云。道光丙戌歲仲冬月南昌府學教授盱江朱華臨謹識。

附録二　孟子重要注本及研究著作選目

〔一〕十三經注疏(附校勘記,全二册),清阮元校刻,中華書局影印世界書局本,一九八〇年十月第一版

〔二〕孟子注疏,漢趙岐注,舊題宋孫奭疏,李學勤主編,十三經注疏整理委員會整理,十三經注疏標點本,北京大學出版社二〇〇〇年十二月第一版

〔三〕孟子注疏,漢趙岐注,舊題宋孫奭疏,清阮元校刻,方向東點校,十三經注疏標點本,中華書局二〇二一年十一月第一版

〔四〕四書章句集注,宋朱熹集注,中華書局編輯部點校,新編諸子集成本,中華書局二〇一六年四月第一版

〔五〕孟子正義,清焦循撰,沈文倬點校,中華國學文庫本,中華書局二〇一七年六月

第一版

〔六〕孟子譯注（全二册），楊伯峻譯注，中國古典名著譯注叢書本，中華書局一九六〇年一月第一版

〔七〕孟子譯注，金良年撰，中華古籍譯注叢書本，上海古籍出版社一九九五年十二月第一版

〔八〕孟子新注新譯，楊逢彬著，北京大學出版社二〇一七年十二月第一版

〔九〕孟子研究，董洪利著，中國古文獻研究叢書本，江蘇古籍出版社一九九七年十月第一版

〔一〇〕孟子二十講，康有爲、梁啓超等著，董洪利、方麟選編，偉大傳統二十講系列本，華夏出版社二〇〇八年一月第一版

〔一一〕亞聖智慧——孟子新論，王其俊著，山東人民出版社一九九六年十二月第一版

〔一二〕十三經辭典孟子卷，劉學林、周淑萍主編，陝西人民出版社二〇〇二年十一月第一版

〔一三〕七經孟子考文補遺，日山井鼎撰，日物觀補遺，國家圖書館出版社二〇一六年六

月第一版
〔一四〕孟子文獻集成（全三輯，二〇〇册），王志民主編，孟子文獻集成編纂委員會編，山東人民出版社（宋元輯，〇一—一四，二〇一六年出版；明代輯，一五—九〇，二〇一七—二〇一九年出版；清代輯，九一—二〇〇，二〇一九—二〇二〇年出版）

「十三經古注」總書目

周易注　（三國魏）王弼　（東晉）韓康伯 注

尚書傳　舊題（西漢）孔安國 傳

毛詩傳箋　（西漢）毛亨 傳　（東漢）鄭玄 箋

周禮注　（東漢）鄭玄 注

儀禮注　（東漢）鄭玄 注

禮記注　（東漢）鄭玄 注

春秋經傳集解　（西晉）杜預 集解

春秋公羊經傳解詁　（東漢）何休 解詁

春秋穀梁傳集解　（東晉）范甯 集解

論語集解　（三國魏）何晏 集解

孝經注　（唐）李隆基 注

爾雅注　（東晉）郭璞 注

孟子注　（東漢）趙岐 注